조선시대 遊覽의 재발견

조선시대 遊覽의 재발견

이 상 균

景仁文化社

프롤로그

우리 선조들은 자연을 愛好했고, 명산대천을 유람하며 浩然之氣를 길렀다. 자연에서 逍遙하며 淸遊하는 것을 일생에 한번 쯤 반드시 누려야 할 풍류로 생각했다. 하지만 유람에는 많은 비용과 시간이 소요되었으므로, 유람은 상류층인 사대부들의 문화로 자리 잡았다.

조선 사대부들 사이에서는 유람열풍이 일었다. 너도나도 다투듯 유람을 결행했다. 가장 많이 찾아 유람한 곳은 산이었다. 현대에는 산에 오르는 것을 '登山'이라 한다. 그런데 전근대에는 산에 오르는 것을 '등산'이라고 하지 않았다. '遊'의 개념을 적용해 '遊山'이라고 했다. 유람의 사전적 의미는 '돌아다니며 구경한다.'는 뜻이다. '유람'은 현대의 관광이나 여행과 같은 의미이다. 선조들은 산을 정복의 대상으로 여기지 않았다. 산의 정상을 정복하는 의미의 '등산'이 아니라 유람을 했다. 자연을 여행의 대상으로 삼은 것이다.

전통적인 유람문화는 단순히 먹고, 즐기고, 스트레스를 해소하고자 하는 慰樂이 아니었다. 유람은 修養의 의미가 강한 문화였다. 사대부들은 공자의 泰山 등정과 朱子의 南嶽 유람을 본받아 유람을 학문의 체험과 성취를 위해 필수적으로 필요한 문화행위로 인식하였다. 退溪 李滉은 "산을 유람하는 것은 독서하는 것과 같고, 산을 등정하는 과정은 道의 절정을 찾아가는 것과 같다."고 하였다. 산수 유람은 道를 체득하고 공부하며 자신을 수양하는 것이었다. 산수는 求道의 공간, 講學의 공간, 심신 수양의 공간이었다.

유람은 조선 전 시기 동안 대 유행했던 문화현상이었다. 유람의 형태도 다양하게 표출되었다. 遊山이 가장 보편적인 유람의 형태였으나, 산을 떠나 강으로 바다로 나가 船遊를 즐기기도 했다. 그리고 先學들이 학문을 講磨하며 경영했던 九曲을 찾아 유람히며 학문적 결속을 다지고 선학을 추넘하기도 한다. 어떤 이들을 산수를 脫俗의 공간(Utopia)으로 인식하고 일상의 번다함과 권태로움에서 벗어나고자 명산을 찾아 유람한다. 산수를 너무 좋아한 나머지 상시 유람하고자 하나 여의치 못해 결행하지 못한 이들은 유람의 감흥과 기대가 늘 마음 속 積聚로 남아 山水癖에 시달리기도 했다.

유람문화는 하나의 행위현상으로 그치지 않았다. 또 다른 무엇인가에 의미를 부여했고, 다른 문화를 재생산해 냈다. 그 중 하나가 무명의 장소를 명소로 탄생시킨 것이다. 어떤 장소든 사람들과의 만남이 있어야 의미 있는 공간으로 재창조 된다. 세간에 칭송받는 명소는 원래부터 사람들에게 알려진 것은 아니었다. 아무도 모르는 공간에 사람이 들고, 사람을 매개로하여 공간의 명성이 전파되고 또 사람들에게 그렇게 각인되어 오는 것이다. 무명의 장소에 사람이 든 것은 유람을 통해서였고, 유람을 통해 이름이 정해지기도 한다. 그리고 그 장소는 유람객들의 입과 글 등으로 전파되어 명소로 변모한다.

산수는 감상하고 즐기는 外物의 존재를 넘어 인간의 예술적 감각을 자극하기에 가장 좋은 소재였다. 선조들은 산수를 주제로 한 수많은 문예작품을 쏟아냈다. 詩文 창작이나 寫景을 위해 산수를 유람했고, 거기서 느낀 감흥을 문장으로 기록하거나 그림으로 담아냈다. 유람을 통해 산수는 다채로운 문예물로 표현되었다. 이는 유람으로 촉진된 문화현상들이었다.

이 책은 이러한 조선시대의 유람문화를 조명해 보기위해 그동안 썼던 글을 재구성 한 것이다. 필자는 조선시대사를 전공하면서 그 시대를 풍미했던 유람문화에 주목해 왔다. 처음에는 조선의 유람문화 현상을 문화사적 관점에서 종합적으로 연구하겠다는 각오로「조선시대 유람문화 연구」라는 제목의 박사학위 논문을 제출하였다. 이 학위논문을 수정·가필하여 2014년『조선시대 유람문화사 연구』라는 제목의 단행본으로 출간하였다. 이후 이 방면의 연구를 거듭하면서 조선의 유람문화는 보다 더 다양한 사례들로 전개되고 있다는 점을 재발견 할 수 있었고, 여기서 파생되고 촉진된 문화현상 또한 문화사적으로 그 가치가 크다는 것을 인식 할 수 있었다. 필자는 이러한 점에 천착하여 여러 편의 논문을 더 써서 학계에 발표하게 되었고, 이 논문들을 엮어 단행본 출간을 결심한 것이다.

이 책은 9개의 논문을 3편으로 나누어 구성했다. 각 편에서 규명하고자 한 내용은 앞서 약술 한 바와 같다. 수록된 논문들은 처음부터 한권의 저서 출간을 목적으로 작성한 것들이 아니기에 각 장들이 자연스럽게 연결되지 못한 점이 있다. 장별로 내용이 중복 서술된 부분도 있으나, 독자의 이해를 돕기 위해 많은 첨삭을 가하지 않았다는 점도 밝힌다.

이 책이 나오기까지 많은 분들의 도움이 있었다. 지도교수이신 柳在春 교수님과 책을 출간하도록 격려해 주신 孫承喆 교수님의 學恩에 감사드린다. 무엇보다 고향 강릉에서 자리 잡을 수 있도록 길을 열어주신 은사 李揆大 교수님과 강릉원주대학교 사학과 교수님들께 감사드린다. 그리고 역사연구의 안목을 길러주시고 연구자로 성장하도록 이끌어주신 가톨릭관동대학교 역사교육과와 강원대학교 사학과 선생님들, 그리고 강원대학교 원우회 선후배님들께도 늘 고마운 마음을 간직하고 있다.

자식의 文運을 내내 걱정해 주시는 어머니 李今禮님, 저녁마다 집에서 도주하다시피 학교 연구실로 나가는 필자를 타박하지 않고 변함없는 마음으로 격려해주는 아내 姜瑞妍, 아들 讚謐·璨毆에게 사랑과 고마움을 전한다.

상업성 없는 책의 출간을 허락해 주신 경인문화사 한정희 대표님께 감사드리며, 책의 편집을 위해 노고를 아끼지 않으신 편집팀에도 감사드린다.

 자식이 공부하는 모습에 가장 흐뭇해하시고 대학에 자리 잡는 것을 누구보다 고대하셨지만 끝내 보시지 못하고 얼마 전 召天하신, 보셨다면 세상에서 가장 기뻐하셨을 부친 李性一님의 영전에 삼가 이 책을 바친다.

2020년 2월
이상균 삼가 씀

차 례

제1편

유람문화의 다양화 사례와 전개 양상

제1장 船遊文化의 양상과 폐단

1. 머리말

한국의 유람문화는 16세기부터 급속히 성행하기 시작하여 임진왜란과 병자호란이 끝난 조선후기 주목되는 문화현상으로 부각되었다. 유람은 조선시대 사대부의 대표적 풍류이자 여가문화였다. 산수는 모든 사대부들이 삶의 지향공간으로 표현하는 '江湖'였다. 기회가 닿을 때마다 산수를 찾아 유람하고자 하였다. 사대부들은 유람의 여정을 기록으로 남겼다. 이러한 산문형식의 山水遊記 대부분은 산을 대상으로 한 것이다. 현재까지 필자가 조사한 바로는 20세기 이전 조선시대 산문형식의 국내 산수유기는 약 1,100여 편이 있는 것으로 나타난다.[1] 이 산수유기는 遊山만을 담은 기록, 선유만을 담은 기록, 유산과 선유가 함께 담겨있는 기록 등이 혼재되어 있다. 이 가운데 선유만을 담은 산수유기(이하 '선유기')는 47편이 선별된다.[2]

현존 기록상으로만 볼 때 조선시대 유람은 유산이 주를 이룬 것으로 파악된다. 유산은 비교적 여러 날이 걸리는데 반해, 선유는 보통 하루에서 길게는 5일 정도를 즐겼다.[3] 여행기 형식의 선유기가 많이 남아있지

---

1) 1,100여 편의 목록은 이상균의 「조선시대 유람문화 연구」(강원대학교 박사학위논문, 2013) '조선시대 국내 산수유기 일람표'에 수록되어 있다.
2) 47편의 목록은 <표 1>을 참조. 47편의 목록에는 필자 미숙으로 미처 파악하지 못하여 누락된 기록도 있을 것이라는 점을 밝혀 두며, 추후 새로운 기록들이 찾아지면 지속적으로 수정·보완토록 하겠다.
3) 안동선비 李宗岳(1706~1773)은 1763년 4월 지인들과 5일간 洛東江(半邊川)을 선

않은 이유도 여정이 짧은 것에 기인한 것으로 생각된다. 남아있는 선유
기도 유산기보다 내용이 매우 짧다. 사대부들은 선유를 즐긴 후 그 여정
을 기록하기 보다는 감흥을 담은 시(이하 '선유시')를 많이 창작하였다.
사대부들 문집에 선유시가 셀 수 없을 정도로 많이 남아 있고, 『조선왕
조실록』등 관찬사료와 회화 기록에도 선유가 자주 등장하고 있어 선유
는 당시 유행한 문화였음을 뒷받침 해 준다. 이러한 기록들을 통해 조선
시대 선유문화의 양상 등을 살필 수 있다.

　산수 유람에 대해서는 각 학문분야에서 활발한 연구가 이루어지고 있
으나,4) 선유문화는 크게 주목받지 못하였다. 선유악이 선유문화에서 유
래되었음을 소개하거나,5) 蘇東坡(1037~1101)의 「赤壁賦」수용에 따른
赤壁船遊의 재연 양상,6) 특정지역에서의 선유사례와 성격,7) 조선후기
홍행했던 여가문화 중의 한 단면으로 소개8)하는 등의 연구들이 있다. 적
은 성과지만 선유문화에 대한 연구를 시도하였다는데 의미가 있다. 다
만, 「적벽부」수용과의 연계성, 특정지역 양상에 한정, 조선시대 유행한

　　유행고, 이 선유 내용이 『虛舟府君山水遺帖』으로 남아있다. 비교적 여러 날 이루
　　어진 선유 사례이다.
4) 유람에 대한 각 학문분야의 연구 성과는 이상균(앞의 논문, 2013)의 논문 1~6쪽을
　　참조.
5) 김은자 외, 「樂舞를 통해 본 한·중·일의 문화 비교」, 『한국음악사학보』 42, 2009
　　; 조경아, 「조선후기 의궤를 통해 본 呈才 연구」, 한국학중앙연구원 박사학위논문,
　　2009 ; 배인교, 「조선후기 지방 관속 음악인 연구」, 한국학중앙연구원 박사학위논
　　문, 2007.
6) 강경희, 「조선시대 東坡 「赤壁賦」의 수용—赤壁船遊와 「赤壁賦」 倣作을 중심으
　　로」, 『중국어문학논집』 61, 2010 ; 조규백, 「조선조 한문학에 나타난 蘇東坡 前後
　　赤壁賦의 受容과 '赤壁船遊'의 再演」, 『중국학연구』 67, 2014.
7) 한양명, 「안동지역 양반 뱃놀이의 사례와 그 성격」, 『실천민속학연구』 12, 2008 ;
　　김학수, 「船遊를 통해 본 洛江 연안지역 선비들의 집단의식:17세기 寒旅學人을 중
　　심으로」, 『영남학』 18, 2010 ; 김학수, 「船遊를 통해 본 洛江 연안지역 선비들의
　　학문과 교유:17세기 寒旅學人을 중심으로」, 『유학과 현대』 13, 2012.
8) 장진성, 「조선후기 사인풍속화와 여가문화」, 『미술사논단』 통권24, 2007.

문화현상 중 하나라는 개설적인 설명에 그치는 단편적 사례연구로 선유문화를 개괄적으로 살펴보기에는 한계가 있다.

선유는 왕공사대부들에 의해 조선 전 시기에 걸쳐 행해졌으므로 그 가운데 지속적으로 나타나는 사례들을 통해 선유의 보편적 전개 양상도 파악될 수 있다. 그리고 선유가 놀이문화라는 측면에서, 그에 따라 파생된 문제들도 살펴볼 수 있다. 주제가 다소 포괄적이긴 하지만, 이러한 연구는 조선시대 선유문화가 어떤 성격을 지닌 문화행위인지에 대한 개념을 밝히는데 필요하다.

따라서 본 글은 선행 연구를 바탕으로 문집류와 『조선왕조실록』 등의 연대기적 사료 및 회화자료를 함께 분석하고 활용하여 조선시대 선유문화의 전개양상, 그리고 선유에서 파생된 사치풍조와 폐단을 살펴보고자 한다. 시기적 범위와 기록이 방대하고, 인용한 시문에 대한 작자별 성향과 시기별 특성을 개인 연구자가 모두 분석하기란 물리적으로나 시간적으로 큰 어려움이 따른다. 그러므로 이 연구를 위해 선유가 어떤 형태로 이루어졌는가에 대한 소재별 내용을 찾아 분석하였다. 이런 점에서 사료가 작자의 특성과 시기차를 고려하지 않고 수평적으로 배열되고 있다는 문제점이 적시될 수 있다. 그러나 사료를 수집하고 분석한 결과 이 같은 차이를 막론하고 조선시대 전반에 걸쳐 지속적이고 공통적으로 나타나는 선유양상과 그에 따른 폐단 등을 도출할 수 있었다.

이러한 연구의 시도는 조선시대 선유문화의 개념 정립을 위한 초보적인 것으로 향후 더욱 보완·발전 시켜야할 과제를 안고 있지만, 조선시대 선유가 가지는 문화사적 의미를 파악하데 일조할 수 있을 것이다.

2. 선유문화의 전개

배가 만들어진 이래 선유가 있어왔겠으나, 가장 크게 유행한 시기는 조선시대 유람의 유행과 그 궤를 같이하는 것으로 판단된다. 현존 기록 상 선유는 船遊樂의 기원을 통해 신라시대부터 행해져 왔던 것으로 보인다. 신라의 歌舞百戲 중 선유악이 조선후기에 재연되는데, 뱃놀이를 형상화한 가무로 '發棹歌'·'離船曲'·'배따라기' 등으로도 불린다. 正祖의 어머니 惠慶宮洪氏 회갑연을 기록한 『園幸乙卯整理儀軌』와 고종의 보령 51세[望六之年] 축수를 위해 행했던 진찬기록인 『高宗辛丑進宴儀軌』 등에 선유악의 유래와 연희 방법이 다음과 같이 기록되어 있다.

> "彩船을 설치하고, 여러 기녀들이 나누어 서서 배 떠나는 모양을 한다. 닻줄을 끌며 배를 둘러싸고 춤을 춘다. 세상에 전하기를 신라 때부터 있었다고 한다."9)
> "두 명의 童妓가 배에 올라 돛의 앞 뒤에 나눠 서고, 女妓 2인은 새 깃을 꽂은 朱笠을 쓰고, 天翼을 입고, 검·활·화살을 차고, 배 앞에 도열하여 서서 號令執事가 되고, 舞妓 6인은 배의 좌우에 나눠 서서 각자 배의 새끼줄을 잡고 內舞가 되고, 32인은 이들을 빙 둘러서서 外舞가 된다. 배를 띄우라는 영이 들리면 「漁父詞」를 병창하며 마주보고 돌면서 춤을 춘다."10)

여기서 선유악의 기원을 신라시대로 보고 있다. 정조대부터 궁중 연희로 채택되어 행사 때마다 행해졌다. 이후 각종 『進饌儀軌』 등에 선유악의 도식이 등장한다. 그리고 이 선유악은 궁중에서 주로 연희된 것으

---

9) 『園幸乙卯整理儀軌』 권1, 樂章, 呈才 船遊樂. "設彩船 諸妓分立 爲行船樣 曳纜 繞船以舞 世傳自新羅時有之".
10) 『高宗辛丑進宴儀軌』 권1, 樂章, 呈才 船遊樂. "兩童妓登船 分立御帆前帆後 女妓二人戴朱笠揷羽 著天翼 佩劍弓矢 列立於船前 作號令執事 舞妓六人分立於船邊左右 各執船索 作內舞 三十二人環立 作外舞 聽令行船 並唱漁父詞面回舞".

로 알고 있으나, 관료들의 연회에서도 연희되었음을 <그림 2>를 통해서
알 수 있다. 이 그림은 평양감사가 부임하여 練光亭에서 연회를 즐기는
내용을 담고 있는데, 그림 속에 선유악을 연희하기 위해 채선이 준비되
어 있음을 볼 수 있다. 선유악의 전승은 한국의 오래된 선유문화 풍습을
보여주는 것이며 조선후기 다시 연희된 것은 당시 선유문화의 유행풍조
와도 무관하지 않음을 알 수 있다.

<그림 1>『進饌儀軌』(高宗丁丑) 圖式 중 船遊樂,   <그림 2> 傳 金弘道,『平壤監司饗宴圖』
1877, 국립중앙도서관   中「練光亭宴會圖」부분, 18C,
                                        지본채색, 국립중앙박물관

고려중기 이후 소동파의「적벽부」전래와 함께 그 문아활동인 적벽선
유 재연이 유행했고, 李奎報(1168~1241)가 한강을 선유하며 지은「沙平
江泛舟」,[11] 李穀(1298~1351)이 부여 백마강의 선유를 즐기며 기록한「舟
行記」,[12] 安軸(1282~1348)이 통천군 國島 뱃놀이의 폐해를 목도하고 지

---

11)『東文選』권9, 五言律詩「沙平江泛舟」.

은 「國島詩幷序」와 강릉 경포호에서 선유를 즐기며 지은 「鏡浦泛舟」13)
등의 시문을 통해 고려시대 문사들도 선유를 자주 즐겼던 것을 알 수
있다. 고려의 왕들도 선유를 즐겼다. 인종은 평양 순행을 갔다가 대동강
에서 선유를 즐겼다.14) 특히 의종이 뱃놀이를 좋아하여 장단현 應德亭,
개성 延福亭, 평주 崇壽院 南池 등에서 관료들과 뱃놀이를 즐겼다.15) 尹
斗壽(1533~1601)가 편찬한 『平壤志』 고적조의 기록을 보면, 고려 왕들
이 서경인 평양에 순행을 나가면 대동강에 樓船을 띄워 선유를 자주 벌
였음을 알 수 있다.16)

조선시대에는 중국 明나라에서 유행했던 유람문화가 유입된다. 중국
에서 유람이 문화풍조로 흥기한 시기는 명대 후기로 보고 있다. 지역적
으로는 상경제와 문화가 발달하고 풍광이 수려한 강남이 주 유람지였
다.17) 명나라 유람의 확산 분위기는 "비정상적이고 미친 듯[如醉如痴擧
國若狂]하다."고 표현될 정도였고, 명 말기에는 그 풍조가 최고조에 달하
였다.18) 특히 江南 유람의 중요 형태는 西湖에서의 선유였다. 서호는 중
국 4대 미인 중 한명인 '西施'에 비견될 정도로 뛰어난 풍광을 자랑하여
각광 받는 선유 장소였다.19) 서호의 유명세는 淸代까지 지속되었다. 북
경 西山일대의 정비와 圓明園 조영은 서호의 풍광을 모방하여 이루어졌

---

12) 『稼亭集』 권5, 記 「舟行記」.
13) 『謹齋集』 권1, 詩 「國島詩幷序」·「鏡浦泛舟」.
14) 『高麗史』 권16, 세가 16, 인종10년(1132) 4월.
15) 『高麗史』 권19, 세가 19, 의종23년(1169) 4월 ; 『高麗史』 권19, 세가 19, 의종24년
     (1170) 2월.
16) 『平壤志』 권4, 古事條.
17) 민경준, 「명대 후기 유람의 대중화와 여행정보」, 『동북아관광연구』 8권 2호, 2012,
     176쪽.
18) 권석환, 「중국 전통 游記의 핵심 시기 문제−晩明시기 유람문화와 유기를 중심으
     로」, 『한국한문학연구』 49, 2012, 46쪽 주7에서 재인용.
19) 林利隆, 『明人的舟遊生活−南方文人水上生活文化的展開』, 明史研究小組, 2005,
     70~71쪽.

다. 서호의 선유는 중국 황제도 매우 하고 싶어 했을 정도였다. 淸 황제들은 원명원의 호수 주변을 서호와 같이 꾸미고 배를 띄워 서호를 선유하는 기분을 즐겼다.[20]

명나라의 서호유람 문화는 서적을 통해 조선에 전달되었다. 조선후기 문신 申欽(1566~1628)은 명나라에 사신으로 갔다가 『西湖志』를 구득해 좋은 글귀만 골라 『臥遊淸賞』을 만들고, 나중에 증보하여 책명을 『藍田遺璧』이라고 했다.[21] 16~17세기 조선의 많은 사대부들이 「西湖圖」와 『서호지』를 애독하게 되면서 이들 사이에서는 서호유람을 소망하는 열풍이 불기도 하였다.[22] 명나라 서호유람에 대한 관심은 명나라 문물을 동경했던 조선 사대부들의 선유문화 유행에 큰 영향을 끼쳤다. 조선의 사대부들은 현재의 서울 양화대교, 마포지역의 한강 이름이었던 서호[西江]의 풍광을 중국에 빗대어 찬미하고, 선유를 즐겼다. 한강의 서호는 중국 서호와 지명이 동일한 同名異地이기도 하지만 풍광이 수려하여 조선 사대부들에게는 중국의 서호를 연상케 하는 곳이었다. 이러한 연유로 한강의 서호는 선유장소로 매우 각광받았다.[23]

선유가 조선시대 사대부들 사이에서 유행하였다는 것은 선유를 즐기면서 창작된 시문들을 통해 알 수 있다. 서두에 설명하였지만 유산에 비해 선유의 여정은 보통 1~3일로 매우 짧았다. 그러므로 선유에 대한 기록은 여행기 형식의 기록보다 시가 많이 남아있다. 선유시는 사대부들의 문집에 빠지지 않고 등장하여 기록은 셀 수 없이 많을 정도이다. 적게나마 <표 1>과 같이 조선시대 선유기들도 남아있어 선유가 사대부들이 선

---

20) 『心田稿』 권2, 留館雜錄 「西山記」. "蓋此山一倣西湖之勝 …中略… 蓋聞皇帝御龍舟船遊上下 則選宮女數百 備供具於此 設鋪市買賣之狀 使從官各得厭飫 效嗁西湖景致云".

21) 『象村集』 권37, 題跋 「藍田遺璧跋」.

22) 조선 문인들의 강남열과 서호에 대한 동경은 정민의 「16·7세기 조선 문인지식인층의 江南熱과 西湖圖」(『고전문학연구』 22, 2002)가 참고 된다.

23) 지용환, 「조선시대 서호도 연구」, 고려대학교 박사학위논문, 2008, 73~78쪽.

호했던 유람의 한 장르로 유행하고 있었음을 파악하는데 유용한 사료가 된다. 선유기 상으로 보면 선유 장소는 한강·임진강·낙동강·백마강·압 록강 등 주로 강과 호수이고, 연못과 바다 등도 나타난다.

<표 1> 조선시대 선유기 목록(20세기 이전)

연번	저자(생몰년)	출 전	기록명	선유장소
1	姜栢年(1603~1681)	『雪峯遺稿』	「驪江記行」	여주 남한강
2	姜必愼(1687~1756)	『慕軒集』	「游洛江記」	낙동강
3	姜鶴年(1585~1647)	『復泉遺稿』	「龍江小記」	공주 용강
4	權斗經(1654~1725)	『蒼雪齋集』	「同舟覽勝記」	단양 남한강
5	權在奎(1835~1893)	『直菴集』	「遊赤壁記」	화순 적벽
6	權載運(1701~1778)	『麗澤齋遺稿』	「遊赤壁記」	안동 망천
7	權 佸(1712~1774)	『敬慕齋集』	「中赤壁船遊記」	산청 적벽
8	金慶餘(1596~1653)	『松厓集』	「詠歸亭泛舟記」	구미 낙동강
9	金誠一(1538~1593)	『鶴峯集』續集	「遊赤壁記」	화순 적벽
10	金炳球(1782~18??)	『醉竹遺稿』	「遊白馬江記」	부여 백마강
11	金夏九(1676~1762)	『楸菴集』	「江遊記」	영덕 오십천
12	金 烋(1597~1638)	『敬窩集』	「詠歸亭泛舟記」	구미 낙동강
13	南有容(1698~1773)	『雷淵集』	「遊西湖記」	한강
14	卞鍾運(1790~1866)	『歗齋鈔』	「西湖泛舟記」	한강
15	成爾演(1693~1789)	『芝翁集』	「洛江船遊記」	낙동강
16	宋心明(1788~1850)	『病窩集』	「南遊海上記」	경남 남해
17	申 昉(1685~1736)	『屯菴集』	「記牛峽夜遊」	한강
18	申維翰(1681~1752)	『靑泉集』	「澄波江泛月記」	연천 임진강
19	申 混(1624~1656)	『初菴集』	「自錦江舟至白馬江記」	부여 금강·백마강
20			「後游白馬江記」	부여 백마강
21	沈樂洙(1739~1???)	『恩坡散稿』	「遊丹丘記」	한강
22	沈師周(1631~1697)	『寒松齋集』	「遊三江記」	한강
23	魚有鳳(1???~1744)	『杞園集』	「舟游東湖小記」	한강
24	魏伯珪(1727~1798)	『存齋集』	「金塘島船游記」	완도 금당도
25	柳 根(1549~1627)	『西坰集』	「重遊鴨綠江記」	압록강

연번	저자(생몰년)	출 전	기록명	선유장소
26	柳晋成(1826~1894)	『東溪集』	「遊三江記」	한강
27	柳徽文(1773~1827)	『好古窩集』	「遊東湖記」	안동 柏潭
28	李 健(1614~1662)	『葵窓遺稿』	「陪仁興君叔父 遊江漢記」	한강
29	李東標(1654~1700)	『懶隱集』	「遊白馬江錄」	부여 백마강
30	李 簫(1629~1710)	『景玉齋集』	「漢江泛舟錄」	한강
31	李璡秀(18C)	『青霞紫雲館 遺稿』	「江行記白馬江」	부여 백마강
32			「白馬江船遊記」	부여 백마강
33	李裕元(1814~1888)	『嘉梧藁略』	「東海卵島記」	통천 동해
34	丁若鏞(1762~1836)	『與猶堂全書』	「南湖汎舟記」	울산 남호
35			「紫霞潭汎舟記」	곡산 자하담
36			「月波亭夜游記」	한강
37	鄭在應(17??~1822)	『潛齋集』	「赤壁壯遊記」	화순 적벽
38	趙 根(1631~1680)	『損菴集』	「遊赤壁記」	연천 임진강
39	趙任道(1585~1664)	『澗松集』	「景釀臺下船遊記」	함안 낙동강
40	許 穆(1595~1682)	『記言』	「熊淵泛舟記」	연천 임진강
41			「泛海錄」	경남 남해
42	洪奭周(1774~1842)	『淵泉集』	「江行小記」	한강
43			「渡鴨綠江記」	압록강
44	黃德吉(1750~1827)	『下廬集』	「巴上舟行記」	한강
45	洪錫謨(1781~1850)	『陶厓集』	「遊驪江記」	여주 남한강
46			「遊白馬江記」	부여 백마강
47			「廣寒池舡遊記」	남원 광한루 연못

※ 저자 가나다순

  선유는 사대부들 사이에서만 유행한 것은 아니었다. 명나라 사신(이하 '明使')들도 조선에 사행을 왔을 때 한강을 선유하는 것이 관례였다. 조선전기 약 228회 明使들의 조선사행이 있었는데, 이중 한강과 도성근교를 유람한 것이 약 138회에 달한다. 명사의 유람 중 한강선유가 59회로 전체의 43%를 차지하고 있다. 한강 상류에서 하류로 내려오며 유람

하는 것을 가장 많이 즐겼다. 사신들이 유람한 한강유역의 명소는 주로
濟川亭·加乙頭·鷺梁 이었다.[24] 이 밖에 청나라나 일본 사신들도 한강선
유를 즐겼다.[25] 사신들은 조선의 관료들과 한강을 선유하며 경치를 감
상하고, 술을 마시며 시를 수창하였다.

선유에 사용하였던 배의 규모와 형태는 다양하다. 1~2명이 조촐하게
선유를 즐길 때는 <그림 3~4>에 보이는 바와 같이 片舟 1척의 작은 배
에 노 젓는 노복 한명만을 태우고 조용히 吟風弄月을 즐겼다. 이러한 경
우는 보통 집 근처에 자신이 소유한 작은 배를 강에 띄워 즐기는 형태
였다.

<그림 3> 沈師正, 『畫集』 중 부분, 19C,
견본담채, 16.3×14cm, 국립중앙박물관

<그림 4> 傳 洪得龜, 「산수도」, 조선,
견본담채, 43×30cm, 국립중앙박물관

---

24) 이상배, 「조선전기 외국 사신 접대와 明使의 遊觀 연구」, 『국사관논총』 104, 2004.
25) 淸使와 日使의 한강선유는 이상균, 앞의 논문, 2013, 168~172쪽을 참조..

<그림 5> 작자미상, 「선유도」, 조선,   <그림 6> 정수영, 『海山帖』 중 부분, 조선,
견본채색, 112×42cm, 국립중앙박물관   지본채색, 62×37cm, 국립중앙박물관

<그림 5~6>은 여러 사람이 모여 선유하는 모습을 그린 것이다. 차양을 친 큰 배에 모여타고 뱃놀이를 즐기며 주변 경치를 감상하고 있다.

선유에 주로 사용한 배는 方舟·彩船[畵船]·亭子船 등이다. 방주는 네모나게 만든 단척의 배이거나 2척 이상의 배를 연결한 것이었다. 李瀷 (1681~1763)은 『古文尙書』를 보고 방주를 "배를 나란히 매어 다리를 만든 것"이라고 상고 하였다.[26] 방주를 다리역할을 하는 것으로 고증하였으나, 방주는 선유에도 사용되었다. 안평대군이 아내의 喪 중임에도 방주에 기생을 태워 선유를 즐겨 비판을 받았다거나,[27] 성종이 한강 三田

---

26) 『星湖僿說』 권27, 經史門 「大航頭」. "註桁與航通方舟也駕方舟以爲橋".

浦에서 배 10여척을 묶어 방주를 만들어 주연을 즐겼다[28])는 등의 기록
에서 알 수 있다. 왕이 타는 배는 원래 정자선 이었으나 바람이 심하게
불면 정자선이 넘어갈 우려가 있으므로 방주를 타고 신유하거나 한강을
건너기도 했다.[29]

　채선은 앞서 살핀 선유악의 연회에서 의례용으로 사용되었을 뿐만 아
니라 국왕이나 사대부들의 선유에도 사용된 배였다. 채선은 돛이나 선체
를 그림으로 화려하게 장식한 배이다. 중국이나 일본에서는 일찍이 賓客
을 호송하거나 선유하는데 채선을 매우 많이 사용하였다. 제주에서 身貢
을 싣고 전라도 羅州로 가다가 중국 南京 淮安衛에 표류하고 돌아온 노
복 萬珠가 겪은 일을 承政院에서 기록한 내용을 보면 "南京의 강에 무수
한 彩船이 있었고 기이한 꽃과 좋은 나무들이 배 안에 섞여 심어져 있었
습니다. 배의 사면 창문은 금으로 꾸미고 채색한 주렴을 드리웠는데 그
금빛이 눈부셨습니다."[30]라고 하였다. 1748년 日本通信使 洪啓禧
(1703~1771) 일행은 <그림 7>[31])과 같이 누각이 있고, 옻으로 배 전체를
칠한 채선을 타고 이동하였다. 「奉使日本時聞見錄」에 그 모양을 "배 위
의 판잣집에서 바닥 널빤지까지 외면에는 다 옻칠을 하여 거울처럼 번쩍
이고, 세워 놓은 깃대붙이는 채색 비단으로 만들었다. 또 장대 끝에 큰
박만 한 둥근 물건이 있는데, 전체에 금을 칠하여 그 광채가 찬란하다."
라고 기록해 놓고 있다.[32]

---

27) 『端宗實錄』권7, 1년, 9월 壬戌.
28) 『成宗實錄』권232, 20년 9월 戊午.
29) 『成宗實錄』권53, 6년 3월 辛未.
30) 『中宗實錄』권78, 29년 11월 丙戌.
31) 조선국왕의 國書를 받들고 일본으로 간 통신사가 탄 배이다. 그림 제목은 누선이
　　지만 이 배는 홍계희를 비롯한 조선통신사들의 기록에 자주 나타나는 일본의 채
　　선으로 누각을 설치한 것이다.
32) 曺命采, 『奉使日本時聞見錄』乾, 5월 11일. "三使所乘皆以彩船來待 自船上板屋至
　　船板外面 皆着髹漆 炯然如鏡 所豎旗竿之屬 制以色錦 又有竿頭一物圓如大瓠者 全
　　體漆金 其光燦爛".

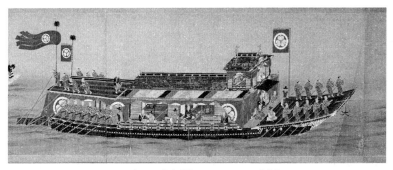

<그림 7> 작자미상, 「國書樓船圖」 부분,
日本江戶(18C), 견본채색, 58.5×1,523.5cm, 국립중앙박물관

　인조는 궁궐 閱武亭에 연못을 파고 10여명이 탈 수 있는 채선을 만들
어 놓고 女樂을 불러 선유를 즐겼다.[33] 숙종은 창덕궁 후원의 暎花堂 연
못가에 채선을 띄워 세자와 공주들을 태우고 선유를 즐겼다.[34] 이밖에
도 문집 등의 시문에는 강과 호수에 방주와 채선을 띄우는 대목이 많이
등장한다.[35] 화려하게 장식된 채선이 선유에 사용된 것을 알 수 있다.

　정자선은 주로 국왕·외국사신·관료들의 선유에 사용된 누선의 일종
이었다. 60여명 이상이 탈 수 있는 크고 호화로운 배였다.[36] 사신들의
한강선유를 위해 준비해야 했던 배는 평소 3척을 연결하여 정자각을 만
들었고, 임진왜란 이후는 규모를 줄여 2척의 배만 연결하였다.[37] 정자선

---

33) 『仁祖實錄』 권30, 12년 9월 壬戌.
34) 尹愭, 『無名子集文稿』 1책, 文 「義原君行狀」. "堂後有池 泛彩船 命共登 自蕩槳".
35) 방주와 채선을 띄우는 대목은 『高峯續集』 권1, 存齋謾錄 「奉別退溪先生」. "列坐方
舟盡勝流" ; 李穡, 『牧隱詩稿』 권3, 詩 「西京」. "方舟容與水如空" ; 『容齋集』 권7,
嶺南錄 「次亭舡韻」. "西風穩送彩船行" ; 『茶山詩文集』 권1, 詩 「訪朴氏芝潭別業」.
"芝潭一曲畫船輕" ; 『月沙集』 권10, 東槎錄下 「大同江泛舟次前人韻」. "畫船斜日響
琴歌" ; 『虛白堂集』 권7, 詩 「到大同江監司玄德璋來迓舟中」. "畫船搥鼓碧江濱".
등에 나타난다.
36) 이상배, 앞의 논문, 27쪽.
37) 『承政院日記』, 仁祖 3년 5월 戊午.

에 주인공을 태우고 부속선을 동원하였다. 정자선의 모습은 그림으로 잘 남아 있어 그 형태를 쉽게 추측해 볼 수 있다.

<그림 8> 金弘道, 「淡窩平生圖6曲屛」 중 「평양감사부임도」 부분, 18C, 견본담채, 76×38cm, 국립중앙박물관

<그림 9> 傳 金弘道, 『平壤監司饗宴圖』 中 「月夜船遊圖」의 亭子船 부분, 18C, 지본채색, 71×196cm, 국립중앙박물관

<그림 8~9>는 평양감사가 부임하여 浮碧樓 앞 대동강에서 기생들을 태우고 관료들의 호위 속에서 선유를 즐긴 그림이다. 板屋上粧을 하지 않은 平船에 기둥을 세우고 차양을 얹힌 모습을 하고 있다. 차양은 기와·짚·천막 등 다양한 형태로 나타난다. 배 위의 정자는 그늘을 드리우고, 비·밤이슬을 막는 용도였다.

선유는 자신의 거주지나 근무하는 곳의 인근에서 수시로 즐기는 경우가 있고, 집을 떠난 유람 중 즐기는 경우가 있다. 전자를 체류형 뱃놀이, 후자를 유람형 뱃놀이로 구분하기도 한다.[38] 체류형 뱃놀이는 거주지 인근에서 이루어지므로 배만 있으면 특별한 준비가 필요 없는 반면, 유람형 뱃놀이는 거주지를 떠나 즐겨야 하므로 사전준비가 필요했다. 선유의 형태는 장소와 여정의 차이는 있지만, 혼자 조용히 즐기거나 지인들

---

38) 한양명, 앞의 논문 참조.

과 종유하며 음풍농월의 정취를 느끼고, 그 속에서 풍류와 가도를 즐긴
다는 목적은 대동소이 하다. 奇大升(1527~1572)이 쓴 「船遊」라는 시를
보면 그 풍류가 잘 드러난다.

강산의 풍경이 아름답고	江山風景好
천지간에는 이승이 떠 있네	天地此生浮
흥겨운 유람 이제야 실천하니	勝事今能踐
아름다운 기약 또한 유유하네	佳期亦自悠
잔 잡으니 초일한 흥취 느끼고	把杯知興逸
붓을 휘두르니 병 낫는 듯싶네	揮筆覺痾瘳
세차게 흐르는 물 따라 내려가니	衰衰隨流下
아마도 한만을 따라 노니는 듯	疑從汗漫遊
풍진 속에 허우적대매	汩沒風塵裏
이 놀이 열 줄 뉘 알았으랴	那知辦此遊
회포를 풀자면 술 실컷 마셔야 하니	放懷須强酒
흥을 타고 다시 물 따라 내려가네	乘興且隨流
시 짓는 규정은 난만하게 있고	爛熳存詩令
술잔 세는 산가지는 흩어졌네	縱橫置酒籌
봄밤이 아무리 짧다 하지만	春宵雖苦短
술 마시고 시 읊는 일 그만둘 수 없네	觴詠不宜休
청유는 꿈만 같으니	淸遊如夢寐
산수의 구경을 허락하였네	山水許相過
눈길 다한 곳엔 짙푸른 빛이 엉기고	目極渾凝黛
배가 지나가니 비단이 갈라지네	舟行任擘羅
깊은 시름은 자주 술을 의지하고	幽懷頻賴酒
돌아가는 흥 노래를 기다리지 마오	歸興莫須歌
부질없이 숲 사이 경치를 생각하니	謾憶林間勝
그윽한 꽃이 언덕에 피어 있네	閒花在曲阿
…中略…	
솟은 햇살은 거울 같은 수면에 비치고	旭日臨明鏡

비 갠 구름은 푸른 멧부리에 흩어지네	晴雲散碧岑
이 걸음에 초일한 흥취도 많은데	此行多佚興
지난밤엔 선림을 꿈꾸었네	昨夜夢禪林
어지러이 우는 닭은 나무에 오르고	亂叫鷄登樹
외로이 나는 학은 구름 위에 솟았네	孤飛鶴破霽
유유히 힘없는 노를 놓고	悠悠縱柔櫓
머리 돌이켜 한번 길게 읊어 본다	回首一長吟39)

　기대승의 선유시에는 음주·탈속·노래·作詩 등 선유에서의 풍류가 담겨 있다. 이는 사대부의 선유에 있어 가장 보편적인 모습이었다. 선유는 기대승의 사례처럼 여가선용을 위한 풍류문화의 성격이 크지만, 혈연이나 학연에 의한 師友會合이 되는 경우 종유의 장이 되는 등 그들만의 유대를 공고히 하는 교유활동의 연장이 되는 자리가 되기도 했다.40)

　선유에는 악공과 기생을 대동하는 경우도 많았다. 李賢輔(1467~1555)의 경우 안동의 낙동강 연안에 愛日堂을 지어 놓고 손님들이 찾아올 때는 술과 안주를 마련해 歌婢 등의 노복을 작은 배에 함께 태우고 선유를 즐겼다.41) <그림 10>은 申潤福(1758~?)이 사대부의 선유모습을 그린 것이다. 그림을 보면 피리 부는 樂工과 생황을 부는 기생 등이 함께하고 있어 당시 사대부들이 선유할 때 악공과 기생을 데리고 다녔음을 잘 나타내준다.

　그리고 선유는 강뿐만 아니라 바다에서도 이루어졌다. 특히 해금강과 관동팔경 유람명소인 三日浦·國島·叢石亭 등은 배를 타지 않으면 본연의 경치를 즐기지 못하였다. 裵龍吉(1556~1609)은 배를 타지 않으면 이곳들의 진기하고 기괴한 풍경을 다 볼 수 없다고 했다.42) 그래서 이곳을

---

39)『高峯續集』권1, 詩「船遊」.
40) 선유에서의 집단의식과 학문적 교유는 김학수, 앞의 논문, 2012 참조.
41)『聾巖集』권1, 詩「醉時歌書示座上諸公」.
42)『琴易堂集』권5, 記「金剛山記」. "若非方舟入海 不能窮其瑰瑋譎詭之觀".

<그림 10> 『조선회화 신윤복필 풍속도첩』 중 「주유청강」,
일제강점기 유리건판사진, 국립중앙박물관

유람하는 사람들은 선유를 통해 승경을 구경하였다. 許穆(1595~1682)은 1638년 경상남도 남해지역을 선유하고 「泛海錄」을 지었고,43) 金樂行(1708~1766)은 동해에서 뱃놀이를 하며 「東海舟游」라는 시를 남기기도 했다.44)

이처럼 선유는 왕공사대부와 외국 사신들도 선호했던 풍류였다. 바다와 연해있고, 강과 하천이 많은 한국의 지리적 여건으로 여가문화 중 선유가 발달한 것은 당연한 것이었다. 특히 조선의 문사들 사이에서 소동파의 적벽선유 문아활동 재연이 유행하면서 조선의 선유문화는 더욱 성행하게 된다.

---

43) 『記言別集』 권15, 記行 「泛海錄」.
44) 『九思堂集』 권1, 詩 「東海舟游」.

3. 蘇東坡 船遊文雅의 재연

소동파의 선유문아는 소동파가 湖北省 黃州에서 유배생활을 하던 중 1082년 가을 음력 7월 16일[旣望]과 겨울 음력 10월 15일[望日]에 적벽에서 선유를 즐기며 「적벽부」를 지었던 문아활동 이다. 소동파는 중국을 대표하는 탁월한 문장가로 추앙 받는 인물이다. 北宋代 지금의 泗川省 眉山市에서 태어났다. 22세 때 進士에 급제하였고, 모친상으로 3년 시묘를 마친 후 장원급제하여 벼슬을 시작했다. 舊法黨에 속했던 소동파는 급진개혁을 추진하던 新法黨의 王安石(1021~1086)과 정치적 입장 차이로 지방관으로 좌천되기도 하였다. 이후 1079년 소동파가 썼던 시들에 황제와 정부를 모욕·비방하는 내용이 있다는 신법당의 참소로 筆禍사건이 일어났다. 이른바 '烏臺詩案'이라 불리는 사건을 계기로 소동파는 44세의 나이에 御史臺 감옥에 감금되었다. 감금에서 풀려나 황주에서 유배생활을 하던 중 적벽선유를 즐기며 「적벽부」를 지은 것이다. 7월에 지은 것을 「전적벽부」, 10월에 지은 것을 「후적벽부」라 한다.

중국에서 「적벽부」는 불후의 명작으로 문장가들에게 널리 애송되고 창작의 모범이 되는 작품으로 칭송 받았다. 그리고 예술작품의 창작 소재로 활용되었다. 元代 희곡인 「蘇子瞻醉寫赤壁賦」, 명대 傳奇소설인 許潮의 「赤壁遊」와 沈采의 「蘇子瞻赤壁記」 등의 소재가 되었고, 다양한 종류의 「적벽도」가 그려졌다.45) 한국에도 고려중기에 소동파의 시문이 수용되었고, 그중 「적벽부」가 가장 많이 회자되었다. 「적벽부」를 소재로 삼은 글과 그림이 널리 유행하였다. 조선시대에 들어서도 문장가들은 소동파의 문장을 흠모하고 「적벽부」를 소재로 한 방작을 남겼다. 「적벽부」의 유행은 문학과 회화작품의 창작뿐만 아니라 조선시대 선유문화를 더욱 활

---

45) 강경희, 앞의 논문, 406쪽.

성화 시켰다. 南袞(1471~1527)은 소동파의 선유가 소상하게 알려지는 것은 「적벽부」가 있었기 때문이라고 다음과 같이 말하고 있다.

"옛날부터 높은 사람과 이름난 선비들이 강산의 좋은 경치에서 술을 마시며 노닌 자가 얼마인지 모를 정도로 많지만 그 중에서 오직 王羲之의 會稽山陰 禊飮, 孫興公의 天台山 놀이, 이태백의 採石江 달구경, 蘇東坡의 赤壁江 뱃놀이만을 지금껏 사람들이 다투어가며 소상하게 어제 일같이 말하는 것은 다름이 아니라 문자가 있었기 때문이다."[46]

조선의 사대부들은 소동파의 고사에 따라 7월과 10월이 되면 소동파의 문아활동을 재연하며 그 정취를 즐겼다. 한국 강가의 절벽 중 소동파가 선유하였던 적벽과 비슷하게 생겼다 생각하는 곳에는 '적벽'이라는 명칭을 붙기도 했는데, 전북 부안군의 적벽강,[47] 전남 화순의 적벽,[48] 경북 안동의 적벽 등이 그 예다.

조선전기 문인 徐居正(1420~1488)은 「적벽도」와 「蘇仙赤壁圖」 두 편의 시를 지어 소동파가 선유하며 「적벽부」를 지은 것을 최고의 풍류이자 문아활동으로

<그림 11> 작자미상, 「적벽도」,
조선전기, 견본담채, 161.2×101.8cm,
국립중앙박물관

---

46) 『新增東國輿地勝覽』 권43, 黃海道 長淵縣 山川條.
47) 국가명승 제13로 지정되어 있다.
48) 전라남도 화순군 이서면 同福川과 그 상류인 滄浪川과 靈神川 일대에 산재해 있다. 전라남도 기념물 제60호로 지정되어 있다.

평가했다.[49] 자신도 소동파의 문아활동을 재연하며 즐겼다. 1462년(壬午) 7월 16일 蔡申保(1420~1489)·金紐(1436~1490) 등과 함께 廣津 석벽아래에서 선유를 즐겼다. 소동파기 선유히던 壬戌年은 자신들이 살아있는 동안 돌아오기 힘들고, 1462년이 그나마 壬年에 해당되어 두 번 다시 얻기 어려운 날이므로 한강에 배를 띄워 시를 짓고 밤새도록 술을 마시며 내년 같은 날에 다시 만나 즐기기로 기약했다. 그러나 각자 벼슬살이로 흩어져 약속은 지키지 못하였다. 이후 서거정은 오랜 질병으로 두문불출하고 누워 있던 중 7월 16일이 도래하자 당시 선유의 일을 추억하다 서글픈 마음에 시를 지어 김유에게 보내기도 했다.[50] 서거정은 7월 16일만 되면 月夜船遊를 원했고 그러지 못하면 그 아쉬운 마음을 시를 지어 달랬다.[51]

선유문화는 적벽선유 때문에 생겨난 것은 아니지만, 조선시대 사대부들은 선유를 즐길 때 가급적 소동파의 문아활동을 본뜨고자 했다. 조선 전기 문신 洪逸童(?~1464)은 任元濬(1423~1500)이 한강선유에 초대하자 소동파의 적벽강 놀이처럼 하길 권하고 있다.[52] 정약용은 부여현감 韓百源과 달밤에 백마강에 배를 띄워 自溫臺까지 선유하였다. 이때 시를 지어 한백원에게 보이며 "자온대가 적벽과 같았으면"하는 아쉬움을 남기고 있다.[53] 기왕 선유를 즐기는데 자온대가 적벽의 정취를 가지고 있

---

49) 『四佳集』 권22, 詩類 「赤壁圖」. "蘇仙行樂唯堪想" ; 권51, 詩類 「蘇仙赤壁圖」. "玉堂學士東坡仙 風流人物天下先 …中略… 當時行樂絶代無 二賦流傳天壤俱".

50) 『四佳集』 권10, 詩類 「壬午七月旣望 與蔡子休 金子固 辛敬叔 出遊廣津 楊半刺 子淳 亦來會」 ; 『四佳集』 권10, 詩類 「壬午秋七月旣望 與辛 肅敬叔 蔡申保子休 楊子淳質夫 金紐子固 同遊廣津 相與言曰 壬戌之秋七月旣望 乃蘇子赤壁之遊日也 吾輩年齒俱暮 欲復見壬戌 必不可得 今年適壬 時又七月旣望 會合又在廣津石壁之下 世間能有此日 亦難再得 相與劇飮而罷 今日亦七月旣望 我輩各因仕宦 分散東西 僕又纏疾病 杜門高臥 追思往日廣津之會 悵然有作 寄子固」.

51) 『四佳集』 권10, 詩類. 「七月旣望 有雨 不泛舟翫月 悵然有作」.

52) 『東文選』 권8, 七言古詩 「任子深邀我遊漢江招剛中用洪武正韻」. "勸君以蘇長公赤壁之遊".

53) 『茶山詩文集』 권2, 詩 「同扶餘縣監韓元禮 百源 自皐蘭寺下汎舟至自溫臺 舟中戲吟

다면 소동파의 풍류를 재연하기 좋았을 것이라는 아쉬움의 표현이었다.

임술년은 60년에 한번 씩 돌아오는지라 일생에 한번이상 돌아오기 힘들었다. 그러므로 사대부들은 임술년이 아니더라도 매해 7월이나 10월 선유를 즐겼고, 날짜 또한 구애받지 않았다. 李荇(1478~1534)은 1520년 (庚辰) 7월 기망에 한강에서 월야선유를 즐겼다. 한강을 적벽으로 삼고, 임술을 경진으로 삼아도 소동파의 선유를 즐기는 것과 다를 바가 없다고 했다.54) 崔岦(1539~1612)도 10월 18일 달이 뜨기를 기다렸다가 배를 띄워 선유를 즐기며 다음과 같은 시를 지어 소동파가 선유한 날짜가 아니더라도 적벽의 흥취를 느낄 수 있다고 하였다.

東山의 자리 파한 뒤 고깃배 하나 빌려 타고　　　　東皐席罷借漁舟
달과 함께 노니나니 진정 적벽의 놀이로세　　　　　遲月眞成赤壁遊
술 취해서 알 수 있나 몇 백 년 전 사람인지　　　　乘醉不覺人隔世
사흘 뒤의 풍류라고 말한들 또 어떠리　　　　　　　謂言三日後風流55)

윤두수는 1587년 전라도관찰사 재임시절 화순의 적벽을 선유하였다. 며칠 밤 풍우가 이어져 달을 볼 수 없음에도 적벽에 배를 띄워 퉁소 소리를 들으며 소동파의 선취를 즐겼다.56) 사대부들은 해와 날짜에 구애받지 않고 흥취가 나면 언제고 배를 띄워 소동파의 적벽선유를 재연했던 것이다.

그리고 선유는 하루 만에 끝나는 것은 아니었다. 흥취에 따라 여러 날 연속으로 즐기기도 하였다. 1502년(임술) 7월 16일에 이행·朴誾

<hr />

示元禮」. "若把溫臺當赤壁".
54) 『容齋集』 권3, 七言律 「七月旣望之夜 泛舟漢江翫月有作」. "擬把漢江當赤壁 何妨壬戌作庚辰".
55) 『簡易集』 권6, 分津錄 「十八日待月乘舟」.
56) 『梧陰遺稿』 권1, 「赤壁 - 在同福」. "連宵風雨暗平湖 赤壁之遊安可無 洞簫一聲山竹裂 蘇仙餘意此時輸".

(1479~1504)·남곤 등은 양강의 大灘에서 회동하여 소동파의 선유를 본 떠 배를 타고 서울의 蠶頭峯을 유람하며 사흘 밤낮을 보냈다. 박은과 이 행은 이때 지은 글들을 「蠶頭錄」으로 남겼다.57) 박은과 이행은 7월의 풍류를 잊지 못해 같은 해 10월 보름 다시 잠두봉까지 선유하였다.58) 李 植(1584~1647)은 광해군대 癸丑獄事로 정계가 혼란하자 지금의 경기도 양평으로 낙향하였다. 이 때인 1622년(임술) 7월 16일 소동파의 고사에 따라 任叔英(1576~1623) 등과 楊江에서 사흘 동안 선유를 즐겼다.59) 또 한 적벽의 풍류는 꼭 배를 타고 즐긴 것은 아니었다. 보통 화순의 적벽 은 同福川에 배를 띄워 유람하였는데, 도보로 유람하는 이들도 있었다. 金昌協(1651~1708)은 1677년 영암군 道岬寺를 유람하고 돌아올 때 아우 들과 함께 화순에 들려 적벽과 勿染亭을 도보로 유람하였다.60) 정약용 또한 아버지가 화순현감으로 있을 때인 1778년 적벽과 물염정을 지인들 과 함께 도보로 유람하였다.61)

얼마나 많은 사대부들이 소동파의 문아활동을 재연하며 즐겼는지 수 치상으로는 알 수 없으나 문집류에 기록된 시문이나 찬자의 연보를 보면 이를 재연했던 내용들이 자주 등장한다. 사료에 나타나는 7월 16일과 10 월 15일의 소동파 문아활동 재연 사례들은 너무 많아 모두 일별하지 못 하고, 필자가 문집 등에서 파악한 조선시대 사대부들의 임술년 재연 사 례만을 살펴보면 <표 2>와 같다.

---

57) 『容齋集』 권4, 「題蠶頭錄後」. "壬戌七月望之旣 兩君呼我遊蠶頭 蠶頭之遊樂難似 夙昔相從無此流".

58) 『續東文選』 권3, 五言古詩 「壬戌七月旣望同士華擇之泛舟蠶頭下續東坡故事是歲十 月之望與擇之復遊蠶頭下占霽韻各賦」.

59) 『宋子大全』 권203, 諡狀 「澤堂李公諡狀」. "其七月旣望 與疏菴諸公 倣蘇仙赤壁故 事 泛舟楊江 三夜而止".

60) 『農巖集』 권35, 附錄 「年譜」 上. "丁巳年 先生二十七歲 : 十月 陪議政公 遊道岬寺 還京 歷賞同福赤壁 昌平勿 伯氏夢窩公及弟圃陰昌緝俱".

61) 『茶山詩文集』 권13, 記 「遊勿染亭記 亭在同福縣 丁酉秋 家大人知和順縣 縣距赤壁 四十里 厥明年余得往遊焉」.

<표 2> 조선시대 사대부의 임술년 소동파 문아활동 재연 사례[62]

임술년	유람자	출 전	유람일	유람처
1442	徐居正·金紐 등	『四佳集』	7.16	한강
1502	李荇·朴誾·南袞	『容齋集』	7.16	한강
1502	李荇·朴誾	『續東文選』	10.15	한강
1562	李滉·趙穆·琴蘭秀 등	『後溪集』	7.16	낙동강
1622	李植·任叔英 등	『宋子大全』	7.16	한강
1622	李應禧 등	『玉潭遺稿』	7.16	안양천
1622	趙靖·李埈·全湜 등	『黔澗集』	7.16	낙동강
1622	李尙質 등	『家州集』	7.16	한강
1622	李廷龜·崔大容 등	『月沙集』	7.16	청천강
1622	李埈 등	『月澗集』	7.16	낙동강
1742	申維瀚·洪景輔·鄭敾	『靑泉集』	10.15	임진강
1802	洪直弼 등	『梅山集』	7.16	한강
1802	朴思浩 등	『心田稿』	7.16	임진강

　사대부들은 임술년에 구애 받지 않고 7월과 10월에 선유를 재연했지만, 임술년이 돌아오는 해는 특히 소동파의 문아활동 재연이 많을 수밖에 없었다. 소동파가 적벽선유를 즐긴 호북성 황주는 기후가 온난하여 음력 10월에도 선유를 즐기기 좋지만 한국은 추위가 오는 시기이다. 그러므로 조선에서는 날씨가 따뜻한 7월을 많이 택하여 문아활동을 재연했다. 조선중기의 문신 趙纘韓(1572~1631)이 상주목사로 재직하던 1622년(임술), 외지의 객이 조찬한에게 술을 준비해 낙동강에서 선유를 즐기러 가자고 다음과 같이 권유한 내용이 있다.

　　"올해의 紀數가 임술년이고 가을 기망으로 또 같은 달이니 이는 蘇仙이 적벽에서 노닐었던 저녁입니다. 이로 인해 시인묵객들 중 호사가들이 술항아리와 술통을 들고 다투어 강과 호수에 배를 띄우지 않는 자가 없습니다. 대개

---

62) 한국고전번역원[http://db.itkc.or.kr]에서 제공하는 한국문집총간의 텍스트를 검색하여 본 표를 작성하였다. 필자가 미처 파악하지 못하여 누락된 기록도 있을 것이라는 점을 밝혀둔다.

이달과 날은 매해 있지만 이 해는 만나기 어렵습니다."⁶³⁾

이 내용을 보면 임술년의 갑자가 돌아오는 해는 일생에 한번 만나기 힘들므로 好事家들 너도나도 선유에 나섰던 것을 알 수 있다.

사대부들은 소동파 선유를 재연할 때 수창한 글을 모아 시문집으로 남기거나, 그림과 함께 시화첩을 만들기도 했다.

1742년(임술) 경기도관찰사 洪景輔(1692~1745)가 관내를 순력하다가 연천현감 申維翰(1681~1752)과 양천현령 정선을 불러 羽化亭~熊淵까지 임진강 40리를 선유한 것을 그린 『漣江壬戌帖』(개인소장)이 남아있다.

정선이 그림을 그린 후 발문을 쓰고, 홍경보가 서문, 신유한이 「擬赤壁賦」를 각각 써서 『漣江壬戌帖』을 만들었다. 관찰사 홍경보가 10월 순력을 기회로 보름날 신유한과 정선을 불러 임진강을 선유하며 소동파의 문아활동을 재연하고 이를 기념하여 시화첩으로 남겨놓은 것이다. 화첩 3벌을 만들어 각각 1벌씩 나눠가졌다고 한다.⁶⁴⁾

조선후기 문인 鄭宗魯(1738~1816)는 "소동파 적벽유람은 천고에 회자되고, 「적벽부」를 암송하고 생각하면 찬탄하지 아니하는 자가 없었다."고 하였다.⁶⁵⁾ 洪奭周(1774~1842)는 "소동파의 「전·후 적벽부」는 천고에 회자되어 젖먹이 어린아이나 여자들까지 외울 정도였다."고 하였다.⁶⁶⁾ 조선후기에도 「적벽부」의 유행이 수그러들지 않고 끊임없이 회자되었다. 이처럼 소동파의 적벽선유 문아활동은 사대부들에게 이상적인 풍류로 인식되었다. 적벽선유가 유명해 진 것은 단순한 놀이가 아니라

63) 『玄洲集』권13, 賦續「反赤壁賦」. "今玆歲紀 屬于壬戌秋之既望 又值此月 非蘇仙 游赤壁之夕歟 是用騷林墨壇好事之徒 莫不提壺挈榼 爭泛江湖者 蓋以是月與日 歲 常有焉 難遇者年".
64) 최완수, 『겸재 정선』2, 현암사, 2009, 283~287쪽.
65) 『立齋集』권3, 詩. "東坡赤壁之遊 膾炙千古 誦其賦者 莫不想像而艶歎之".
66) 『淵泉全書』(영인본, 오성사, 1994) 7冊,「鶴岡散筆」. "赤壁二賦 膾炙千古 童孺婦人 皆能傳誦".

「적벽부」가 탄생한 문아활동이었기 때문이다. 「적벽부」는 조선 사대부
들이 최고로 꼽는 작품으로 애창되고 재해석 되었다. 그러므로 「적벽부」
가 탄생할 수 있었던 선유문아는 심미적 풍류로 자리 잡았다. 즉 소동파
의 적벽선유 문아활동의 재연 풍조는 조선시대 선유문화가 더욱 성행하
는 계기가 되었다.

4. 선유의 사치풍조와 폐단

조선후기로 접어들면 기방과 遊廓의 번성, 古董書畫의 수집 등 사치
품에 대한 과소비, 도박의 성행 등 유흥문화가 확산된다. 이러한 문화의
확산을 여가문화의 상업화로 보기도 한다.[67] 16세기 이후 유행한 산천
유람 또한 여가문화의 확산과 시기를 같이하고 있다. 유람도 여가문화에
해당된다. 유람의 근본적인 목적이 과소비성 사치성향을 일으키는 것과
는 다르지만,[68] 시간과 경제적 여유가 있어야만 가능했다. 그러나 선유
는 유산보다 많은 사치성향이 나타나고 선유를 보는 인식도 유산과는 달
랐다.

선유의 사치풍조는 고려시대부터 보인다. 고려의 의종은 장단현 應德
亭에서 배 19척을 띄워 비단 장막을 치고 女樂과 雜戱를 싣고 질탕하게
놀았다.[69] 그리고 북한의 통천군 歙谷에 있는 국도는 경승이 아름다워
고려시대 금강산을 찾는 유람객들이 반드시 들려 선유를 즐긴 곳이었다.
고려말 江陵道存撫使 안축은 순행 중 목도한 선유의 사치와 폐단을 지

---

67) 강명관, 『조선시대 문학예술의 생성공간』, 소명출판, 1999.
68) 유람의 명분과 목적은 이상균의 「조선시대 사대부의 유람 양상」(『정신문화연구』
    34권4호, 2011)을 참조.
69) 『高麗史』 권18, 세가 18, 의종21년(1167) 5월.

적하였다. "유람을 준비하는 사람으로 하여금 배를 준비시키고 술·음
식·기생·악공 등을 싣도록 하는데, 농사를 방해하고 백성에 해를 끼치니
온 지방이 고통스러워한다."고 했다.[70] 최소한의 인원으로 선유를 즐긴
것이 아니라 많은 인원을 동원하여 음주가무를 즐기는 등 유흥과 향락이
동반되고 있었음을 알 수 있다. 李穀(1298~1351)은 부여의 백마강에서
선유를 즐기면서 "자신은 놀기 좋아하는 사람이 아니라고 자부해 왔음
에도 농사철을 당해 100여명을 대접하며 선유에 사흘을 보낸 것을 자신
의 허물이라"고 자술했다. 그리고 기문으로 지어 후세에 놀기 좋아하는
사람들의 경계로 삼는 동시에 자신의 허물을 기록한다고 하였다.[71] 이
곡의 선유에는 100여명 이상이 참석하여 사흘 동안 먹고 즐겼다.

李穡(1328~1396)의 경우는 경기도 驪興[현 여주]군수의 초청으로 조
촐하게 선유를 즐겼다. 물고기 회를 떠 술을 마시며, 군수가 연주하는
음악을 들으니 신선이 된 느낌을 받을 정도로 당시의 선유가 좋았다고
술회한다.[72] 이색과 같이 조촐하게 선유를 즐기면서도 신선의 흥취를
느끼기는 사대부들도 많았다. 그러나 다른 선유의 사례에서 과도한 소비
성 사치풍조들이 빈번히 나타나므로 조선시대 선유는 향락과 함께 사치
문화의 대명사로 지목된다. 인조는 丁卯胡亂으로 궁궐이 피폐해 졌는데,
열무정 가에 연못을 파고 채선을 띄워 여악들과 몰래 선유를 즐겼다. 환
관들에게 소문이 나지 않게 하라고 명하였다.[73] 사치스러운 선유 행락

---

70) 『謹齋集』 권1, 「關東瓦注」 '國島詩幷序'. "然好事者 皆曰 關東形勝 國島爲最 使遊
賞者 具舟楫 載酒飧妓樂而妨農害民 一方苦之".

71) 『稼亭集』 권5, 記 「舟行記」. "頗自謂不好事 今乃當農月 載歌舞盛賓客 供給將百
人 往還踰三日 其爲好事何如也 …中略… 余因記之 以爲後來好事者之戒 且志余
過云".

72) 『牧隱詩藁』 권35, 「驪興吟」. "驪興守 挐舟來邀老夫同泛 中流四顧可樂也 乘輿遡流
而上 至鸕鷀岩小留 廻舟順流而下 信乎其快也 醇飮鮮飧 孤吹隻弄 實有餘味 晩歸樓
上 如仙遊而還家也".

73) 『仁祖實錄』 권30, 12년 9월 壬戌.

이 알려질까 우려한 조처였다. 특히나 관원들이 공무 중 사사로이 유람하거나 유람에 공물을 동원하는 것은 파직의 사유가 되었다.[74] 그럼에도 불구하고 관원들은 직위를 이용하여 사치스러운 선유를 즐겼다. 특히 강과 바다와 접해 있는 지역의 관원들이 선유로 물의를 일으킨 사례가 많을 수밖에 없었다. 1479년 柳子光(1439~1512)은 水使들이 포구 순찰에 소홀하고, 악공과 기생을 싣고 선유를 일삼는 폐단을 고칠 것을 상소하기도 하였다.[75] 중종대에는 災傷敬差官이 御史를 겸하고, 馬政 조사를 담당하는 點馬官 까지 겸했다. 당시 주로 말을 사육하던 곳은 해안가 串이나 도서지역 이었다. 그런데 점마관들이 외방에 있는 목장을 조사한다는 이유로 선유와 유흥을 벌여 어사에게 점마관을 겸직시키는 것을 폐지하기도 하였다.[76] 1548년(명종 3)에는 사헌부의 상소로 홍문관 수찬 尹潔(1517~1548)이 파직되는 일이 있었다. 표면적 이유는 論思의 자리에 있으면서 방탕한 생활을 일삼고, 선유를 즐기며 방자하게 술을 마시면서 일을 그르친다는 이유에서였다.[77] 실제로는 尹元衡(?~1565)일파의 미움을 사서였지만, 파직의 명분 중 하나가 방탕한 선유였다. 결국 윤결은 1545년 을사사화를 일으킨 李芑(1476~1552) 등의 부당함을 史官으로서 時政記에 적어 넣었다가 숙청당한 安明世(1518~1548)의 정당함을 술자리에서 발설한 것이 빌미가 되어 1548년 獄死하였다.[78] 윤결과 선유를 즐기며 술을 마셨던 具思顔(1523~1562)이 이일을 발고하여 文定王后의 垂簾聽政과 尹元衡(?~1565)을 비판하였다는 죄목으로 국문을 받다가 옥사한 것이다. 1621년(광해군 13)에는 교리 蔡謙吉(1559~1623)이 상소를 올려 韓纘男(1560~1623)과 李大燁(1587~1623)을 파직할 것을 청하였다.

---

74) 이상균, 「조선시대 사대부 유람의 관행 연구」, 『역사민속학』 38, 2012, 11쪽.
75) 『成宗實錄』 권106, 10년 7월 丁卯.
76) 『中宗實錄』 권80, 30년 8월 壬寅.
77) 『明宗實錄』 권8, 3년 5월 壬午.
78) 『明宗實錄』 권8, 3년 7월 癸未.

조정에서 파견된 差官의 신분으로 대동강을 건널 때 기생을 끼고 술을 마시며 방탕하게 선유를 즐겼다는 이유였다.79) 수령들도 府內를 巡歷하며 선유를 즐기는 일이 많았다.

지역의 관원들이나 수령들이 선유를 즐겼던 사실은 그림을 통해서도 알 수 있다. <그림 12>는 1702년 제주목사로 부임한 李衡祥(1653~1733)이 순력을 기회로 翠屛潭과 正房瀑布에서 官妓 등을 동원해 선유를 즐기고 있는 내용이다.

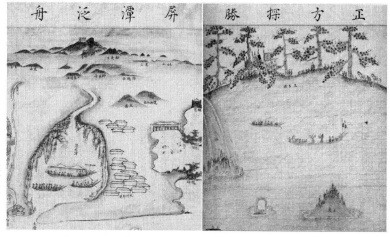

<그림 12> 金南吉, 『耽羅巡歷圖』中「屛潭泛舟」(좌)·「正方探勝」(우) 부분,
1703, 지본채색, 각폭 55×35cm, 국립제주박물관

<그림 13>은 1723년 遠接使 趙泰億(1675~1728)이 의주유람을 기념해 제작한 것이다. 조태억은 청나라 사신을 영접하러 의주로 갔다가 사신이 도착하기 전 의주지역을 유람했다. 의주부사의 접대로 官船을 동원하여 기생과 악공들을 싣고 압록강에서 선유를 벌인 것이다.

---

79) 『凝川日錄』2, 광해군13년 3월 29일. "韓纘男李大燁 差官渡大同江時 船游挾妓縱酒 以致差官嗔怒 請罷職".

특히 나라가 변란·기근 등으로 우환이 있어 향락을 금지시킬 때 선유에 대한 비판과 금지사항이 자주 논의되었다. 1605년 선조는 임진왜란으로 국토가 황폐화 되고 수재까지 난 상황에서 선유하며 향락을 즐기는 것을 고상한 풍취로 여기는 폐단을 지적하였다.[80] 효종 대에는 나라에 기근이 들어 백성의 구제책을 논하는 시기에도 궁궐의 나인들이 비단옷을 입고 사치스러운 한강선유를 즐기며, 사람들이 거리에 모여 飮酒放逸을 일삼는

<그림 13> 作者未詳,『龍灣勝遊帖』中 「鴨綠江泛舟圖」, 1723, 견본채색, 각폭 48×33cm, 국립중앙박물관

고질적인 병폐가 심하여 이를 엄단시키기도 했다.[81] 그리고 1778년 정조는 국상으로 인해 유흥과 잔치를 한시적으로 금지시켰는데, 금지기간이 끝나자마자 유흥과 잔치를 벌이는 풍조가 매우 심하였다. 그 중 오래 전부터 궁녀와 宮屬들이 기생과 宮奴를 잔뜩 데리고서 풍악을 울리며 꽃놀이와 선유하는 습속이 심하므로 이를 엄금시켰다. 이 같은 금령을 내린 뒤에도 선유하는 자가 있다면 직급이 높은 상궁이나 시녀를 막론하고 적발되면 定配하고, 法司에 금령을 내려 廉察시켰다. 현장에서 잡힌 자는 즉시 구속하였다가 配所로 압송시키도록 전교하였다.[82] 궁인의 사치스러운 선유는 조선의 오래된 병폐 중 하나였다. 선유에 대해 국왕들이 이 같은 조처를 취한 것은 당시 선유가 보통의 여가생활 보다 매우

---

80) 『宣祖實錄』 권190, 38년 8월 癸卯.
81) 『孝宗實錄』 권3, 3년 4월 丁巳·己未.
82) 『日省錄』, 정조2년 윤6월 13일 ; 『弘齋全書』 권1, 敎1 「禁宮人遊衍敎」.

사치스럽고 풍기를 문란하게 하는 등의 폐단이 자주 발생하였다는 점을
잘 시사해 주고 있다.

유람 중 유산은 노정에 소요되는 비용을 충당하지 못하면 할 수 없는
것이었다. 타고 갈 나귀 마련, 숙식 등을 도와주는 가복 대동, 생필품 등
의 현물을 가져가야했으며 모자라면 현지에서 조달해야 했다. 朴趾源
(1737~1805)은 1765년 지인인 兪彦鎬(1730~1796) 등과 함께 금강산 유
산을 가려고 했으나 돈이 없어 주저하다가, 金履中(1736~1895)이 나귀
살 돈 100냥을 보태주어 유람을 떠났다.[83] 단편적인 예이나 여러 날 걸
리는 유산은 고가의 비용이 수반되는 것이었다. 당시 유산을 위한 이러한
비용은 통상적으로 필요한 것이지 그 이상의 사치를 위해 소모되는 비용
은 아니었다. 하지만 2~3일 걸리는 선유에는 수천 냥이 허비되기도 했다.

정조대 宋銓(1741~1814) 등은 도성 官司의 員役들과 貢市의 閑良들
이 한번 유흥에 3~4만전의 거액을 사용하여 10집 살림의 재물이 하루의
오락으로 없어진다고 상소하였다.[84] 당시 도성에서는 선유를 비롯하여
거금을 들여 향락을 즐기는 사치풍조가 빈번하게 일어나고 있었음을 보
여준다. 조선후기 유명한 서화가 趙熙龍(1789~1866)은 당시 기생과 악
공을 동원한 선유가 매우 큰돈이 들어가는 사치행위였음을 다음과 같은
글을 통해 자술하고 있다.

> "요사이 西湖에서 놀이를 했는데 삼일을 보낸 후 돌아왔습니다. 화려한 배
> 에서 악기를 연주하고, 곱게 단장한 여인들의 아리따운 노랫소리에 울적한 정
> 을 족히 펼 수 있었습니다. 그런데 함께 놀던 여러 사람과 山臺를 잡고 기생
> 들에게 뿌린 돈을 계산해 보니 모두 3만전에 이를 정도였습니다."[85]

---

83) 朴宗采(박희병 옮김), 『나의 아버지 박지원』, 돌베개, 1998, 25쪽.
84) 『正祖實錄』 권5, 2년 윤6월 辛酉.
85) 조희룡(실시학사고전문학연구회 역), 『조희룡전집』 5, 한길아트, 1999, 145쪽에서
    전재.

조희룡은 한강 서호에서 3일 동안 선유하면서 3만전[3천냥]을 허비한 것을 후회하고 있다. 3만전은 기생들에게 준 돈이고, 배를 빌리고 술과 음식을 장만하는 데에도 거금이 들었을 것이다. 시기차이는 조금 있으나 박지원의 사례와 비교해 볼 때 나귀 한 마리 값이 100냥인 것을 보면 조희룡의 선유에는 어마한 돈이 소요되었던 것이다.

그나마 조희룡과 정조대의 사례는 개인의 돈을 허비한 것이지만 외국 사신이나 관료들의 선유에는 대규모 선단이 동원되고, 소요되는 비용 등은 관에서 모두 충당했다. 1539년(중종 34) 4월 明使 華察과 薛廷寵이 한강에 나가 선유하였는데, "수많은 배들이 강을 뒤덮어서 소란스럽기가 시장과 같아 조금도 강호의 한가로운 흥취가 없었다."라고 할 정도였다.86) 明使의 한강선유에 수많은 배와 사람들이 동원되었음을 단적으로 보여준다. 이처럼 명사의 한강선유에는 대규모 선단을 준비하여야 했다. 광해군 13년(1621)에 明使 劉鴻訓 등의 한강선유 준비를 위해 충청·강원·경기도 등에 특별히 領船 差使員을 정하고, 배를 징발하여 한강에 집합시키게 하였다. 이때 모인 배는 200여척에 달했다.87) 이것이 『辛酉年謄錄』으로 남아 이 선례에 따라 1625년(인조 3)에는 明使인 王敏政 등의 한강선유를 위한 200척 배를 마련하기 위해 조정에서는 큰 어려움을 겪어야 했다.88) 『承政院日記』에 사신들의 한강선유를 준비했던 좌목이 남아 있어 그 준비 상황을 살필 수 있다.

"天使가 왔을 때 이용할 유람선은 평시에는 배 3척을 연결한 다음 정자각을 만들었지만 난리 이후에는 2척의 배를 연결하였습니다. 이번에는 공조에서 私船을 징발하는 폐단을 없애려고 水軍의 배 1척을 가지고 그 위에 정자각을 만들 것을 계청하였으니, 폐단을 줄이려는 뜻은 지극합니다. 다만 몇 사

---

86) 『中宗實錄』 권90, 34년 4월 壬子.
87) 『光海君日記』 권161, 13년 2월 戊辰.
88) 『承政院日記』, 仁祖 3년 4월 申丑.

람의 사대부가 뱃놀이할 때에도 반드시 배를 연결합니다. 더구나 이번에 2인
의 사신과 7, 8명의 종친과 재신이 좌우로 나뉘어 의자에 앉고, 배 위에 탁자
를 설치하고, 舞童이 대열을 나누어 줄지어 서고, 酒亭과 樂器 등의 물건을 한
결 같이 대궐에서처럼 해야 하는데, 조그만 배 위에서는 결코 설치하기가 어
렵고 많은 進止官과 頭目 등은 발을 붙일 곳도 없을 것입니다. 낭청으로 하여
금 살피게 하였는데 과연 예상한 대로였습니다. 그리고 강가에 사는 이 일을
잘 아는 노인들도 모두 예로부터 1척의 배로 유람한 적은 없다고 합니다."[89]

사신들이 타는 배는 2척 이상을 묶어 정자선을 만들고, 從臣과 宰臣
들이 동행하였다. 그리고 사신을 따라온 頭目, 수행하는 進止官, 舞童과
악공을 모두 태워 대궐에서의 연회처럼 준비하였다. 또한 사신들이 선유
하며 지나가는 강가에는 呈才 할 사람들을 미리 대기시켜 놓았다.[90] 여
기서 주목되는 것은 사신들의 화려한 선유를 준비하는데 발생하는 폐단
을 사대부들의 선유와 비교하고 있다는 점이다. 당시 많은 사대부들이
여러 척의 배를 연결하여 호화스러운 선유를 즐겼음을 보여준다. 明使들
은 이처럼 화려하고 왁자지껄하게 준비한 한강선유를 좋아하지만은 않
았다. 앞서 살핀 중종대 명사인 화찰과 설정총은 이러한 장면을 보고 나
라를 망국에 이르게 한 後漢 袁紹의 사치를 풍자하기도 하였다.[91]

앞서 소개한 경기도관찰사 홍경보가 1742년 10월 보름 순력을 기회
로 행한 소동파의 적벽선유 재연도 수행하는 관원의 무리들을 이끌고 관
선을 동원하여 대규모로 벌였다. 소동파 문아활동의 풍취와는 자 못 다
른 것이었다. 이때의 모습을 홍경보와 동행했던 연천현감 신유한은 다음
과 같이 기록하고 있다.

　　　나루터 이속들에게 명하여 蘭舟를 정비케 하고, 의장과 주연에 쓸 장막과

---

89) 『承政院日記』, 仁祖 3년 5월 戊午.
90) 『承政院日記』, 仁祖 17년 1월 己卯.
91) 『中宗實錄』 권90, 34년 4월 壬子.

물품을 모두 갖추었다. 작은 배를 앞뒤로 따르게 하고 좋은 술과 호화로운
음식을 가져오게 한다. 기를 든 행렬은 길을 따라 오도록 하니 고개 비탈을
향하는 행렬이 뱀과 같다. 배가 서서히 움직여 포구를 떠나 漣州로 향하기로
약속하였다. …중략… 화로에 숯 피워 술잔을 가져오라 하고, 쏘가리 회 뜨고
산 노루를 통째로 굽는다. 뱃노래 함께 부르니 모래톱 물새들 무리지어 날아
오른다.92)

소동파가 편주를 띄워 조촐하게 월야적벽의 흥취를 즐긴 것과는 규모
와 화려함이 매우 대비된다. 순력에 동원된 관원들 모두가 이 선유에 동
원되었다. 일행은 쏘가리 회와 노루를 통째로 구워 안주를 만들어 술을
마시고 뱃노래를 부르며 질탕하게 놀았다.

<그림 14> 傳 金弘道, 『平壤監司饗宴圖』中「月夜船遊」,
19C, 지본채색, 71×196cm, 국립중앙박물관

<그림 14>는 평양감사가 부임하여 달밤에 부벽루 앞의 대동강을 선
유하는 모습이다. 주인공이 탄 정자선 주변의 크고 작은 수많은 배들에
는 기생을 비롯한 수행원들이 타고 있고, 강가에는 백성들이 횃불을 들
고 도열해 있는 모습을 볼 수 있다. 앞서 소개한 <그림 8~9>에서도 평양

---

92) 『靑泉集』 권3, 賦 「擬赤壁賦」. "於是飭津吏整蘭舟 威儀孔燕 帳御咸修 翼小舮以先
後 齎玉罇與華羞 戒旌旗使遵路 儳坡陀而委蛇 舟容裔而出浦 怡漣州以爲期 …中
略… 爇炭爐呼酒餚 江鱖魚山獐 櫂謳齊發 沙鳥羣翔".

감사가 부벽루 앞 대동강에서 호화로운 선유를 즐긴 모습을 볼 수 있다. 평양감사의 호화판 대동강 선유는 관례적으로 행해졌던 것으로 보여 진다. 이처럼 사치스러운 선유는 개인이 사비를 들여 하기에는 매우 어려운 것이었다. 평양감사라는 직위를 이용하여 관원과 관물을 이용하여 즐긴 것이다.

특히 앞서 제시한 <그림 8>은 영조대 정권의 실세였던 남양홍씨 가문 홍계희가 평생 기억에 남는 장면을 담은 6폭 병풍 중 「평양감사부임도」이다. 김홍도가 그린 것으로 전한다. 홍계희는 이조·예조판서 등의 요직을 거쳐 판중추부사에 오르고 奉朝賀에 임명된 인물이다. 생애에 겪었던 수많은 일들 중의 6가지를 골라 그림으로 남기면서 평양감사 시절을 포함시켰다. 일생의 기억에서 인상적이고 오래도록 남는 것이었기 때문이다. 그림의 내용처럼 평양감사로 부임하여 즐긴 대동강에서의 화려한 선유는 평생 어디에서도 경험 할 수 없는 이색적인 체험이었다는 것을 말해 주고 있다.

이 같이 사치스럽고 물의를 일으킨 관원들의 선유는 조선후기까지 지속적으로 나타난다. 1793년 충청수사 李潤謙은 재해가 매우 심한데도 바다에서 선유하며 鹽商을 잘못 알고 붙잡아 물에 떠밀어서 죽일 뻔하고, 들에 있는 남의 송아지를 강제로 때려잡는 등의 폐단을 저질러 추고 당하기도 했다.[93] 정약용은 耽津[94] 관료들이 부당하게 帖文을 발부하여 백성들에게 거둔 세전으로 기생을 끼고 선유하는 비용에 충당하는 폐단을 지적하기도 했다.[95] 1807년 南周獻(1769~1821)은 함양군수로 있으면서 경상도관찰사 尹光顔(1757~1815)과 지리산을 함께 유람했다. 이때

---

93) 『日省錄』, 정조17년 5월 27일.
94) 탐진은 현재 전라남도 강진군을 이른다.
95) 『茶山詩文集』 권22, 雜文 「期二」. "官發帖令納錢 戶十二聽 戶二十五聽 今日徵而明日又徵聽 徵斯聽之 不問其所須用也 私予之其奴 輪其買圃資 不問 挾妓娼汎于湖 用防其費".

진주목사 李洛秀와 산청현감 鄭有淳이 수행을 위해 동행하였다. 윤광안은 섬진강에서 선유를 즐겼는데 배에 탄 인원은 하인, 깃발 잡는 사람, 생황 켜는 사람, 통소 부는 사람, 그리고 각 고을에서 징발한 요리사 등 수행원이 3백~4백 명이었다고 한다.96) 윤광안 역시 순력에 동원된 대규모 인력과 물자를 이용하여 호화스러운 선유를 즐긴 것이다.

이처럼 조선시대 선유는 왕, 궁인, 사대부와 관인, 외국사신들이 즐겼던 대표적인 여가문화의 하나였다. 그러나 여기서 과도한 향락과 사치스러운 풍조들이 자주 나타나고 있는 것이다. 기생과 악공 등을 동원하여 향락을 즐기며, 거금을 탕진하기도 했다. 관인들은 지위를 이용하여 호화스런 선유를 즐겨 폐단이 발생하기도 했다. 특히 선유는 놀이의 특성상 기방이나 유곽 등에서의 유흥, 삼삼오오 모여서 하는 도박 등의 향락보다 외부에 보여 지는 사치스런 모습이 더욱 클 수밖에 없었다. 대다수의 선유가 사치스러웠던 것은 아니었으나 조선후기 소비와 향락문화의 확산 속에서 도덕적 지탄의 대상이 된 병폐문화의 하나로 지목받기도 한 것이다.

5. 맺음말

현존하는 기록상 한국에서 선유문화가 행해졌던 시기는 선유악의 기원을 통해 신라시대로 소급해 볼 수 있다. 고려시대에도 선유문화가 있어왔으나 조선후기에 크게 유행하였다. 조선으로 유입된 명나라의 서호유람 문화는 사대부들 사이에서 서호동경의 열풍을 일으켰고, 조선의 선유문화 유행에 큰 영향을 끼쳤다. 선유는 사대부들뿐만 아니라 국왕, 외

---

96) 『宜齋集』 권11, 記 「智異山行記」. "將舟向雙溪寺 觀察暨三守宰 結二舸相坐彩閣 所帶僮隷及旗幟笙簫本府廚傳之屬 分載各船 殆近三四百人".

국사신들도 즐겨했던 놀이였다. 선유를 통해 지인들과 종유하며 음풍농
월의 정취를 느끼고, 그 속에서 시가를 수창하며 풍류와 가도를 즐겼다.

선유에 사용된 배는 편주·방주·채선·정자선 등이었고 모양노 다양하
였다. 그리고 한국의 입지 여건상 강뿐만 아니라 바다에서의 선유도 유
행하였다. 사대부들은 거주지 가까운 곳에서 홀로 선유를 즐기거나 지인
들 여럿과 어울려 한바탕 연회를 베풀기도 했다.

특히 불후의 명작으로 꼽히는 소동파의 「적벽부」가 탄생된 문아활동
인 적벽선유는 소동파의 문장을 흠모하는 조선 사대부들 사이에서 빈번
히 재연되었다. 임술년이 도래하는 해는 선유가 더욱 성행했던 것은 물
론이고, 60년마다 돌아오는 임술년은 일생에 한번 만나기 힘든 해이므로
'임'이나 '술'이 들어간다는 명분으로도 선유를 즐겼다. 그리고 임술과
상관없이 매년 7월과 10월이면 너도나도 배를 타고 강과 바다로 나갔다.
이 날은 음력 기준이므로 대부분 기후가 따뜻한 7월 기망에 선유를 자주
즐겼다. 이러한 소동파의 문아활동 수용은 조선시대 선유문화를 더욱 성
행하게 하는 계기로 작용하였다.

그러나 선유는 문아활동이나 소소한 풍류를 즐기는 것에 그치지 않았
다. 조선후기 사치풍조의 대명사로 주목받기도 했고, 여기에서 발생하는
폐단도 적지 않았다. 기생과 악공 등을 싣고 과도한 향락을 즐기며 거금
을 탕진하기도 했다. 외국사신이나 관료들의 선유는 대규모 선단과 물
자, 인력이 동원되어 매우 사치스러웠다. 소동파의 문아활동을 재연한다
는 명목 하에 즐겼던 선유도 본연의 풍류에서 벗어나 사치스러운 모습을
보이는 사례들도 많았다. 관료들은 보임지에서 무리한 선유를 즐겨 지탄
받기도 했으며 국가에서 선유를 금지시키는 조처를 내리기도 했다. 선유
는 조선후기 소비와 향락문화의 확산 속에서 사치와 폐단을 일으키는 병
폐 문화의 하나로 지목받기도 한 것이다.

제2장 士大夫의 山水遊觀과 九曲遊覽

1. 머리말

유가적 소양을 기본으로 한 사대부들은 산수를 단순한 자연현상으로
만 보지 않고, 정신수양의 장소이자 역사·문화가 집합된 장소로 인식하
였다. 산수 유람은 경물을 보고 즐기는 '玩物喪志'의 경계를 벗고, 자연
이 지닌 내재적 의미를 탐미하며 자신을 수양하는 행위로 인식하였다.
유람을 통해 풍류를 즐기며 은일자적 삶을 체험하기도 하였고, 司馬遷의
유람과 같이 文氣를 함양하거나 성리학적 입장을 견지하여 求道의 체득
을 위한 방편으로 유람을 행하기도 했다. 또한 역사현장을 살피고 선현
의 자취를 체험하기도 했던 의미 있는 문화행위였다.[1]

특히 李滉(1501~1570)과 李珥(1536~1584)를 중심으로 성리학이 심화
되는 16세기에 이르러서는 조선에 수용된 朱熹(1130~1200)의 「武夷九
曲」 영향으로 사대부들에 의해 많은 九曲園林이 설정되고 경영되었다.
이러한 구곡은 사대부들이 선호하는 유람명소가 된다. 성리학을 신봉했
던 사대부들은 학문사상은 물론, 생활방식까지 주자를 전범으로 삼으려
했다. 「武夷櫂歌」가 내포한 사상을 이해하려 하거나, 그 시를 차운하여
주자의 학문적 성향을 따르려 했다. 또한 「구곡도」를 그려 완상하면서
무이산을 상상하며 臥遊하기도 했다. 주자의 생각과 행동 중 「무이구곡」
은 가장 이상적인 자연경영과 삶의 방식이었고, 성리학적 이상세계를 구

---

1) 이상균, 「조선시대 사대부의 유람 양상」, 『정신문화연구』 34-4, 2011.

현하는 것이었다. 그러므로 조선에 만들어진 구곡은 사대부들에 의해 주자의 성리가 구현되는 장소로 신성시되었고, 사대부들의 山水遊觀에 저합한 유람장소로 부각된다.

조선의 구곡은 「무이구곡」을 모태로 하지만, 이황·이이와 같이 추앙받는 조선 성리학자들을 중심에 두고 만들어진다. 그러므로 구곡은 최초 경영자나 그 중심인물이 주자의 학문적 적통을 이어받아 주자의 도를 실천하는 장소였다는 당위성을 표방하고 있다. 이곳을 유람하는 사람들도 구곡 중심인물의 학맥을 계승한 사람들이 많았다. 유람을 통해 先學의 자취가 서려있는 구곡을 보고 기념하게 되는 것이다.

중국에서 유입된 산수문화 중 구곡과 八景은 조선에서 가장 유행한 양대 문화로 꼽을 수 있다. 팔경의 연원인 瀟湘八景은 湖南省의 瀟江과 湘江이 만나는 지점의 팔경이 詩畵로 만들어진 것이다. 팔경은 경승이라는 수려한 자연현상에 비중을 두고 있는 반면, 구곡은 경승에 설정된다는 보편성도 가지고 있으나 사상적 의미가 강하게 배어있는 자연공간이다. 조선시대에는 이 두 곳 모두 유람처로 각광을 받고 있으나 그 곳을 유람하고자 하는 유람자들의 목적은 다른 양상으로 나타난다.

팔경의 유람은 대체적으로 경승의 수려함을 보려함이고, 이곳을 유람하며 남긴 유람시나 山水遊記의 내용도 자연의 아름다운 흥취를 기술하는 내용이 많다. 구곡을 중심으로 하는 유람기록은 팔경에 비해 주자와 구곡의 중심인물을 찬양하고, 학문적 업적을 기리는 내용을 그 중심에 두고 있다.

그간 구곡에 대한 연구는 문학·지리학·조경학 등 제 분야에서 다양한 성과들이 축적되고 있다. 「무이도가」의 수용과정, 구곡의 형성배경, 구곡시나 구곡도를 통한 구곡의 향유형태, 구곡의 입지조건과 형태분류, 개별 구곡에 대한 형성과정과 그 실체 파악 등 괄목할만한 업적들이 나오고 있다.[2] 그러나 구곡의 설정과 경영, 그리고 장소적 의미가 후대에

도 지속될 수 있었던 이유 중의 하나가 조선시대에 유행했던 유람이었다
는 점을 주목한 연구는 드물다. 주자의 「무이도가」는 武夷山溪를 유람
하면서 그 흥취를 나타낸 시이며, 유람을 통해 자연에 귀의하여 학자로
서의 隱逸的 삶을 영위하고자하는 거처를 택하게 되는 것이다. 자연을
향유하며 귀의하고자 하는 유람은 「무이구곡」의 설정 이전부터 있어왔
던 문화현상이었다. 이러한 유람문화의 바탕 속에서 구곡문화도 만들어
지는 것이다. 「무이구곡」이나 조선의 구곡도 유람이라는 행위현상을 통
해 선정되고, 후대인들의 유람을 통해 더욱 알려지면서 명소로서의 의미
가 지속될 수 있었다.

　본 글은 이와 같은 점에 천착하여 구곡을 조선시대 사대부의 산수유
관과 유람의 관점에서 주목하였다. 우선 기존의 연구 성과를 바탕으로
구곡문화가 조선에서 전개된 대략을 기술하였다. 다음으로 구곡이 유람
명소화가 될 수 있었던 것이 유가적 사상을 근간으로 한 사대부들의 산
수유관에 부합되는 유람장소였다는 측면에서 고찰하였다. 또한 구곡은
그 중심인물에 속한 학파적 배경이 있는 후학들이 찾아 유람하고, 그 인
물을 기념하며 결속력을 공고히 하는 장소였다는 점 등의 특징적 양상을
살펴보았다.

2. 조선에서의 구곡문화 전개

　조선의 구곡문화는 주자의 「무이구곡」 수용으로 시작되고 발달하였
다. 주자를 숭상하는 조선의 성리학자들은 「무이구곡」의 이상을 조선에

---

2) 구곡문화의 연구성과는 이종호의 「구곡 연구의 성과와 전망」(『한국사상과 문화』
　50, 2009)과 「한국 구곡문화 연구의 현황과 과제－구곡경영과 구곡시의 전개를 중
　심으로」(『안동학연구』 10, 2011)를 참조.

서 구현하고자 하였다. 성리학을 집대성한 주자는 조선 사대부들에게 존
숭의 대상이었다. 주자의 학문적 사상뿐만 아니라 그가 살았던 삶의 방식
까지 따르고자 했다. 그러므로 조신에서는 사대부들에 의해 「무이구곡」을
본뜬 구곡문화가 빠른 속도로 번져나갔다. 사대부들은 구곡을 경영하며
그 곳을 주자가 은거한 「무이구곡」과 같이 성리가 구현되는 신성한 땅으
로 의미를 부여하였다. 중국 무이산 실경은 사대부들이 상시 가고 싶어
하는 동경의 대상이었으나, 직접 유람하기에는 너무도 멀었다. 대신 무이
산과 「무이구곡」을 자세히 기록한 『武夷志』를 탐독하거나 「무이구곡도」
를 통해 와유하였고, 자신들이 직접 구곡을 설정하여 경영하였다.

<그림 1> 李成吉, 「武夷九曲圖券」 부분, 16C, 지본담채, 33×99cm, 국립중앙박물관

「무이구곡」 문화가 한국에 언제 전승되었는지는 정확히 알 수 없다. 주
자학이 고려후기에 수용되었고, 徐居正(1420~1488)이 「朱文公武夷精舍圖
用文公韻」을[3] 지은 점으로 미루어 「무이구곡」 문화도 고려후기에 수용된
것으로 파악된다. 그리고 이황과 이이를 중심으로 조선의 성리학이 심화
되는 16세기에 이르러 사대부들이 구곡원림을 실제로 경영하면서 구곡시
를 활발히 창작한 것으로 보인다. 朴龜元(1442~1506)의 「古射九曲」, 林河
淡(1479~1560)의 「雲門九曲」과 이이의 「高山九曲」, 鄭逑(1543~1620)의

---

3) 『四佳詩集』 권4, 詩類 「朱文公武夷精舍圖用文公韻」.

「武屹九曲」이 이른 시기의 구곡원림으로 꼽힌다.4)

<그림 2> 작자미상, 「고산구곡도」, 조선, 지본채색, 74.5×162.5cm, 국립민속박물관

이황은 「무이도가」를 차운하여 「閒居讀武夷志次九曲櫂歌韻十首」를 지었다.5) 그리고 무이구곡도 여러 본을 구해서 완상하였다.6) 안동에 「도산구곡」이 있으나 이황이 직접 경영하였는지는 확실치 않다. 이이는 황해도 石潭에 精舍를 짓고 「高山九曲」을 설정하고 「고산구곡가」를 남겼다.7) 이이는 「고산구곡」의 은거를 실천하지 못했으나 「고산구곡」은 그림으로 제작되고, 시문으로 창작되어 老論 인사들의 學統을 전승하는 상징이 되었다. 이황과 이이를 필두로 嶺南士林과 畿湖士林은 명승지에 터를 잡아 精舍를 지어 구곡원림을 경영하며 구곡시가를 창작하고, 「구곡도」를 완상하는 풍조를 유행시켰다. 그리고 후학들은 선학이 은거하던 장소에 구곡을 설정하였다. 「무이구곡」은 학파와 상관없이 조선의 모든 사대부들이 학문적 이상을 실현하는 장소로 꿈꾸었고, 조선의 구곡문화

---

4) 김문기·안태현, 「문경지방의 구곡원림과 구곡시가 연구」,『퇴계학과 한국문화』 35, 2014, 241~242쪽.
5) 『退溪集』 권1, 詩 「閒居讀武夷志次九曲櫂歌韻十首」.
6) 『退溪集』 권43, 跋 「李仲久家藏武夷九曲圖跋」.
7) 『栗谷全書』 권2, 詩 下 「附高山九曲歌本諺錄係宋時烈翻文」.

를 전국 곳곳에 만들어 내는 명분이었다.

이황과 이이 또한 주자를 본받아 구곡문화를 탐미하였으나, 영남학파와 기호학파들은 주자를 근간으로 하여 이황과 이이를 중심에 두고 구곡문화를 발전시켰다. 이들을 따르는 후학들이 구곡시가와 구곡도를 만들어 주자와 자신들의 스승으로 이어지는 道脈의 계승의미를 부여하고자 했다. 즉, 조선형 구곡문화가 전개되는 것이다.

이황은 구곡을 직접 경영거나 설정하지 않았지만, 후학들은 이황이 주자의 학통을 이어받아 후학을 양성하던 곳을 기리기 위해 안동에만 「도산구곡」과 「퇴계구곡」 등 7개의 구곡을 만들었다.[8] 이황의 후손 李頤淳(1754~1832)은 「遊陶山九曲敬次武夷櫂歌韻十首並序」에서 "세상이 도산을 일컬어 무이라 한다."고[9] 하면서 주자가 은거했던 무이와 퇴계가 살았던 도산이 다르지 않다고 하였다. 퇴계가 주자의 학통을 계승하였고, 「도산구곡」은 성리학이 구현된 공간임을 말하고 있다. 소퇴계라 불릴 정도로 퇴계의 학문을 심화시킨 李象靖(1711~1781)은 안동에 「高山七曲」을 경영했다.[10] 퇴계의 제자인 정구는 경북 성주 가야산일대에 武屹精舍를 짓고 은거하였는데, 후학들이 「武屹九曲」을 설정하고, 화가 金尙眞이 「무흘구곡도」를 그렸다. 이황 후학들의 구곡경영과 구곡도 제작 또한 주자를 이은 이황의 학맥을 계승한다는 의미를 부여하는 것이었다.[11] 18세기 후반이 되면 선현의 거처나 유람하며 족적을 남긴 장소에 구곡을 설정하는 양상이 빈번히 나타나고 있고, 조선말기까지 지속되는 만년 은거정신은 구곡을 더욱 만들어 냈다.

---

8) 김문기, 「고산칠곡 원림과 고산칠곡시 연구」, 『퇴계학과 한국문화』 47, 2010, 236쪽. 7곳은 陶山·退溪·臨河·臥溪·栢潭·河回·高山 구곡이다.

9) 『後溪集』 권2, 詩 「遊陶山九曲敬次武夷櫂歌韻十首並序」. "世稱陶山爲武夷".

10) 김덕현, 「조선시대 구곡문화의 전승과 이상정의 고산구곡 경영」, 『문화역사지리』 23-3, 2014, 4~6쪽.

11) 김문기·강정서, 『경북의 구곡문화』, 경상북도·경북대학교 퇴계연구소, 2008, 358쪽.

기호학파들에게 이이의 「고산구곡」은 자신들만의 구곡을 만드는 전통의 상징이었다. 특히 西人의 老·少 분당이후 노론의 영수였던 宋時烈(1607~1689)의 주도로 「고산구곡도」가 만들어지는데, 이는 노론이 주자를 정통으로 계승한 이이를 잇는 道統과 연결된다는 道脈의식의 추구이기도 했다. 權燮(1671~1759)은 백부 權尚夏(1641~1721)의 처소인 충북 제천 寒水齋를 중심으로 「黃江九曲」을 설정하고, 정선으로 하여금 「황강구곡도」를 제작케 하였다. 또한 권상하가 스승인 송시열이 은거한 충북 괴산의 화양계곡에 「華陽九曲」을 명하였는데, 이를 권섭이 「화양구곡도」로 제작하였다.[12]

<그림 3> 曹世傑, 「谷雲九曲圖」 중 一曲 傍花溪·二曲 靑玉峽,
1682, 지본담채, 각폭 42.5×64.5cm, 화천민속박물관(轉寫本)

金壽增(1624~1701)은 강원도 화천에 籠水精舍를 지어 「谷雲九曲」을 경영하고, 강학과 자연에 몰두하였다. 김수증의 「곡운구곡」은 그가 존경했던 송시열의 「화양구곡」을 따라 만든 것이다.[13] 그리고 화가 曹世傑

12) 조규희, 「조선유학의 '道統'의식과 구곡도」, 『역사와 경계』 61, 2006, 6~10쪽.
13) 김풍기, 「동아시아 전통사회에서의 명승 구성과 탄생 : 설악산을 중심으로」, 『동아시아 고대학』 31, 2013, 341쪽.

(1635~?)을 통해 「곡운구곡도」를 그렸다. 김수증의 조카 金昌協(1651~ 1708)은 이이의 「고산구곡」을 "세상에서 주자의 「무이구곡」에 견주는 곳이다."라고 말한다.14) 서인계 인사들의 구곡경영과 구곡도의 제작은 주자의 적통인 이이의 학맥을 이어받은 자신들의 정체성과 연원을 드러 내는 것이기도 했다.

曲을 9개로 설정한 것은 周易의 '九五'원리를 적용한 것이라 한다. 구 오는 만물이 그 기능과 역할을 다하여 원만하고 활발하게 작용하는 것이 며, 모든 것의 제일로 천하를 가장 잘 다스려지게 하는 상황을 표현한 掛로 해석된다.15) 洪良浩(1724~1802)는 「牛耳洞九曲記」에서 구곡의 9 가 주역에서 유래되었을 것이라고 설명하고 있다.

> 무릇 9는 陽이 왕성하고 극에 달한 수이다. 고로 乾掛에 9를 사용하였고 규범에 洪範九疇16), 貢에 九州17), 洞에 九曲이 있는 것이니 또한 자연의 수이 다. 주자가 무이의 안에서 시작한 것으로 한국 사람들 중 이름난 지역을 점한 자는 구의 숫자를 따르는 경우가 많다.18)

구곡은 큰 하천을 따라 먼 거리에 걸쳐 형성되어 있는 것과 짧은 구간 의 계곡을 두고 형성된 것 등 형태는 다양하다. 또한 '9곡' 뿐만 아니라 '12곡'·'10곡'·'7곡' 등이 함께 나타나고 있지만,19) 이 같은 '曲'의 경영 은 모두 「무이구곡」을 전범으로 삼고 있는 것은 동일하다.

---

14) 『農巖集』 권22, 序「送李同甫牧海州序」. "況海之高山石潭 卽我文成先生講道之所 其九曲巖泉 世蓋擬於武夷".
15) 이상주, 「조헌의 율원구곡과 율원구곡시」, 『중원문화논총』 10, 2006, 28~29면.
16) 『書經』의 홍범에 기록되어 있는 禹가 정한 정치 도덕의 아홉 원칙.
17) 夏·商·周 시대 지역구획을 가리키는 명칭, 중국을 지칭한다.
18) 『耳溪集』 권13, 記「牛耳洞九曲記」. "夫九者 陽之盛數之極 故乾之策用九 而範有 九疇 貢有九州 洞之有九曲 亦自然之數也 自夫朱夫子發武夷之奧 東人之占名區者 率多以九數焉".
19) 김덕현, 「전통명승 동천구곡의 연구의의와 유형」, 『경남문화연구』 29, 2008, 176쪽.

조선시대에 만들어진 구곡이 몇 곳인지는 기존 연구내용들 마다 조금씩 상이하다. 조선시대 구곡원림은 약 140개소에 달하고, 존재가 확인된 것이 약 90개소[20] 또는 70개소라는 수치도 있다.[21] 여기서는 구곡을 만든 사람과 장소가 비교적 소상히 일별되어 있는 울산대곡박물관『자연에서 찾은 이상향 구곡문화－특별전 도록』의「조선의 구곡일람」을 택하여 여기에 소개된 87곳의 구곡을 지역별로 도식화해 보면 <도표 1>과 같다.[22]

<도표 1> 지역별 구곡 수

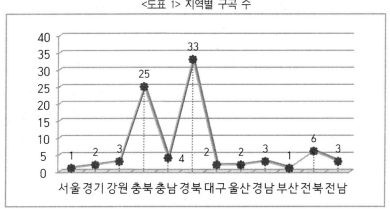

구곡의 분포는 경상북도가 가장 많고, 다음은 충청북도 순으로 나타난다. 입지적으로 경북 북부와 충북 북부는 대하천 상류부에 해당되는 깊은 골짜기와 산간분지가 발달하고, 산지들 사이에 곡류하도가 발달하여 구곡을 설정하기 좋은 곳이었다.[23] 또한 영남사림과 기호사림들을

---

20) 김문기, 「퇴계구곡과 퇴계구곡시 연구」, 『퇴계학과 한국문화』 42, 2008, 242쪽.
21) 『경북의 구곡문화』, 경상북도·경북대학교 퇴계연구소, 2008 간행사 참조.
22) 울산대곡박물관, 『자연에서 찾은 이상향 구곡문화－특별전 도록』, 2010, 128~130면. 이 도록에 구곡 명칭과 장소, 설정한 이의 이름 등이 자세히 기록되어 있으므로 여기서는 일별하지 않았다.

중심으로 두 지역에서 주자학이 뿌리를 깊이 내리고 있었고, 구곡경영도
활발했던 것으로도 해석되는 부분이다. 이는 구곡을 설정하고 경영했던
성리학자들이 가장 많이 분포되어 있다는 지역적 특징이 반영된 것이기
도 하지만, 자신들이 추앙하는 종조의 학맥을 이어받았다는 정체성과 연
원을 드러내는 방편으로 구곡을 설정하고 경영하기도 한 것임을 나타내
는 통계이기도 하다.

3. 사대부의 산수유관 發現과 구곡

　　조선에 설정되고 경영된 구곡은 유람이 유행하는 풍조 속에서 사대부
들이 즐겨 찾는 명소로 부각된다. 사대부들의 산수유관은 근본적으로 유
가적 사상에 기반을 두고 있다. 공자와 주자의 유람을 본받아 산수에서
호연지기를 기르는 등 학문의 발전과 성취를 위해 일생에 한번쯤 행해야
하는 문화행위로 인식하였다.

　　이러한 점에서 조선시대 유람에서 주목해야 할 것이 바로 구곡이다.
특히 구곡은 성리가 구현되는 장소이자 선학의 자취가 배어 있는 곳이라
는 장소적 의미로 인해 사대부들이 유람을 발행하는 명분과 부합되는 유
람지로 각광받을 수 있었다.

　　유람은 금전과 시간적 여유가 필요하기도 하지만, 험한 산에 오르는
것은 목숨을 걸 정도로 위험을 감수해야 하는 일이기도 했다. 유람으로
즐겨 찾는 명산들은 대부분 험준하여 항상 위험이 상존해 있었다. 그럼
에도 불구하고 사대부들 사이에서 명승을 유람하고자 하는 풍조가 확산
된 것은 유람을 구경과 놀이이상의 의미로 인식한 산수유관의 발현이 있

---

23) 기근도, 「우리나라 동천구곡의 지형경관」, 『한국지형학회지』 19-3, 2012, 124쪽.

었기 때문이다.

유학에서 우주와 자연은 생명의 원천이며 터전으로 설명되고 있다. 유학사상을 근간으로 하는 조선의 사대부들은 天人合一을 중시했다. 산수와의 합일을 통해 安心立命하여 천명을 따르는 것을 삶의 경지로 여겼다.24) 특히 공자의 泰山 등정과 주자의 南嶽 유람을 본받아 일생에 한번쯤은 산수 유람을 소망했고, 유람을 학문의 체험과 성취를 위해 필수적으로 필요한 문화행위로 인식하였다. 유가적 견지에서 산수를 보고, 유람을 단순한 놀이로 생각하지 않는 사대부들의 산수유관의 심화는 유람을 발행하는 명분으로 작용하여 유람을 더욱 유행시켰다. 조선의 구곡 또한 이러한 의미가 포함되어 설정되어졌고, 사대부들의 유람명분에 부합되는 유람장소였다.

『詩經』의 小雅篇에는 "높은 산을 우러르며 큰 행적을 따르네"라는 시구가 있다.25) 여기서 높은 산은 태산을 가리키고, 산은 높은 덕을 지닌 큰 인물에 비유된다. 공자가 태산에 올라 비로소 천하가 작게 보였다는 '登泰山小天下'와 군자의 智德을 산수에 비한 '仁者樂山 知者樂水'는 사대부들이 산수를 유람하는 이념적 기반이 되었다. 경북 안동「高山七曲」의 '고산'의 의미도 경영자 이상정이 『시경』의 "高山仰止"에서 취했음을 다음과 같이 밝히고 있다.

> 나는 명년에 이미 60세다. 내가 이곳을 수용하기까지 세월이 얼마 지났는지 알 수 없다. 그러나 옛날 객으로 지나던 곳이 이제는 살 곳으로 여겨 나의 泉石을 이루었으니, 어찌 다행한 일이 아닌가. 마을은 통칭 高巖이라 하고, 별칭은 巖山이다. 그래서 두 이름을 합해 高山이라고 하였다. 대개 『시경』小雅의 '高山仰止'의 뜻을 취한 것이다.26)

---

24) 윤사순,『新 實學思想論』, 예문서원, 1996, 103~104쪽.
25) 『詩經』, 小雅篇「車舝」. "高山仰止 景行行止".
26) 『大山集』권3, 詩「高山雜詠幷記」. "余明年便已六十矣 未知受用能幾何歲月 然昔之客而過者居然成我泉石矣 何其幸也 洞通名高巖 又別稱巖山 遂合而名之曰高山

이상정은 소퇴계로 불릴 만큼 퇴계의 학문을 실천하려 애썼다. 이상
정은 고산에 은거하며 자연을 완상하는 것이 공부와 합치된다 생각하고
산수에서 仁智之樂을 즐기고자 했다. 李䆝(?~1504)은 금강산 유람을 통
해 '인자요산 지자요수'의 요체를 깨닫고, 높은 곳에 올라 '行遠自卑'27)
를 느끼며, 흐르는 물을 보면서 '逝者如斯'28)라는 공자의 말을 생각했다.
산의 유람은 중도에 일을 그만두는 나약함을 깨달을 수 있는 일이기도
하고, 배움을 힘쓰는 것으로 비유했다. 그리고 금강산에 올라 읊은 시에
서 "높은 산을 우러르며 敬仰하고, 흐르는 물은 정을 편다."라고 하여 금
강산을 앞서 살핀『시경』의 '仰止'와 같은 대상으로 형상화하여 유학자
의 外物의식에 접근하고 있다.29) 산수 유람을 통해 자신의 도리를 새롭
게 깨닫고, 학문의 이치와 배움을 터득하는 방법을 체득하려 하고 있다.

공자의 태산 등정과 더불어 주자의 衡山 유람 또한 사대부들의 산수
유관 심화에 영향을 주었다. 주자는 형산을 유람하고『南嶽唱酬集』을
남겼는데, 이 책은 주자의「雲谷記」·「遊衡岳錄」과 함께 사대부들이 유
람의 전범으로 삼았다. 周世鵬(1495~1554)은 자신의 청량산 유람을 주
자와 張南軒의「南嶽遊山後記」를 들어 이들의 유람을 본받고 있다고 했
다. 또한 주자를 본받아 청량산을 유람하며 지은 시를「淸凉散吟」으로
묶고,「유청량산록」을 남겼다. 그리고 주자가 유람 후에 반성한 바를 상
고하며 자신들도 청량산 유람에 대한 경계로 삼고자 했다.30)

蓋取詩宵雅高山仰止之義也".
27)『中庸』의 "行遠必者邇 登高必自卑". 먼 곳을 가려면 반드시 가까운 곳에서 출발해
야 하고, 높은 곳에 오르려면 반드시 낮은 데서 출발해야한다는 뜻이다.
28)『論語』의 "逝者如斯夫 不舍晝夜". 가는 것이 물과 같고, 밤낮으로 쉼이 없다는 말
로 학문은 쉼이 없어야 한다는 뜻이다.
29)『再思堂逸集』권1, 雜著「遊金剛錄」. "仁者樂山 智者樂水 登高而知行遠自卑之意
觀水而思逝者如斯之旨 一以起半途自畫之懦 一以勉盈科後進之學" ; "瞻高山而仰止
俯長流而舒情".
30)『武陵雜稿』권7, 雜著「遊淸凉山錄」. "是行 雜詠八十五首 幷錄前後 爲淸凉散吟者
近百篇 歸臥海上 與兒輩一披 庶可以想茲行之爲適也 雖然 亦有所儆焉者 昔朱晦庵

金宗直(1431~1492) 또한 공자가 태산에 오른 것과 唐의 韓愈(768~824)가 형산을 유람하던 뜻을 사모하여 지리산을 유람한다는 뜻을 밝히고 있다.31) 그리고 주자가 여산에서 빼어난 경승에 이름을 지었다고 하며, 자신이 지리산의 봉우리나 바위 이름을 고치는 것에 대한 근거로 삼았다. 삶이 고단하고 나이가 많아 직접 남악을 유람하지는 못하나, 주자가 남악을 유람한 가르침을 받들어 벗들에게 알린다고 하여 주자의 유람을 본받고자하는 의지를 보이고 있다.32) 이황은 "산을 유람하는 것은 독서하는 것과 같고, 산을 등정하는 과정은 도의 절정을 찾아가는 것과 같다."고 하였고,33) 洪仁祐(1515~1554)의 「遊金剛山錄」의 서문을 쓰면서 공자의 태산 등정과 주자가 남악에 올라 구곡을 노래한 것을 빗대어 유람은 성현을 본받는 일임을 다음과 같이 말하고 있다.

> 공자가 태산에 올라 흐르는 물을 보고 감탄했고, 주자는 남악에 올라 九曲을 노래했다. …中略… 산에 오르고 물에 임하는 것은 가히 해와 달로서 성현의 일을 본받아 배울 수 있는 것이다. 諸君은 이미 그것을 배웠다. 知에 이르며 仁을 지키는 것, 이 두 가지에 즐거움이 있는 것이니 내가 제군들과 서로 종신토록 힘쓰지 않겠는가.34)

與張南軒 遊南嶽 自甲戌至庚辰凡七日 唱酬所得百四十有九篇 …中略… 乃爲南嶽遊山後記曰 自癸未至丙戌凡四日 自嶽宮至樆州 凡百有八十里其間山川林野 風煙景物 所見無非詩者 而旣有約相與討論 尋繹於詩 固有所未暇云 又曰 詩之作本非不善也 而吾人之所以深懲而痛絶之者 懼其流而生患也 群居有輔仁之益 猶或不免於流 況離群索居之後 事物之變無窮幾微之間 毫忽之際 其可以熒惑耳目 感移心意者 又將何以禦之哉 一行遂盡錄其說 以當盤盂几杖之戒".

31) 『佔畢齋集』 권2, 「遊頭流錄」. "某嘗慕宣尼登岱之觀 韓子遊衡之志".
32) 이혜순 외, 『조선중기의 유산기 문학』, 집문당, 1997, 79쪽.
33) 『退溪集』 권3, 詩 「讀書如遊山」. "讀書人說遊山似 今見遊山似讀書 工力盡時元自下 淺深得處摠由渠 坐看雲起因知妙 行到源頭始覺初 絶頂高尋勉公等 老衰中輟愧深余".
34) 『退溪集』 권42, 「洪応吉上舍遊金剛山錄序」. "孔子登泰山而歎逝川 朱子登南嶽而詠九曲 …中略… 登山臨水 可以日月而效聖賢之爲者 諸君旣效之矣 知及仁守 其所以有樂於斯二者 余與諸君 盍相與終身勉之哉".

이황은 출사하여 여러 관직을 거치다가 1555년 2월 사직하고 같은 해 겨울 청량산에 들어가 한 달간 독서하였는데, 이때 산중에서 「遊山書事 十二首」를 제작했다. 주자가 겨울에 남악을 올랐던 일을 상고하여 겨울에 청량산을 올랐고, 이 작품도 주자의 「雲谷雜詠」에 차운한 것이다.[35]

정구는 가야산 유람 중에 『武夷山記』과 『남악창수집』을 읽으면서 자신들이 가야산을 유람하는 사정과 흡사한 점이 너무도 많다고 회고하였다. 그리고 '곧은 마음으로써 원대함을 기대함이지, 눈앞의 광경만 탐함이겠는가[直以心期遠 非貪眼界寬]'와 같은 시구의 의미는 산에 오른 자신들이 법으로 삼을 뿐만 아니라 산행을 하는 모든 사람이 의미를 알아야 한다면서 주자의 유람을 본받고자 하였다.[36]

鄭曄(1563~1625)은 "산수 역시 음란한 음악이나 美色과 같이 사람으로 하여금 점점 그 가운데로 빠져들어 돌아올 줄 모르게 하는 것이다. 仁者와 智者의 樂山樂水도 이와 같은 것일까?"라고 했지만, 위험한 곳을 오르는 고행을 통해서라도 공자의 '登泰山小天下'의 이치를 발견하고자 했다.[37] 趙運道(1718~1796)도 청량산 유람 중에 "이제야 산을 유람하는 것이 독서와 비슷함을 깨달았다."라 하고 있다.[38]

산수를 애호하고 즐기고 싶어 하는 생각은 과거나 현재나 누구나 가지고 있는 공통된 관념이다. 조선시대에는 풍류를 즐기고 경치의 완상만을 위해 산천을 유람하는 사람도 있었다. 그러나 사대부들에게 산수는 探勝物 이상의 의미를 가지고 있었다. 유람문화를 향유했던 사대부들의 산수유관은 공자와 주자, 그리고 선학의 유람을 본받아 산수에서 학문적

---

35) 이종묵, 「退溪學派와 淸凉山」, 『정신문화연구』 24-4, 2001, 14~16쪽.
36) 『寒岡集』 권9, 雜著 「遊伽倻山錄」. "又開年譜 讀朱夫子武夷山記與南嶽唱酬序及周張兩先生詩 或多有逼眞於今日之觀 如所謂直以心期遠 非貪眼界寬之句 則豈止爲今日登高之法 抑亦凡在山遊人 皆不可不知也".
37) 『守夢集』 권3, 雜著 「金剛錄」. "山水亦如淫聲美色 使人浸浸然入於其中而不知返者耶 抑仁智者之所樂 亦如是耶".
38) 『月下集』 권2, 記 「遊淸凉山記」. "而始覺遊山之有似於讀書也".

이치를 깨닫고자 하는 인식이 지배적이었다.

兩亂으로 국토가 황폐화되고 국가가 전후복구에 몰두하고 있는 시점에도 사대부들의 유람은 끊이지 않았다. 오히려 더욱 활성화 되었는데, 그 이유도 이러한 산수유관의 발현이 있었기 때문이다. 양란 이후 제기되고 있는 國家再造論의 중요한 논점 중 하나가 유교 본래의 정치이념을 실천하자는 것이었다. 주자학 정치이론의 핵심인 修己治人의 修養論을 통해 국가를 재건해야 한다는 것이 강조되었다. 국가재건을 위해서는 치자들이 仁政과 王道政治를 구현하여야 하는데, 이를 위해서는 치자인 사대부의 自淨과 自修는 필수였고, 스스로 학문에 몰두하고 수기치인하여 국가나 민생의 기대에 부응해야 한다는 것이다.[39] 양란 직후 이러한 관념의 강화는 사대부들이 스스럼없이 유람을 할 수 있는 명분을 만들어 주었다. 오히려 더욱 적극적으로 유람을 행했다. 사대부들의 산수유관속에는 유람은 곧 산수를 통해 인지지락을 이루는 공부 방법 중 하나였고, 자신을 수양하는 행위로 인식되고 있었기 때문이다.

중국에서 한국으로 전파되어 가장 번성한 대표적 산수문화는 단연 팔경과 구곡을 꼽는다. 고려시대에 중국의 소상팔경 문화가 유입되어 한국에서는 16세기 초를 기점으로 하여 팔경이 본격적으로 만들어져 유람명소로 부각되기 시작한다.[40] 이 시기는 이황과 이이로 인해 조선의 성리학이 심화되면서 구곡문화도 번성하여 팔경과 함께 사대부들에게 유람명소로 부각된다.

공자와 주자를 본받고자 하는 사대부들의 유람명분에 구곡은 그 명분을 실천하기 적합한 유람 최적의 장소로 주목 받게 되는 것이다. 조선시대 사대부들이 최고로 많이 찾은 유람처는 금강산이 단연 으뜸이었고, 관동팔경을 비롯한 팔경이 각광받는 장소이기도 했다. 이곳의 유람 또한

---

39) 김준석, 「兩亂期의 國家再造 문제」, 『한국사연구』 101, 1998, 118·141쪽.
40) 이상균, 「조선시대 관동유람의 유행 배경」, 『인문과학연구』 31, 2011, 187쪽.

호연지기와 文氣를 기르고, 그곳에 내재해 있는 역사사적들을 답사하기 위한 유람명분이 있었으나 수려한 경승을 보고자 하는 것이 주된 이유였다. 사대부들에게 공자와 주자를 본받는다는 유람의 명분에서 구곡은 팔경보다 장소적 의미가 가지고 있는 상징적 의미가 컸다.

구곡의 유람 명소화 요건은 첫째가 수려한 경승이고, 둘째가 성리학적 도가 구현되는 도학적 장소로서의 상징적 의미였다. 그러므로 구곡은 공자와 주자의 유람을 본받고자 하는 사대부의 산수유관에 적합한 장소였다. 이이순은 청량산 일대를 유람하면서 도산서원을 중심으로 직접 구곡을 설정하였다. 도산을 중심으로 구곡을 설정한 이유는 이황의 영향과 청량산 일대 명승지 중에 가장 으뜸이기 때문이었다. 그 중에서도 月川은 이황이 강산제일의 경승이라 칭한 곳이기도 하다.41) 李晩興의 『吾家山誌』를 보면 도산구곡은 낙동강을 거슬러 가는 舟遊의 명소였던 것으로 보인다. 청량산을 유람 온 사람들 대부분은 먼저, 雲巖谷의 風月潭에서 배를 띄워 도산구곡의 기이한 경관을 구경한 후 청량산에 올랐다.42) 李漢膺(1778~1864)이 봉화의 雲谷川에 설정한 「春陽九曲」 또한 경승으로 이름나 먼 곳의 사람들이 기이한 곳으로 여기고 찾는 곳이었다.43)

김수증이 강원도 화천에 「곡운구곡」을 설정할 때도 이 장소를 택한 것이 蓬萊山[금강산] 萬瀑洞이 조선 산수의 으뜸이지만 이곳이 더 뛰어나고, 金時習(1435~1493)이 유람하던 유적이 있기 때문이라는 뜻을 밝히고 있다.44) 김수증은 설악산과 화천 일대를 함께 여러 번 유람하면서 곡

---

41) 『後溪集』 권2, 詩 「遊陶山九曲敬次武夷棹歌韻十首並序」. "余觀夫洛川之水 自淸凉 至雲巖 出入吾境凡四五十里之間 多有名區勝境 而陶山居其中 上下皆能管領 爲一 洞天矣 …中略… 月川在鼻巖東八九里芙蓉峯下 先生稱爲江山第一".

42) 『吾家山誌』, 「吾家山誌後識」. "遊是山者 泛舟於雲巖風月之潭 溯棹於鰲潭濯纓之曲 拜謁乎陶山尙德祠 又溯流直上觀盡曲曲奇絶 登臨乎十二峯顚".

43) 『敬庵集』 권2, 詩 「春陽九曲詩並序」.

44) 『宋子大全』 권142, 記 「谷雲精舍記」. "吾東山水 以蓬萊之萬瀑爲第一 而若其水石 平曠 洞府寬廣 可以遊泳盤旋而棲止耕鑿者 則彼將有所遜焉 而況有梅月之遺迹 則

운에 터를 잡았다.45) 김수증은 김시습을 매우 존경하였다. 화음동정사에 은거할 때도 김시습의 影堂을 만들어 예를 올렸다.46) 구곡을 설정할 장소를 택할 때 수려한 경관과 인물사적을 고려했다.

구곡은 처음 설정하는 사람이 사전에 유람하면서 보기 좋고 마음에 드는 경승지를 취사선택하여 설정한다. 그러므로 구곡은 수려한 경관을 탐미할 수 있다는 유람명소의 기본요건은 갖추고 있는 것이다. 주자도 고깃배를 타고 武夷溪를 유람하면서 경치에 반하고, 유람의 흥취에 젖어 「무이도가」를 남긴 것이다. 주자가 무이계의 경치에 반해 그곳에 터를 잡고 은거했듯이 조선의 사대부들도 구곡원림을 경영하거나 설정할 때도 수려한 경관을 택하였다. 구곡은 수려한 풍광과 더불어 성리학적 이념을 기반 한 장소라는 특수성 때문에 사대부들의 유람처로 더욱 각광받게 되는 것이다. 경승유람을 위해 왔다가 구곡을 유람하는 경우도 있고, 구곡을 유람하러 왔다 구곡의 배경이 되는 山溪를 함께 유람하기도 하는 것이다.

주자를 존모했던 대부분의 사대부들은 일생에 한번 쯤 「무이구곡」 유람을 소망했다. 그러나 멀리 있어 가지 못하고, 『무이지』나 「무이구곡도」를 보고 臥遊하는 것으로 만족하였다. 대신 선학들이 隱逸講學하면서 주자의 이상을 구현하려 했던 조선의 구곡을 유람함으로써 학맥의 정체성을 찾고 성현의 도를 본받고자 했다.

이처럼 구곡은 수려한 경승과 더불어 유가적 학문의 실천사상이 강하게 배어있다는 장소적 특수성으로 인해 사대부들의 산수유관에 적합한 장소로서 팔경 등과 더불어 각광받는 유람명소로 부각되는 것이다.

吾之占之爲依歸之所 烏可已乎".
45) 『谷雲集』 권4, 記 「寒溪山記」・「谷雲記」・「遊曲淵記」.
46) 김풍기, 「동아시아 전통사회에서의 명승 구성과 탄생 : 설악산을 중심으로」, 『동아시아 고대학』 31, 2013, 344쪽.

4. 사대부의 구곡유람 양상

조선후기로 갈수록 사대부들은 공자·주자에 이어 산수유관의 모범이
되는 인물을 국내의 巨儒에서 찾고자 하였다. 金中淸(1567~1629)은 청
량산을 유람하는 이유를 공자·주자와 더불어 자신의 스승인 이황의 전
례에서 찾고 있다.

> 仲尼께서 魯나라에만 계셨다면 곧 칠십 제자가 동쪽의 산을 유람하지 못하
> 고 闕里를 유람했을 것이고, 茂叔[周敦頤]이 宋나라에만 있었다면 곧 二程[程
> 顥·程頤]이 南嶽에서 시를 읊지 못하고 濂溪에서 시를 읊어 세상에 유람하며
> 읊조릴 만한 것이 없었을 것이다. 중니의 성스러움과 더불어 무숙의 어짊 같
> 은 뛰어난 것이 있은 연후에야 朱晦庵과 張南軒이 있었고, 이에 형산을 유람
> 하며 唱酬하게 된 것이다. 이 어찌 그 사람을 세상에서 볼 수 없다 생각하여도
> 그 사람과 같이 산을 보고 깊이 애호하기를 멈추지 않는 것이 아니겠는가.[47]

공자·주돈이·주자 등의 유람이 있어 사람들이 산을 유람하길 멈추지
않는다고 했다. 이황이 청량산을 유람하고 시를 읊조린 것도 공자와 주자
를 본받았기 때문이라고 하면서 이황을 청량산같이 청량한 인물로 비유했
다. 그러므로 청량산은 이황의 유람이후 제자들과 士林들이 지속적으로
유람하는 명산으로 부각된다. 이러한 현상은 청량산뿐만 아니라 지리산에
서도 마찬가지였다. 지리산은 김종직과 그의 제자 金馹孫(1464~1498)의
유람에 의해 嶺南士林들에게 알려지기 시작했다. 曺植(1501~1572)이 지
리산 기슭에 寓居하여 강학하고, 유람한 이후 조식의 문인들이 그를 기
리기 위해 자주 찾게 된다.[48]

---

47) 『苟全集』 권5, 記 「遊淸凉山記幷序」. "仲尼在魯則七十子不遊於東山而遊於闕里 茂
叔在宋則二程不吟弄乎南嶽而吟弄乎濂溪 至於世無可遊可吟可弄 如仲尼之聖茂叔之
賢 然後朱晦庵與張南軒 乃有衡山之遊之唱酬 是豈非思其人不得見於世 而見其山之
如其人 寓深愛而不能自已者耶".

　청량산과 지리산 유람의 특징에서 보이는 것과 같이 구곡유람 또한
동류집단과 유대관계를 형성하며 집단화되는 경향이 많다. 구곡의 배경
인물 후학들이 자주 찾아 유람하고, 그 지역 동학이나 선후배들과 만나
교유하게 되는 것이다. 이는 금강산과 같이 경관이나 사적의 답사 등에
치중한 유람에서는 볼 수 없고, 학문적 宗祖의 강학처·은거지 등이나 구
곡유람에 나타나는 독특한 양상이다.

　청량산의 「도산구곡」 등 영남지역의 구곡은 이황의 후학들이 지속적으
로 유람에 나선다. 특히 이이순·李野淳(1755~1831)·李家淳(1768~1844)
등 이황의 家學을 계승한 후손들이 「도산구곡」 일대를 유람하며 구곡시
를 창작하여 주자의 무이와 도산을 동일한 곳으로 찬양하고, 성리학이
구현된 신성한 장소로 의미를 부여한다.[49]

　고려후기 안축이 그 아름다움을 「竹溪別曲」으로 읊은[50] 소백산은 주
세붕과 이황이 유람하면서 일찍이 유람의 명소가 되었는데, 「竹溪九曲」
이 생기면서 더 많은 사람들이 의미를 두고 유람하게 된다. 이들을 존숭
하는 사대부들은 그 자취를 따라 소백산과 「죽계구곡」을 유람한다. 「죽
계구곡」이 설정된 영주시 순흥면은 주세붕이 한국 최초의 서원인 白雲
洞書院을 건립하므로 조선 성리학의 근원지로 명성이 높았다. 그러므로
사대부들이 「죽계구곡」을 유람하며 예찬하였다. 丁範祖(1723~1801)는
1773년 풍기군수로 재임할 때 이황의 자취를 찾아 도산서원과 청량산을
유람하였고,[51] 환갑에 朴師海·韓光載와 「죽계구곡」을 유람하면서 무이
산에 있는 듯한 감흥을 시로 표현했다.[52] 정범조는 남인에 속한 인물로

---

48) 이상균, 「조선시대 유람을 통한 사대부의 교유양상」, 『사학연구』 106, 2012.
49) 이황의 후학들이 청량산과 도산구곡 일대를 유람하며 문도들 간 교유한 양상은
　　필자가 이미 기존의 글에서 자세히 밝혀 놓았으므로 본 글에서는 간략하게만 기
　　술하였다(2012, 위의 논문).
50) 『謹齋集』 권2, 歌辭 「竹溪別曲」.
51) 『海左集』 권23, 記 「淸凉山記」.
52) 『海左集』 권5, 詩 「與朴承旨仲涵 師海 順興倅韓厚叔 光載 游竹溪九曲」. "遲廻玩九

이이의 학통을 계승하였다. 이황의 후손인 이야순은 姜橒(1772~1834)과 함께, 이황의 「遊小白山錄」의 여정을 따라 「죽계구곡」을 유람하면서 이황의 자취를 고증하기도 했다.53) 이가순도 순흥에서 만년을 보내며 이황의 자취를 따라 죽계천과 소백산을 유람하고 「소백구곡」을 설정했다.54) 이가순은 산수 유람을 즐겨한 인물이었는데, 경주의 玉山川 일대 李彦迪(1491~1553)의 자취를 유람하면서 그를 기리기 위해 「玉山九曲」을 설정하기도 하였다.55) 趙普陽(1709~1788)도 소백산을 유람하면서 「죽계구곡」을 찾았다.56)

안동지역의 구곡유람은 이황의 영향이 큰 반면, 성주의 「무흘구곡」은 정구를 기리기 위해 후학들이 자주 찾아 유람하는 명소가 되었다. 정구는 주자에 대한 흠모심이 깊어 주자가 은거했던 무이산에 지대한 관심과 경외심을 가지고 있었다. 무이산을 좋아하여 『무이지』를 증보한 인물이기도 하다. 1579년 37세 되던 해에 가야산을 유람하고 「유가야산록」을 남겼다.57) 벼슬에 나갔다가 만년에 다시 무흘에 돌아와 은거하였다. 그리고 62세 때 雲谷·武夷山·白鹿洞·晦庵 등지에 관련된 序·記·題詠·事跡을 수집하여 『谷山洞庵志』를 엮기도 했다.58) 본인이 직접 「무흘구곡」을 경영했는지 알 수 없으나 후인들이 정구의 은거지를 기린 「무흘구곡」을 유람하며 시와 그림으로 회자하였다.

정구의 후손인 鄭墧(1799~1789)는 「무흘구곡」을 유람하면서 정구를

曲 如在武夷間".
53) 『廣瀨集』 권13, 附錄 「行狀」. "先躅所到 雖一水一石之微 必深諦而闡發者 皆此類也" ; 『松西集』 권2, 記 「遊小白記」.
54) 『霞溪集』 권3, 詩 「小白九曲」.
55) 『霞溪集』 권3, 詩 「玉山九曲」. 그런데 이가순보다 전대 인물인 涵溪 鄭碩達(1660~1720)의 문집인 『涵溪集』(권1, 詩)에 「暮春遊玉山九曲」이라는 시가 있다.
56) 『八友軒集』 권2, 詩 「遊小白山十三景」.
57) 『寒岡集』 권9, 雜著 「遊伽倻山錄」.
58) 『寒岡年譜』 권1, 「年譜」.

떠올리며 흠모하였다.[59] 宋秉璿(1836~1905)도 1872년 가야산맥의 修道山을 유람하던 차에 「무흘구곡」을 함께 유람하였다. 송병선은 송시열의 9대손으로 정구와 학통은 달랐지만 무흘을 유람하고 정구를 기렸다.[60] 영남학파의 맥을 이은 조선말기 학자 李種杞(1837~1902)도 1878년 赤裳山을 유람하는 길에 무흘의 舞鶴亭 등을 함께 유람하며 정구를 기렸다.[61] 「무흘구곡」은 정구가 은거한 이후 오랜 기간 동안 학통과 상관없이 사대부들의 유람명소로 자리 잡았다.

당시 경상우도 지역은 경상좌도에 비해 구곡이 발달하지 못하였다. 특히 이황과 같은 시대의 대유학자인 조식이 지리산 자락 산청에 우거하며 후학을 양성했음에도 그와 관련된 구곡은 일찍이 설정되지 못하였다. 이는 지형적으로 화강암 지대가 적어 구곡이 설정되기 어려운 지형조건과 지역학자들의 구곡에 대한 인식부족 등이 요인이었던 것으로 보인다.[62] 「도산구곡」 등의 설정은 이황의 후손들에 의해 적극적으로 이루어졌던 반면, 조식의 후손들은 그러지 못하였다. 成汝信(1546~1632)이 남명학이 우세하였던 지리산 자락 진주에 「琴川九曲」을 설정하고 경영하였다. 성여신은 퇴계와 남명의 학문을 겸비했던 인물로 만년에 자신이 거주하던 진주 금산면에 呂氏鄉約와 퇴계향약을 참고하여 洞約을 만들어 고을의 문풍을 진작시키고자 했다. 「금천구곡」의 설정도 동약을 실천하는 하나의 방향으로 설정되어졌다. 자신이 동약을 시행하여 유학을 진흥시키고자 한 지역에 무이의 도가 실현되는 장소에 비견되는 「금천구곡」을 만든 것이다. 그러므로 「금천구곡」은 入道次第나 因物起興보다 자연을 완상하는 托興寓意적인 성향을 가지고 있다.[63] 조식을 중심에

---

59) 『進菴集』 권1, 詩 「敬次先祖文穆公武屹九曲韻十絶」.
60) 『淵齋集』 권21, 雜著 「修道山記」.
61) 『晚求集』 續集 권7, 雜著 「遊赤裳錄」.
62) 기근도, 「우리나라 동천구곡의 지형경관」, 『한국지형학회지』 19-3, 2012, 124쪽.
63) 「금천구곡」과 관련한 연구는 김문기의 「금천구곡 원림과 금천구곡시 연구」(『퇴계

두고자 한 구곡은 19세기인 1823년 河範運(1792~1858)이 지은 「덕산구곡시」를 통해 나타난다. 그러나 이 시에 나타난 구곡의 장소는 소론계 학자인 鄭栻(1683~1746)이 덕천서원 뒷편 九曲山에 설정한 「무이구곡」과 대동소이 하다.64) 「덕산구곡시」는 하운범이 예안의 이야순을 방문했을 때 이야순이 「도산구곡시」와 「옥산구곡시」를 보여주면서 하범운에게 차운해 주길 부탁하였다. 이때 하범운은 이 두시에 차운함과 더불어 「三山九曲詩」를 추가하여 「三山九曲詩」를 지어 이야순에게 보내면서 "삼산에 구곡이 있는 것은 도학 원류의 성대함이 우리 영남에 있음을 보여주는 것이다."라고 하여 조식이 이황·이언적과 비견되는 학자임을 강조하였다.65) 비록 조식과 관련된 구곡은 일찍이 설정되지 못하였지만 조식을 흠모하는 후학들이 덕천서원을 찾아 배알하고 그가 은거했던 지리산을 찾아 유람하며 문도들과 교유하는 현상은 이황의 도산 못지않았다.66)

「고산구곡」은 이이의 제자들이 유람하고 싶어 하는 선망의 장소였다. 김창협은 海州牧使로 부임해 가는 李喜朝(1655~1724)에게 써준 전별시에서 「고산구곡」을 가보지 못한 것을 한탄하였는데,67) 이희조가 해주목사로 부임하여 「고산구곡」을 유람할 것을 부러워하고 있는 것이다. 실제 이희조는 해주목사로 부임하여 「고산구곡」을 유람하고 石潭에 있는 이이의 유적에 瑤琴亭을 세웠다.68) 李緈(1680~1746) 또한 海州判官으로 부임하는 金文行(1701~1754)에게 써준 전별시에서 "장차 고산구곡의 산

학과 유교문화』 55, 2014)가 자세하다.

64) 최석기, 「하범운의 삼산구곡시 창작배경과 덕산구곡시의 의미」, 『남명학연구』 42, 2014, 174~190쪽.

65) 『竹塢集』 권1, 詩 「謹步武夷櫂歌韻 作三山九曲奉呈漱亭參奉李丈野淳案下以備吾嶺故事竝小序」. "三山之有九曲 所以見道學原流之盛 在於吾嶺云".

66) 이상균, 앞의 논문(2012), 121~124쪽.

67) 『農巖集』 권6, 詩 「詠懷故跡 贈別同甫之任海州」. "九曲溪潭問若何 長嗟少日失經過".

68) 『芝村集』 권19, 記 「石潭瑤琴亭記」.

수를 좋아하게 될 것"이라고 하였다. 이는 해주에 가서 「고산구곡」을 유람하라는 뜻이다.[69] 조선말기의 학자인 송병선도 1867년 해주를 유람할 때 「고산구곡」을 찾았다.[70] 이이의 후학들은 「고산구곡」 유람을 희망하였고, 해주에 갈 기회가 있는 지인들에게는 유람을 권유하였다.

김수증의 「곡운구곡」 또한 같은 학맥을 가진 이들이 자주 찾아 유람했다. 노론계 인사인 吳瑗(1700~1740)은 1720년 아버지와 함께 곡운으로 가서 金昌翕(1653~1722)을 배알하고 곡운을 유람하였다. 그리고 1722년 제천을 유람하고 돌아오면서 다시 곡운을 유람하였다.[71] 1823년에는 丁若鏞(1762~1836)이 곡운을 찾아 유람한다. 정약용은 이황의 영향을 받은 近畿南人에 속한 실학자이긴 하나 이이와 柳馨遠(1622~1673)의 학문을 존숭했던 李瀷(1681~1763)의 학풍을 이어받아 발전시킨 인물이기도 하다. 정약용은 큰아들 丁學淵(1783~1859)이 며느리를 데리러 춘천에 가려고 하자 「곡운구곡」을 유람하고자 따라 나섰다. 그리고 지인 李汝弘과 함께 「곡운구곡」을 유람하였다. 제4곡인 白雲潭에 이르러 초서로 새긴 '백운담'글씨를 보고, 주변에 귀인들의 이름을 새긴 것이 많다고 하였다.[72] 곡운에 이미 많은 사람들이 유람을 다녀가면서 자신의 이름을 새겼음을 알 수 있는 내용이다.

속리산의 「華陽九曲」은 송시열이 만년에 우거하던 곳으로 제자 권상하가 설정하였고, 閔鎭遠(1664~1736)이 篆書로 글씨를 새겼다.[73] 화양동에는 권상하가 송시열의 유지를 받들어 明皇帝 神宗과 毅宗의 위패를 모시는 萬東廟를 만든 곳이기도 하다. 권상하가 설정한 화양구곡을 金鎭

---

69) 『陶菴集』 권4, 詩 「贈別金士彬文行 海州通判」. "好將高山九曲水".
70) 『淵齋集』 권19, 雜著 「西遊記」.
71) 『月谷集』 권9, 記 「谷雲行記」·「淸峽日記 壬寅」.
72) 『茶山詩文集』 권22, 雜評 「汕行日記」. "北壁石面刻白雲潭三字草書也 亦多貴人鐫名者".
73) 『華陽誌』 1편, 地名沿革 「九曲洞天」. "而其定爲九曲 卽實逐菴權公所名也 丹巖閔相公鎭遠以篆鐫刻".

玉(1659~1736)이 최초로 「화양구곡도」로 만들었고, 권상하의 조카인 권
섭이 圖說을 썼다.74) 노론의 尹心衡(1698~1754)은 1737년 김창협과 함
께 송시열의 묘소를 배알하고 화양동 유람에 나섰다. 「화양구곡」을 다
유람하고 난 후 송시열로 인해 화양동이 더욱 아름다워졌음을 다음과 같
이 말하고 있다.

> 무이산을 내가 보지는 못하였으나, 만약 우리나라 명승을 논한다면 화양
> 동 같은 곳이 다시 있겠는가? 무릇 사물이 아름답게 되는 것 또한 사람을 만
> 나서 인데, 만약 화양동이 尤翁을 만나지 않았다면 푸른 산과 절벽, 힘찬 시
> 냇물과 첩첩 바위가 있는 많은 형승들은 단지 혼돈의 막막한 지역으로 묻혔
> 을 것이다.75)

윤심형은 화양동을 조선의 무이산에 비유하며 송시열을 예찬하고 있
다. 권상하와 김창협의 문인이었던 李鉉益(1678~1717)은 1706년 화양동
을 유람하였다. 보은에 이르러 현감으로 있던 권상하의 장남인 權煜
(1658~1717)을 만났다. 권욱은 이 때 속리산 유람을 마치고 돌아오던 길
로 단풍이 지기 전 속리산을 먼저 유람할 것을 권유했으나, 이현익은 화
양동을 먼저 유람하였다. 화양동에 들어가서 송시열의 書室을 보고 "처
음 화양동으로 올 때 수석을 사랑하였는데 이 서실에서 우암의 유적에
감격하였다."고 적고 있다.76) 속리산의 경치보다 송시열의 유적을 볼 수
있는 것에 큰 비중을 두고 있다. 노론의 姜鼎煥(174~1816)도 1765년 화
양동을 찾아 화양서원에 배알하고 구곡을 유람하였다. 송시열을 존모하

---

74) 이상주, 「화양구곡·선유구곡의 완성 과정과 화양구곡도」, 『한문학보』 18, 2008,
   531쪽.
75) 『臨齋集』 권10, 「記行」. "武夷之山 吾不觀已 若論以海東勝區 復有如華陽洞者乎
   夫物之爲美亦遭遇 而若使華陽而不遇尤翁 碧峀蒼崖 奔流疊石 多少形勝 只埋沒於
   混沌希夷之域".
76) 『正菴集』 권7, 記 「遊俗離山記」. "余初入是洞 愛其水石 及到書室 又感先輩遺跡".

는 마음을 표하면서 화양동을 조선의 무이산으로 일컬었다.[77]

반면, 노론의 송시열과 대립했던 소론의 영수인 尹拯(1629~1714)의 제자 姜再恒(1689~1756)은 1744년 속리산을 유람하였으나 화양동은 방문하지 않았다.[78] 영남학파의 학맥을 이었던 鄭象觀(1776~1820)도 1795년 속리산을 유람하였으나, 화양동은 방문하지 않았다.[79]

「화양구곡」이 속리산에 있긴 하나 당시 속리산의 일반적인 유람코스는 보은군의 법주사를 경유하여 雲藏帶와 天王峯에 오르는 것이었다. 화양동은 괴산에서 들어가는 코스여서 보은군 코스와 함께 보기에는 시일이 오래 걸렸다. 그러므로 송시열과 학맥을 달리하는 유람자들은 법주사 코스를 택하고 화양동 유람은 생략하는 경우가 있었다. 하나 송시열의 후손들과 문인들은 속리산을 유람할 때 가급적 「화양구곡」을 찾아 송시열을 기리고자 했다. 成大中(1732~1809)은 72세 되는 1803년 가을, 아들 成海應(1760~1839)이 陰城縣監이 되자 임소로 따라가면서 만동묘를 배알하고 그 일대를 유람한 뒤 「華陽洞記」를 지었다.[80] 송시열 등과 북벌을 계획하였던 宋浚吉(1606~1672)의 향약을 시행하여 풍속의 순화에 힘썼던 인물인 沈定鎭(1725~1786)도 「화양구곡」을 유람하고 「華陽九曲記」를 남겼고,[81] 후손인 송병선은 1902년 화양동에 鄕飮禮를 하러 갔다가 지인들과 함께 「화양구곡」을 유람하였다.[82] 화양동은 鄭奎漢(1751~1824)과 朴文鎬(1846~1918) 등[83] 권상하를 필두로 한 노론계 인사들의 유람이 이어졌다. 화양동은 송시열 이후 노론세력을 결집하고 학문적 유

---

77) 『典庵集』 권5, 記 「遊華陽洞記」. "華陽卽海東之武夷也 而我文正公尤庵先生杖屨之所也".
78) 『立齋遺稿』 권13, 記 「俗離山記」.
79) 『谷口園記』 권6, 「蓬壺第一史」.
80) 『靑城集』 권7, 記 「華陽洞記」 ; 『硏經齋全集』 권31, 風泉錄(一) 「華陽洞記」.
81) 『霽軒集』 권2, 記 「華陽九曲記」.
82) 『淵齋集』 권22, 雜著 「遊華陽諸名勝記」.
83) 『華山集』 권1, 七言絕句 「秋遊華陽洞」 ; 朴文鎬, 『壺山集』 권30, 記 「遊俗離山記」.

대관계를 공고히 하는 본산이 되었다.

구곡은 설정에서부터 중심인물이 속한 학파적 배경이 있었으므로 후학들이 자주 찾아 유람하며 유대관계를 맺고, 선학을 구심점으로 하여 학문을 기리고 결속력을 공고히 하는 유람양상이 나타난다는 특징이 있다. 이는 금강산이나 팔경의 유람에서는 볼 수 없고, 학문적 宗祖의 강학처·은거지 등이나 구곡유람에 나타나는 독특한 유람양상인 것이다. 그리고 많은 후학들이 구곡을 유람하고 시나 산수유기와 같은 기록을 남기는 등의 의미부여를 통해 구곡이 명소로서 세상에 더욱 널리 알려지게 되고 그 명성이 지속될 수 있었던 것이다.

5. 맺음말

조선의 구곡문화는 주자의 「무이구곡」 수용으로 시작되었고, 이황·이이를 중심으로 성리학이 심화되는 16세기에 이르러 발달하기 시작하였다. 조선의 사대부들은 구곡원림을 설정하고 경영하여 조선에서 주자의 「무이구곡」을 구현하고자 했다. 구곡의 중심인물은 이황·이이 등 조선 성리학자들이었다. 주로 영남·기호학파의 중심무대였던 경북과 충북을 중심으로 구곡원림이 경영되었다.

당시 사대부들의 산수유관은 근본적으로 유가적 사상에 기반을 두고 있다. 유람은 공자와 주자를 본받아 산수에서 호연지기를 기르는 등 학문의 발전과 성취를 위해 일생에 한번쯤 행해야 하는 문화행위로 인식하였다. 구곡은 대부분 설정자가 유람을 통해 취사선택한 경승에 설정되었으므로 유람의 명소화 요건을 갖추고 있었고, 특히 대부분의 사대부들이 학문과 사상적 이념으로 삼았던 성리가 구현되는 장소이자 선학의 자취가 배어 있는 곳이라는 장소적 의미를 가지고 있었다. 그러므로 사대부들이 유람을 발행하는 산수유관의 목적의식과 부합되는 유람지였다. 즉 구곡은 수려한 경승과 더불어 유가적 학문의 실천사상이 강하게 배어있다는 장소적 특수성으로 인해 사대부들의 산수유관에 적합한 장소로서 팔경 등과 더불어 각광받는 유람명소로 부각되는 것이다.

조선의 구곡은 「무이구곡」을 모태로 하지만, 이황·이이와 같이 추앙받는 조선 성리학자들을 중심에 두고 만들어진다. 구곡문화에는 구곡의 최초 경영자, 또는 후학들이 구곡을 설정하게 되는 중심인물이 있었다. 그러므로 구곡은 중심인물이 주자의 학문적 적통을 계승하고 성리의 도를 실천했던 장소라는 상징성과 그 인물이 속한 학파적 배경이 있는 장소였다. 구곡을 유람하는 사람들도 중심인물의 학맥을 계승한 후학들이 많았다. 구곡유람을 통해 선학의 자취를 기념하고, 선학을 찬양하는 동시에 학파적 결속력을 공고히 하는 유람양상이 나타난다는 특징이 있다. 이는 금강산이나 팔경의 유람에서는 볼 수 없고, 학문적 宗祖의 강학처·은거지 등이나 구곡유람에 나타나는 독특한 유람양상인 것이다. 또한 이같이 후학들의 유람을 통해 구곡이 의미 있는 명소임이 세상에 더욱 널리 알려지게 되고, 그 명성이 지속될 수 있었다.

제3장 官人들의 脫俗認識과 지리산 遊覽癖

1. 머리말

조선시대 사대부들 대다수는 出仕하여 經世家가 되는 목적을 가지고
있었다. 가문에서 대대로 관인을 배출한다는 것은 당사자의 일신뿐만 아
니라 가문의 영달 여부를 가늠하는 척도였다. 하지만 관인으로 생활한다
는 것은 쉬운 일이 아니었다. 조선시대 관인의 출퇴근은 卯仕酉罷法[卯
酉法]에 따라 평시 卯時(오전 5~7시) 출근, 酉時(오후 5~7시) 퇴근이었
다. 해가 짧은 동절기에는 辰時(오전 7~9)에 출근하여 申時(오후 3~5시)
에 퇴근하였다.1) 하루 동안 길게는 12시간, 짧게는 8시간을 일해야 했다.
世宗代에는 묘유법을 어기고 무단으로 지각·조퇴한 관인은 『大明律』에
따라 笞刑 50대에 처하게 하였다.2) 특히 외관직인 守令으로 근무하게
되면 더욱 번잡한 공무에 시달려야 했다. 수령은 '옛날의 諸侯', '一邑의
主'라고 하여 중앙의 관리와 달리 소관 읍의 행정사무를 專制하였다.3)
守令七事의 기본 업무를 수행하면서 관찰사가 매년 2차례 실시하는 인
사고과의 포폄에 대비해야 했다. 고과 성적이 우수하면 加階·陞職 되었
으나, 불량하면 파직되었으므로 준비에 매우 신경 써야 했다. 이밖에도
官屬과 軍政에 대한 點考, 量田·戶籍 등의 成冊, 訟事처리, 文集발간, 還
穀, 官衙營繕, 接賓 등 처리해야 할 공무는 매우 방대하였다.

---

1) 『大典會通』 吏典, 考課.
2) 『世宗實錄』 권51, 13년 3월 己卯.
3) 『世宗實錄』 권38, 9년 12월 乙丑 ; 『文宗實錄』 권6, 1년 3월 丁未.

더욱이 문인관료들이 많았으므로 공무 외에도 글쓰기에 골몰했고, 술도 자주 마셔야 했다. 조선전기 대표적인 館閣文人이었던 서거정은 45년간 격무에 시달리면서 만년에 消渴과 頭風의 병을 얻었는데, 병을 얻은이유가 酒魔와 詩魔에 있다고 자가진단 하였다.[4] 격무와 술, 글씨기 등여러 가지가 겹쳐 병을 얻었던 것이다. 그러므로 서거정은 만년에 病暇를 상당히 많이 냈고, 「移病」이라는 시도 자주 지었다.[5] 오히려 병가를통해 바쁜 일상에서 벗어나 한가로움을 즐기며 城市山林의 정서를 구가하고 있다.[6] 그나마 조선의 문·무 관인에게 신병치료를 위한 병가목적으로 허용되는 결근일수는 1년에 30일로 제한되어 있었다.[7] 보직을 부여 받으면 그 보직에 재임한 일정 근무 일수가 遷轉·去官·陞職 등에 적용되었으므로,[8] 마음대로 쉬지도 못하였다.

이처럼 관인의 생활은 녹녹치 않았다. 매우 바쁜 일상의 연속이었다. 관인들은 자신이 추구했던 학문적 이상과 관직이라는 현실에 대한 괴리감에 더하여 번다한 일에 시달릴 때면 공무에서 벗어나 탈속의 자유를느끼고자 하는 열망을 품었다. 관인들이 표출했던 탈속의지는 그들이 쓴시문 등에 잘 나타나 있다. 관직에 얽매여 탈속하지 못함을 스스로 하소연하기도 했고, 때로는 여가에 거주지에서 가까운 산수를 찾아 흥금을씻으며 잠시나마 탈속의 기분을 즐기고 돌아왔다.

관인들이 격무의 스트레스에서 벗어나 탈속을 즐기는 공간으로 가장

---

4) 『四佳詩集』 권2, 詩類 「移病」. "落魄艱難病又加 …中略… 崇在詩魔與酒魔".
5) 『四佳詩集』 권40, 「于吟」. "晚年移病數".
6) 『四佳詩集』 권51, 詩類 「移病」. "移病無公事 幽居得自閑 …中略… 雖然在城市 亦不似塵實".
7) 문·무관의 병가는 2~3일 이었고, 10일 이상이면 체직되었다. 그러므로 관료들은 출척 기준에 해당되는 결근일수 미만을 병가로 활용하였는데, 세종 15년을 전후하여 출척 기준 결근 일수가 30일로 제한됨에 따라 병가를 쓸 수 있는 최대 일수 또한 30일이었다(문광철, 「조선 초기 병가의 시행과 성격」, 『역사와 담론』 47, 2007, 11쪽).
8) 『經國大典』 吏典, 京官職.

많이 택한 공간은 산수였고, 유람을 통해서였다. 그러나 재직 중에 여러 날이 소요되는 遠遊는 거의 불가능 한 것이었다. 경제적 능력이 있어도 그만한 여유를 가지기 힘들었던 것이다. 관인을 포함한 대부분의 사대부들은 산수를 늘 그리워하며 생각에서 지우지 못하는 山水癖9)을 관념처럼 지니고 살았다. 산수벽은 번다한 일상에서 벗어나 자연에 귀의하여 自適하며 安分하고자 하는 탈속의 의미도 함께 지니고 있다. 탈속을 갈망했던 관인들의 산수 유람 열망은 다른 부류보다 매우 컸다. 잠시라도 기회가 생기면 산수를 유람하고, 여흥을 잊지 못하여 또 다시 유람하고자 하는 유람벽으로 이어졌다. 관인들의 일상에서 유람은 늘 마음속의 積聚였다.

이러한 관인들의 산수 유람벽을 더욱 깊게 만들었던 산은 仙界로 인식되었던 三神山이었다. 삼신산 중에서도 금강산·지리산에 대한 유람벽이 가장 심하였다. 한라산은 바다를 건너야하는 지리조건으로 유람이 어려워 명성에 비해 많이 알려지지 못했다.10) 사람들에게 금강산과 지리산은 생에 꼭 한번 보고자 소망했던 명산으로 유람벽을 불러일으켰다. 관인들이 일상에서 벗어나 탈속의 기분을 즐기기에 금강산과 지리산만한 곳이 없었다. 그러나 都城을 기준으로 지리산은 금강산에 비해 원거리에 있었기 때문에 居京官人들이 유람하기 어려웠다. 그러므로 지리산과 접해있는 郡縣의 수령으로 부임하거나 공무 차 지나게 되면 평생의 숙원처럼 여겼던 지리산을 짧게나마 유람하고 탈속의 기분을 느끼며 유

---

9) '煙霞之癖'이라고도 한다. 고질병 환자처럼 산수에 중독되어 결코 빠져나올 수 없다는 뜻으로 자연의 승경에 대한 혹독한 애착심을 표현할 때 쓴다. 田游巖이 唐 高宗에게 "신은 물과 바위에 대한 병이 이미 고황에 들고 煙霧와 노을에 고질병이 들었는데, 성상의 시대를 만나 다행히 소요하고 있습니다."라고 한 고사에서 유래한 것이다(『舊唐書』卷192, 田游巖傳. "臣泉石膏肓 煙霞痼疾 旣逢聖代 幸得 逍遙").

10) 현존하는 조선시대 산수유기의 양도 금강산이 가장 많고, 다음이 지리산이다(이상균, 「조선시대 유람문화 연구」, 강원대학교 박사학위논문, 2013, 19쪽).

람벽을 해소했다. 하지만 지리산은 몇 날 동안에 제대로 볼 수 있는 산이 아니었다. 관인들의 지리산 유람은 늘 아쉬운 소회로 남았고, 언젠가 또 찾아야겠다는 유람벽을 다시금 불러일으켰다.

그 동안 지리산 유람에 대한 연구는 문학·역사·지리 등 다양한 분야에서 괄목할 만한 성과들이 축적되어 왔으나,[11] 관인 계층들이 상시 추구했던 탈속인식 속에서 仙山인 지리산이 가지는 의미를 구체적으로 살펴본 연구는 없다. 본 글은 이와 같은 점에 주목하여 관인들이 공무에서 벗어나고자 했던 탈속의지의 표출양상과 산수 유람을 통해 탈속의 기분을 즐겼던 사례를 살펴보고자 한다. 그리고 관인들이 산수벽 해소와 탈속의 공간으로 선망했던 지리산에 대한 유람벽이 어떠했는지를 살펴보고자 한다.

2. 관인들의 탈속의지 표출

조선시대 사대부들은 삶의 이상이자 본분을 修己治人에 두고 있다. 출사의 길을 단념하고 退處·隱遁해 버린 사대부들도 일부 있지만 대다수는 학문의 이치를 궁구하여 修己하고, 이를 바탕으로 출사할 목적을 가지고 있었다. 관인이 된다는 것은 자신이 궁구한 학문적 이상을 천하를 다스리는데 적용하는 經世家의 길을 걷는 것이었다. 그러나 학문적 이상과 정치라는 현실은 항시 상치되는 부분이 있었다. 그래서 李珥는 「論臣道」에서 『孟子』「盡心上」을 들어 나라에 道가 있을 때는 출사를 통해 정치적 이상을 실현하는 '兼善天下'를 이행하고, 도가 없을 때는 은

---

11) 지리산 유람에 대한 제 분야의 연구 성과는 이상균의 위의 논문(2013) 2~6쪽을 참조.

제1편 유람문화의 다양화 사례와 전개 양상 71

거하여 '獨善其身'하는 것을 신하의 도리로 설명하고 있다.[12]

이이가 말하는 '겸선천하·독선기신'은 가장 이상적인 신하의 도리이고, 어느 시기를 막론하고 출사에 뜻을 두고 한번 관직에 나아가면 스스로 퇴처하여 '독선기신'을 실천하는 관인들은 많지 않았다. 역사의 행간에서 士禍나 黨爭 등을 피해 퇴처 했다가 다시 관직으로 복귀하거나 재기를 도모하는 사람은 쉽게 찾을 수 있다. 그러나 처음부터 출사에 뜻을 두고 관로에 오른 사람들 중 특별한 사유 없이 영원히 퇴처한 인물은 드물다. 그러므로 벼슬을 과감히 버리고 퇴처 한 대표적 인물 15명이 『燃藜室記述』 中宗·明宗代의 遺逸條에 실려 있다.[13] 이 인물들은 遺逸로 천거되어 출사하였으나 모두 벼슬을 버리고 逸士의 삶을 산 인물들이다. 유일로 천거되어 출사한 사람들은 많았으나 이처럼 아주 퇴처한 인물들이 그만큼 드물었기 때문에 李肯翊(1736~1806)이 『연려실기술』을 편찬하면서 유일조를 편재하고 진정한 逸士를 선별하여 이름을 올린 것이기도 하다. 당시의 세태가 이러하므로 이긍익보다 전대 인물인 許穆(1595~1682)은 「淸士列傳」을 지으면서 "속세와 발을 끊으려 한다면서 행적을 더럽히고 흉내만 내는 사람들이 있으므로 진정으로 隱逸한 청사들의 열전을 짓는다."는 뜻을 밝히고 있다.[14]

특히 사대부들의 탈속으로 대표되는 퇴처와 은둔은 처세의 명분이 강하다는 점이다. 즉, 誣獄·역모·사화·당쟁 등에 연루되어 출사의 길이 막혀버리거나 관직에 나아갔을 때 일신상의 안위를 보장받지 못하는 시대상황에 처한 사대부들이 처세적 방편으로 탈속을 택하였다. 개인이 처한

---

12) 『栗谷全書』 권15, 雜著 東湖問答 「論臣道」.
13) 『燃藜室記述』 권9, 中宗朝故事本末 「中宗朝遺逸」(徐敬德·柳藕) ; 권11, 明宗朝故事本末 「明宗朝遺逸」(成守琛·李希顔·曹植·成悌元·趙昱·李恒·成運·韓脩·林薰·南彦經·金範·鄭磏·鄭磏).
14) 『記言』 권11, 「淸士列傳序」. "逃世絶俗 或有穢其跡而潔其行者 身中淸 廢中權 聖人許之 作淸士列傳".

상황이나 시대상과 상관없이 처음부터 관직에 뜻을 두지 않고 은둔한 사
대부들은 많지 않았다. 여기서 살펴보고자 하는 관인들의 탈속인식 또한
관직에서 물러난 이후의 삶에서 느끼는 탈속인식까지 의미하는 것은 아
니다. 공무에 종사고 있는 현직 관인들이 공무[=俗]에서 벗어나고[=脫]
싶어 했던 탈속의 표출 양상이다.

출사에 뜻을 두어왔던 사대부들은 평소 꿈꿔왔던 이상과 관직이라는
현실이 괴리되지만 이를 버리기란 쉽지 않았던 것이다. 그러나 자신이
처한 현실에서 탈속하고자 하는 뜻은 마음 한 편에 늘 지니고 있었다.
서거정은 君子의 두 길은 탈속하여 초야에 묻혀 자연을 즐기는 것과 벼
슬에 나아가는 것이라 했다.15) 본인은 벼슬을 택했지만 벼슬살이의 시
름을 벗어나 歸去來를 실천하지 못하는 심정을 토로하고 있다.16) 고향
으로 돌아가 관인의 시름을 내려놓고 안분을 즐기고자 하는 이상을 추구
하고자 귀거래를 갈망했다. 그러나 처한 현실을 버리고 그와 같이 할 수
없음을 한탄하였다.

관인들은 물러남의 가장 모범적인 미덕을 陶淵明(365~427)의 귀거래
에서 찾고 있다. 귀거래를 통한 탈속과 안분적 삶은 대부분의 관인들이
항시 추구하고자 했던 이상이었다. 裵龍吉(1556~1609)은 1608년 忠淸都
事로 재직할 때 공주의 麻谷寺에 올라 시를 읊으며 벼슬에 뜻은 없으나
도연명과 같이 귀거래하지 못하는 자신의 심정을 토로하였다.17) 한번
벼슬에 나가면 도연명처럼 귀거래하기란 쉽지 않았다. 그러므로 許筠
(1569~1618)은 중국의 은거자들에 대한 자료를 수록한 『閑情錄』에서 선

---

15) 『四佳文集』 권2, 記 「雙溪齋」. "詩類士君子之生斯世也 一出一處 所居之地不同 則
其所樂 亦與之不同矣".
16) 『四佳詩集』 권20, 第13 詩類 「憶村家」. "最識還家好 那堪作宦愁 江山雙蠟屐 天地
一漁舟 歸去知何日 吾能昨夢遊".
17) 『琴易堂集』 권1, 詩 「麻谷寺偶吟」. "驅馳原隰宦情微 松菊荒猶未賦歸 竹院幸偸閑
半日 晚山黃葉欲紛飛".

비가 벼슬이 더럽다 뜻을 버리고
山林에 오래 살기를 바라는 것은
맞지 않지만 道가 세속과 맞지 않
아 高尙을 가탁하여 세상을 피한
선비의 뜻도 비장한 것으로 평하
고 있다.[18] 그리고 사대부가 山林
에 참으로 은거할 마음이 없거나
은거의 정취를 체득하지 못하면
산림자체를 질곡으로 여긴다고 했
다. 그러면서 중국 宋나라 王安石
(1021~1086)이 산중에 은거하여
살았지만 세속을 다 잊지 못했고,
도연명만이 완전한 탈속을 이루었
다고 평하고 있다.[19]

<그림 1> 曺義, 「五柳歸莊圖」, 淸代,
지본담채, 194×118cm, 국립중앙박물관

복잡하고 번다한 공무에서 벗
어나 탈속의 자유를 느끼고자 하는 열망은 시대를 초월하여 모든 관인이
가지고 있는 관념일 것이다. 王朝 역사상 시기를 막론하고 관인이 된다
는 것은 중앙·지방관 모두 국왕을 중심으로 하는 정계의 공간에 머물러
있는 것이다. 관인으로서의 삶은 바쁜 일상의 연속이었다. 조선후기의
관인 尹愭(1741~1826)는 57세 때인 1797년 12일 동안 의금부에 수감되
었다가 직첩 2등급을 박탈당하고 풀려났다. 충청남도 藍浦縣監 재직 중
정조가 서원난립 금지령을 반포하였음에도 불구하고, 府內 유생들이 新
安面 武夷峰에 朱子影堂과 白頤正의 사당을 지었다. 이 일로 현감이었던

---

18) 『閒情錄』 序, "嗚呼士之生斯世也 豈欲蔑棄軒冕 長往山林者哉 唯其道與俗乖 命與
待時 則或有托於高尙而逃焉之者 其志亦可悲也".
19) 『閒情錄』 권4, 「退休」.

윤기는 파직되어 의금부에 하옥되었던 것이다.20) 풀려난 직후 하는 일
없이 유유자적 지내며 녹봉이 없어 부양할 가족을 걱정하면서도 헌감재
직 중 상관을 맞이하던 일, 백성들을 매질하던 일, 세금을 독촉하던 일,
장부를 정리하던 일 등을 회상하면서 오히려 무거운 짐을 벗고 속세를
벗어난 것 이상의 홀가분함을 느끼고 있다.21) 윤기의 예는 단편적이긴
하나 관인들의 생활은 팍팍한 공무와 스트레스의 연속이었다.

　탈속과 안분은 관인들이 항상 지향하는 이상이었지만 벼슬에서 아주
물러나지 않는 한 자신만의 편한 시간을 오래도록 갖는 것도 신하의 도
리가 아니라 생각하였다. 金誠一(1538~1593)은 「柱笏看山」이라는 시의
내용에서 관인의 몸으로 있으면서 정무를 보지 않고, 탈속의 뜻만 가지
고 있던 晉 나라 王徽之(338~386)를 못마땅하게 생각했다. 자신도 탈속의
雅趣를 즐기고 싶은 열망이 솟구치지만 관인의 몸으로 공무를 봐야하기
때문에 자제한다는 뜻을 표출한다.22) 그러나 김성일도 반평생 관직에 매
여 탈속 할 수 없음을 한스러워 하며 淸遊하기를 원하고 있다. 전라도 나
주 信傑山을 유람할 때 술에 취해 이 길로 벼슬자리를 내던지고 고향의
전원으로 돌아가고 싶은 귀거래의 심정을 나타내기도 했다.23) 李植(1584~
1687)은 「閑行」이라는 시에서 신하의 몸으로 한가히 노닐면서 일신의 安
逸만 꾀하는 것은 부끄러운 일이라 여기고 있다.24) 대부분의 관인들은
탈속과 안분의 마음을 상시 표출하거나 맘속에 지니고 있으면서 공무에
방해가 되지 않는 한 기회가 되면 그 기분을 즐기고 싶어 했다.

---

20) 『正祖實錄』 권47, 21년 8월 乙丑.
21) 『無名子集文稿』 4책, 「答辛太素書」. “弟對木十二日 奪告身二等乃出 一身無一事
　　每於層城落木空庭皎月之時 徘徊眺眄優閒自在 緬想拜迎鞭撻催科理簿之役 不翅若
　　釋重負而超塵坑”.
22) 『鶴峯逸稿』 권1, 詩 「柱笏看山」. “高人雅性在山林 掉頭恥爲塵世顔 身居城市志脫
　　俗 那有俗慮來牽扳 …中略… 遯世唯思避謗訕 當時高趣不足尙 爲試淸虛習未刪”.
23) 『鶴峯逸稿』 권1, 詩 「次柳而見韻」·「伏巖台上醉呈白文瑞兼示左右」.
24) 『澤堂集』 권4, 詩 「閑行」. “孤臣自閑放 愧獨爲身謀”.

조선중기의 문신인 吳健(1521~1574)은 1559년 權知成均館學諭로 출사한 이후 죽기 2년 전인 1572년까지 관직에 종사한 인물이었다. 관직에 있으면서도 伯夷·叔齊와 같이 벼슬을 버리고 탈속할 뜻을 상시 품고 있었다.25) 종당에는 1572년 이조정랑을 사직하고 고향 산청으로 낙향하였다. 고향집에 연못을 만들고 소나무와 국화를 심었었다. 지리산과 鏡湖江의 풍광을 감상하면서 강학으로 여생을 보냈다. 丁若鏞 또한 세상에 나와 벼슬살이하는 자신을 六朝 宋나라 때 江蘇省 鍾山에 은거하던 周顒에 견주며 속세를 떠나 은둔하고 싶은 마음을 표출하였다.26) 李德懋 (1741~1793)도 퇴근 후 한밤중에 도연명의 시를 외면서 그처럼 속세를 떠나고 싶어도 벼슬에 얽매여 그러지 못함을 한탄하였다.27) 관인들은 중국의 은사들에 자신을 빗대어 찌든 일상에서 벗어나고 싶은 탈속 의지를 표출하곤 했다.

鄭道傳(1342~1398)은 「求仁樓記」를 쓰면서 반드시 그윽하고 깊은 산수를 찾거나 原野를 걸어야만 유람의 기분을 만끽할 수 있는 것은 아니라고 했다. 구인루에 오르면 長相이 문밖을 나서지 않고도 탈속의 기분을 느끼며 悠然히 산수를 소요하는 즐거움을 얻을 수 있다고 했다.28) 정도전의 말과 같이 관인들은 멀리 나가는 것이 여의치 못하였으므로 집 인근의 경치 좋은 곳에 別業과 같은 누정을 지어 놓고 산수의 정취를 느끼며 탈속의 기분을 즐겼다. 조선초 강원도·충청도관찰사를 거쳐 대사헌 등의 벼슬을 지냈던 成石因(?~1414)은 都羅山 남쪽에 四佳亭을 짓고 휴가 때 마다 오가며 탈속의 興趣를 느끼고 오곤 했다. 卞季良

25) 『德溪集』 권1, 詩 「洛中 贈鄭子精 名琢 號藥圃」. "何時擺脫塵纓去 長把西山採薇風".
26) 『茶山詩文集』 권2, 詩 「秋至」. "萬事商量都是幻 鍾山靑出國門東".
27) 『靑莊館全書』 권2, 嬰處詩稿二 「淸夜誦陶令詩」. "欲辭煙火食 仍有唐虞心".
28) 『三峯集』 권4, 記 「求仁樓記」. "世之極遊觀之榮者 必窮山水之幽深 涉原野之曠漠 …中略… 蓋不離將相之位 而儼然有幽人出塵之想 不出戶庭之間 而悠然得山水遊觀之樂 所謂仁遠乎哉".

(1369~1430)이 「사가정기」를 썼는데, 여기서 성석린을 "사대부들이 부러워하는 벼슬을 선생은 이미 실컷 거쳤으니, 벼슬이 화려했다고 할 만하다. 그러나 선생의 마음은 초연하여 노을진 山壑에 취향이 있어 항상 속세를 벗어나 있었다."라고 평했다.29) 1466년 登俊試에 급제하여 벼슬을 하던 金紐(1436~1490)도 1481년 북한산 기슭 雙溪에 齋를 짓고 공무중 여가가 생기면 이곳에 나아가 자연을 즐기며 탈속의 기분을 느꼈다. 서거정은 「쌍계재기」를 써주면서 경치가 仙境과도 같았음을 감탄하였다. 三色桃를 심어 복숭아 꽃잎이 물에 흐르면 선경이 되고, 여름에 시원한 그늘 아래에서 술잔을 띄우면 번잡한 가슴과 사념을 상쾌하게 씻어주어 속세를 벗어난 생각을 하게 되는 장소로 평하고 있다.30)

또한 자신이 근무하는 관아의 樓觀에 올라 누 밖의 경관을 즐기며 속진의 마음을 씻고자 하였다. 관아에 있는 누관은 대개 王使나 賓客을 禮接하는 공간이었고, 조망이 좋은 위치에 만들었다. 麗末鮮初의 문신이었던 林穆(1371~1448)은 陰竹縣監을 지내면서 동헌 동쪽 조망 좋은 곳에 竹南樓를 만들고 누에 올라 탈속의 기분을 즐겼다.31) 강원감영의 경우에는 후원을 신선세계로 造營하여 탈속을 즐기는 공간으로 사용하였다. 강원감영은 전국에서 유일하게 후원이 조영되어 있었던 감영이다. 후원에 蓮池를 파고 그 안에 蓬萊閣·瀛州榭·喚仙亭·採藥塢 등의 전각을 만

---

29) 『春亭集』 권5, 記 「四佳亭記」. "凡士大夫之所欽艶者。蓋已飽經而厭歷 先生之仕宦吁其盛矣哉 而先生之心 則 超然有雲煙丘壑之趣 常在於物外者矣 …中略… 松京之南數十里 有山曰 都羅 結廬其陽 休暇之隙 匹馬往還 以償素志".

30) 『四佳文集』 권2, 記 「雙溪齋」. "一日 又卜勝地於華峯下 景與心會 構齋數楹 爲退食委蛇之所 齋之尤勝曰雙溪 …中略… 闢其傍 樹以紅碧三色桃 當春爛發 霞蒸霧瀚落花流水 完非人間世矣 當暑蔭淸 樾坐危石 飛觴沈果 爽煩襟而雪滯思 洒然有出塵之想矣".

31) 『東文選』 권81, 記 「陰竹縣竹南樓記」. "林君 顧而樂之 蓋亦翛然有出塵之想矣 而以書來囑 予記之 …中略… 且謂樓觀 非直爲觀美 蓋欲禮接王人 陞以 聽事也 夫氣煩則慮亂 視壅則志滯 故君子居高 明遠眺望 使亂慮滯志 無所容入 然後理達而事成也".

들었다. 그리고 太乙船이라는 배를 만들어 연못에 띄웠다. 모든 전각과 배의 명칭이 신선과 관련되어 있듯이 관찰사는 감영을 찾는 빈객들과 태을선을 타고 관기를 불러 음주가무를 즐기며 仙界에 노니는 탈속의 기분을 즐겼다.32) 특히 외관직으로 나갈 기회가 생기면 주변의 경승을 찾아 탈속의 기분을 느끼고자 하는 경우가 많았다. 김종직은 1471년 함양군수직을 수행하러 임지로 가던 중 진주를 지나는 말 위에서 아스라이 보이는 지리산을 바라보며 탈속의 심정을 토로했다. 속세의 생활 30년 동안 벼슬에 얽매여 竹林七賢이었던 阮籍과 같이 모든 것을 털어버리고 간절히 염원했던 지리산 청학동을 찾아 나서지 못하는 신세를 한탄했다.33) 김종직은 함양군수로 부임해서도 그토록 가보고 싶었던 지리산이 관내에 있음에도 공무에 겨를이 없어 염원만 하다가 1472년 여가에 유람하고 탈속의 기분을 즐겼다.34)

이식은 춘천부사로 가는 沈諮(1571~1654)에게 전별시를 써주면서 형승의 고을 춘천에서 淸秋에 배를 띄워 탈속한 심액의 풍모를 다시보길 기대하였다.35) 춘천부사로 가는 기회에 소양강에 배를 띄워 노닐며 탈속의 기분을 느껴보라고 한 것이다. 1682년 尹嘉績(1642~?)은 충청도관찰사로 제수되자 임지에 살고 있는 벗 권상하와 만나 밤에 배를 띄우고 놀며 탈속의 기분을 즐겼다. 권상하는 윤가적의 祭文을 지으면서 그때의 기분을 회상하였다.36) 김창협은 평소 伽倻山 海印寺의 경관이 좋다는

---

32) 이 내용은 강원감영 후원 복원 추진과정에서 실시한 발굴조사와 1856년 강원도관찰사를 지낸 李鍾愚의 시문집인 『平原合集』에 수록된 「蓬萊閣全圖」에서 확인한 내용이다. 『평원합집』에는 이종우가 지인들과 감영후원 연지에 태을선을 띄우고 관기들과 놀았던 그림인 「봉래각전도」를 비롯하여 이때 수창했던 시문이 수록되어 있다. 개인 소장이라 본 글에 「봉래각전도」를 전재하지 못하였다.
33) 『佔畢齋詩集』 권5, 詩 「馬上望智異山」. "塵埃三十年 徒自飽山名 今日晉陽路 遙看未了靑 …中略… 愧我縛塵纓 安得九節杖 劉阮與同行 柱到靑鶴洞 秋風拾黃精".
34) 『佔畢齋文集』 권2, 紀行錄 「遊頭流錄」.
35) 『澤堂集』續集 권4, 詩 「送沈重卿 諮 出守春川」. "淸秋一棹吾能辦 逸氣年來未覺低".
36) 『寒水齋集』 권23, 祭文 「祭尹汝休嘉績文」. "年來閣鈴 遘我林坰 他鄕盍簪 宇宙蓬萍

말을 듣고 한번 쯤 가고 싶어 했다. 1684년 경상도 암행어사로 파견된
차에 가야산 해인사에 올랐다. 이때 시를 지어 기러기가 되어 속세를 떠
난 기분을 읊었다. 또한 商山과 鹿門에서[37] 은거했던 선인들처럼 살지
못하고, 자신의 신세가 호사로운 관복을 입고 새장에 갇힌 학과 같은 신
세라 한탄한다.[38] 김창협도 관직을 버리고 결연히 떠나고자 다짐 했지
만 그러지 못함을 아쉬워하면서 언젠가는 산수로 돌아가고자 하는 탈속
의 의지를 표출하고 있다.

　이처럼 대부분의 관인들은 탈속하고 싶지만 벼슬에 얽매여 그러지 못
함을 한탄하였다. 다만, 공무에 골몰 하면서 상시 탈속하고 싶은 심정을
늘 품었다. 그래서 공무 중 여가가 생기면 산수를 유람하고 속진의 때를
씻으며 세상의 근심을 잠시나마 잊고자 하였다.

3. 관인들의 산수 유람을 통한 탈속

　관인들은 현실에서의 탈피와 여가를 즐기는 공간으로 산수를 택하였
다. 산수 유람을 가지 못하면 산수유기를 대신 읽거나 산수화를 감상하

中宵倚棹 皓月煙江 杳如海客 槎傍斗星 高情灑脫 俗物芥輕 紛紛蠻觸 過耳風霆'.
37) 상산은 중국 陝西省 商縣의 동쪽에 있는 산 이다. 四皓로 불리는 東園公·綺里季·
　夏黃公·甪里先生 등 네 사람이 진시황의 어지러운 시대를 피하여 숨은 곳이다. 鹿
　門은 湖北省 襄陽縣에 있는 산 이다. 후한 말기에 峴山 기슭에서 농사짓고 살던
　龐德公이 벼슬살이를 하라는 荊州刺史 劉表의 청을 거절하고 처자를 데리고 들어
　가 약을 캐며 살았다는 곳이다. 흔히 세상의 영화를 추구하지 않고 탈속하여 은거
　한 사람을 형용할 때 인용된다.
38) 『農巖集』권2, 詩「余聞伽倻海印之勝久矣 今者奉命路過 遂得略窺山門 其巖壑棟宇
　固壯麗稱所聞 而孤雲舊躅 尤令人起感 途中輒賦五言長篇五十八韻以記之 亦未敢書
　以示人也 後十數日 復到陝川郡齋 始取紙筆書之 奉呈太守兄 或有寺僧來過者 可出
　示之」.

는 등의 '臥遊'를 통해서라도 탈속과 안분의 기분을 즐기고자 하였다. 그러므로 관인들은 벼슬에서 물러나면 평소 보다 적극적으로 산수 유람을 하면서 안분의 삶을 구현하려 하였다. 관인들이 탈속을 즐기는 공간은 바로 산수였고, 유람을 통해서였다.

조선전기 문신 卞季良(1369~1430)은 산을 유람하면서 "먼 산길 구름 속에 반쯤이나 들어가니 이 유람이 속세를 피하기에 족하구나!"라고 하였다.39) 변계량은 유람을 통해 탈속의 기분을 느끼고 있다. 林薰(1500~1584)도 1574년 광주목사로 재직 시 주변에 명승이 있다는 소리를 들으면 공무를 보는 여가에 짚신을 신거나 가마를 타고 가서 유람하며 유연히 세속을 벗어나려는 생각을 품었다.40) 崔岦(1539~1612)은 1607년 강릉부사로 재직할 때 금강산을 유람하였다. 이때 승려 太熙가 雁門嶺 물 재에서 摩訶衍까지 안내해주자 시를 지어 주면서 "세상에 돌아갈 생각 없고, 黃龍의 바위 지나면서 속세의 먼지를 털었다오"라고 하여 유람을 物外를 벗는 행위로 표현하였다.41) 申楫(1580~1639)은 1604년 周王山 유람을 마치고 산 입구까지 배웅해 준 승려들을 보고 "선계와 속세가 한 번에 단절되니 그리워하는 마음이 매우 깊었다."는 감회를 읊었다. 승려들은 주왕산으로 돌아가니 속세와 단절되고, 자신은 주왕산을 나오므로 선계와 단절된다는 뜻이다. 세상에 번잡한 일에 얽매어 선경에서 소요하며 남은여생을 마치지 못함을 아쉬워하였다.42)

조선시대 관인들뿐만 아니라 사대부들은 유람을 매우 좋아하였고, 생에 꼭 한번 해보기를 원하였다. 그리고 그 목적이 어떻든 간에 산수 유

---

39) 『春亭集』 권1, 詩 「登山題惠上人院」. "山徑迢迢半入雲 玆遊足可避塵喧".
40) 『葛川集』 권4, 附錄 「行狀」. "又於所在州縣 苟聞有名區勝境 則簿書之暇 或以杖屨 或以肩輿 逍遙倘佯 翛然有出塵之想".
41) 『簡易集』 권8, 東郡錄 「金剛山謝太熙相將到摩訶衍」. "山從水岾欲忘歸 石度黃龍爲 振衣".
42) 『河陰集』 권6, 錄 「遊周房山錄」. "恨其世冗牽魔 不得徜徉終歲於紫府之境也 山之 僧惟贊 敬成等四五人 追送我於山之洞口 仙凡一隔 雲樹萬重".

람을 기회로 세속에 찌든 마음을 씻고자 했다. 조선전기 한성판윤·공조
판서·대제학 등의 고위관직을 두루 역임했던 成俔(1439~1504)은 도성에
있던 冠岳山에 올라 속세를 떨쳐버릴 뜻을 품었다. 이후 금강산을 유람
하며 아득히 속세를 벗어난 기분을 즐겼으나, 또 다시 공무로 돌아갈 것
에 허탈해하기도 한다.43) 仁祖代에 사헌부장령·사복시정 등의 관직을
역임하다가 병자호란 때 강화도가 함락되자 무덤을 파고 노복에게 자신
을 그곳에 매장하도록 부탁한 다음 활 끈으로 목을 매어 자결했다는 유
명한 일화를 남긴 李時稷(1572~1637)은 산수에 대해서 고상한 취향을
지니고 있었다. 관직에 있으면서도 늘 깊은 골짜기를 찾고 명승지를 유
람하면서 탈속의 기분을 즐겼다.44) 金堉(1580~1658) 또한 관료생활을
하면서 병자호란을 극복하고 영의정에 올랐는데, 다난한 시기에 관직에
종사하며 공무 속에 찌들었던 속세의 마음을 반평생 소원해 마지않던 금
강산 유람으로 일거에 녹여 버렸다. 그러면서도 속세에 얽혀 있는 자신
의 신세를 한탄하며 인간세상을 벗어나 길이 淸遊하지 못하는 심사를
토로했다.45)

평생 전국을 周遊하며 지냈던 허목은 "유람을 하는 이유는 더러움에
서 벗어나 깨끗 하려 함이고, 신선을 좋아했기 때문이다."고 하여 유람이
속세를 벗어나 선계를 찾아가는 길임을 말하고 있다.46) 그러므로 당시
신선이 살고 있다고 전해지는 산을 유람하는 사람들은 어김없이 그 곳을
보고자 하였다. 당시 유토피아로 인식되고 있는 곳의 명칭은 梨花洞·食
藏山·山桃源·檜山仙界·丹丘·靑鶴洞·回龍窟 등이 있었다.47) 그리고 '烟

---

43) 『虛白堂詩集』 권1, 詩 「登冠岳山到靈珠菴」. "若爲擺去塵土累 手拾瑤草棲雲松" ;
   권3, 詩 「楡岾寺」. "紅塵催我歸期迫 迢遞淸遊是夢中".
44) 『愼獨齋全書』 권10, 行狀. "山水高趣 尋幽探勝 飄然有脫塵之相".
45) 『潛谷遺稿』 권1, 詩 「贈德海上人」. "歎我栖栖被塵縛 物外淸遊安可恒" ; 권2, 詩 「次
   僧軸五峯韻」. "半世聞靈貺 如今始一來 …中略… 塵心消已盡".
46) 『記言』 권63, 拾遺 賦 「感遊崇禎二年孟冬之月」. "余唯逸遊乎四方兮 離洓沇而瀣然
   燦然一笑而繆流兮 美往世之登儒".

霞洞'이라 칭하기도 했다.[48] 이러한 유토피아의 세계는 상상의 공간과 지리적 공간의 혼합 양상으로 나타난다. 이 중에서도 청학동은 조선의 대표적 유토피아의 지리적 공간으로 인식되고 있었다. 청학동은 靑鶴山 人이라는 仙人이 만년에 삶터를 잡았다는 곳으로 지리산이 시원도 오래되고 유명하다. 조선시대에는 청학동이라는 장소명이 전국적으로 확산되어 45곳에 달하였다.[49] 유람을 통해 탈속을 맛보고자 했던 사람들은 유토피아의 공간으로 전해지는 곳을 찾아 지상의 신선세계를 보고자 했다.

유람은 돈이 있어도 시간과 여유가 없으면 결행하기 쉽지 않았다. 특히 공무에 여념이 없는 관인들은 더욱 그러하였다. 정식으로 유람을 하려면 특별히 휴가를 내어야만 가능했는데, 조선시대 관리들에게는 공식적으로 주어지는 휴일은 '式暇'라고 하여 한 달에 3일을 선택하는 것이었다. '給暇'라고 하는 휴가제도도 있었지만 이는 대부분 집안일 등의 특별한 사유가 있었을 때만 가능하였다. 공무에 종사하면서 여러 날 걸리는 곳을 찾아 유람하기란 거의 불가능하다시피 했다. 그러므로 어떤 기회든간에 유람을 하게 되면 그 여흥을 쉬이 잊지 못하였다. 宋純(1493~1582)은 1540년 경상도관찰사 재임 시 永川 明遠樓를 유람하였다. 명원루는 신선들이 노닐다 갔다는 전설이 있는 경승지이다. 송순은 이곳을 유람하며 속세의 고뇌를 잊고 술을 마시면서 돌아가길 매우 아쉬워했다.[50] 송순과 같이 관인들은 유람이 끝날 때쯤이면 다시 속세의 일상으로 돌아가야 하는 아쉬운 심정을 나타냈다. 그리고 유람할 때에 가급적 많은 경승을 즐기고 싶어 했다. 이식은 1632년까지 대사간을 세 차례 역임하면서

---

47) 손찬식, 「청학동 시에 표상된 신선사상」, 『인문학연구』 통권68, 2012, 65쪽.
48) 『世宗實錄』地理志, 舊都開城留後司條 紫霞洞. "卽松嶽南洞 世以謂烟霞洞仙眞所居". 개성의 紫霞洞을 '烟霞洞'이라 칭하며 신선이 살고 있다 믿었다.
49) 최원석, 「한국 이상향의 성격과 공간적 특징:청학동을 사례로」, 『대한지리학회지』 44-6, 2009, 750쪽.
50) 『俛仰集』권1, 詩 「次永川明遠樓韻」. "長笛追歌送酒杯 塵世半生無一快 神淸此地 久徘徊".

관원들의 관직을 이유 없이 높이는 일 등 법도에 어긋남을 인조에게 간
하다가 노여움을 사 간성현감으로 좌천되었다. 간성 임지로 가던 중 彌
時嶺을 유람하였다. 別世界에 감추어진 선계를 많이 찾아 유람하고 싶으
나 몸이 따라주지 못함을 매우 아쉬워하고, 지나치면서 보이는 경치만으
로도 속세에 찌든 얼굴을 펴기에 족하다며 심사를 달랬다.[51]

이처럼 관인들은 어려운 기회에 먼 곳을 유람하고 돌아오면 그 아취
를 잊지 못하여 다시 유람하고 싶은 마음을 늘 품었다. 그러나 다시 기
회가 생기기란 쉽지 않았다. 그러므로 자신이 거처하는 가까운 곳을 유
람해서라도 유람의 기분을 다시 즐겨보고자 했다. 이정구는 1603년 예
조판서를 지내면서 咸興府에 있는 和陵[52] 수리에 奉審禮官으로 참석하
였다가 돌아오는 길에 금강산을 유람하였다.[53] 금강산을 유람하고 도성
에 돌아온 직후 그 흥취에서 벗어나지 못하였다. 때마침 三角山 重興寺
의 노승 釋性敏이 沙彌僧 天敏에게 서신을 보내 유람 올 것을 청했다.
석성민은 이정구의 벗이었다. 삼각산을 유람하면서 산중에서부터 하산
하여서 까지 유흥을 벌였다.[54] 이정구는 삼각산의 흥취가 가시지 않아
산에서 내려와 도성 문이 닫히기 직전까지 餘興을 즐기다 만취해서 집
에 돌아갔다.

관인들에게 지방의 관찰사나 수령 등 외관직으로 보임되는 것은 유람
을 할 수 있는 좋은 기회였다. 임지를 순회하면서 주변의 경승지를 유람
할 기회가 많았으므로 지방관 부임을 평소 가보기 힘든 곳을 두루 유람
할 수 있는 기회로 삼았다. 특히 당대 유람지로 명성이 높았던 명산이

---

51) 『澤堂集』 권5, 詩 「彌時坡嶺」. "別是一區實 將窮觀覽富 豈計腰脚頑 時時領奇絶 且
    爾開塵顔".
52) 이성계의 부친인 李子春의 묘.
53) 『月沙集』 권38, 記 「遊金剛山記」.
54) 『月沙集』 권38, 記 「遊三角山記」. "余與諸君 赤足踏流 解衣坐石 行廚迭薦 看核狼
    藉 或流觴競飮 或擧網得魚 子齊折楓枝揷頭上 余摘菊花泛酒杯 醉後樂甚 拍手踏足
    淸絃妙曲 較工爭奇 皆千古希聲 …中略… 醉不知返 及到家夜已三鼓".

있는 군현 지방관들의 유람이 잦았다. 1548년 이황은 丹陽수령으로 재
직할 때 흉년과 기근으로 본격적인 지역 유람이 여의치 못하자『여지승
람』과 전대의 기록을 참고한 후 기민구제 차 왕래하면서 몇 곳을 골라
잠시 들려 유람하기도 했다.55) 張維(1587~1638)는 許啓(1594~?)의 강원
도 고성군수 부임을 금강산이 있는 고을에 휴가를 떠나는 것으로 비유하
고 있다. 그간 중앙의 관리로 번잡한 공무를 처리하느라 시름 푼 적이
없었으니, 고을 다스리는 일은 여사로 하고 선경이나 유람하면서 탈속이
나 즐기다 오라는 것이다.56) 金尙憲(1570~1652)도 1629년 강원감사로
있던 尹履之(1579~1668)에게 공무를 볼 때에 유람에 현혹되지 말 것을
비유적으로 말하였다. 김상헌은 자신보다 먼저 강원감사로 부임하여 관
동유람의 기회를 얻은 윤이지를 매우 부러워하고 있다. 특히 강릉의 경
포는 선계에 든 것 같은 즐거움이 있고, 바다와 산은 흥이 나서 미칠 정
도의 경관을 가지고 있어 철석같이 굳은 마음도 흔들어놓을 수 있는 곳
이라 하고 있다.57) 이는 비록 외관직으로 나가는 지인들에게 전별의 뜻
으로 써준 글이지만 실제로 지방관들은 보임지 순회의 기회나 공무에 여
가가 나면 유람을 하며 탈속의 기분을 즐겼다.58)

관인들의 일상 속에는 권태로움이 상존해 있기 마련이었다. 공무를
잊기 위해 행하는 유람에서 음주가무를 통해 醉仙의 기분을 즐기는 것
은 빼놓을 수 없는 풍류였다. 周世鵬(1495~1554)·李賢輔(1467~1555)·조
식과 같은 巨儒들도 유람 중에 음주가무의 풍류를 즐겼다. 사대부와 관

---

55)『退溪集』권42, 記「丹陽山水可遊者續記」.

56)『谿谷集』권31, 七言律詩「送許沃余出守高城」. "米鹽朱墨苦埋頭 休沐何曾得散愁
忽趁秋風向楓嶽 好尋三日到仙洲 永嘉山水延康樂 八詠樓臺待隱侯 餘事不妨治郡課
吏肥民瘦豈須憂".

57)『淸陰集』권2, 七言絶句「贈關東按使尹仲素」. "鏡浦仙遊樂未央 海山佳興欲淸狂
江陵自古風流地 好試平生鐵石腸".

58) 관인들의 유람은 이상균의「조선시대 사대부의 유람양상」(『정신문화연구』34권4
호, 2011)을 참조.

인들의 유람기록에는 악공과 기생을 데리고 다니면서 술을 마시며 풍류를 즐기는 대목을 자주 찾아 볼 수 있다.[59) 柳夢寅(1559~1623)은 龍城縣監에 재수되어 순천부사 柳永詢(1552~1630)과 지리산 유람하였는데, 출발하면서부터 주흥을 크게 벌였다.[60) 유람 시 흥을 더욱 돋우기 위해 악공과 기생을 세트로 갖추어 데려 가기도 했다. 1618년 三南의 討捕使로 와있던 趙纘韓(1572~1613)은 남원에 살던 형 趙緯韓(1567~1649)과 지리산을 유람하였다. 기생들을 데리고 다니면서 사찰에서 유흥을 벌였다. 이때 慶尚兵使 南以興(1576~1627)이 함께 했는데, 진주기생 7명을 데리고 왔다. 지리산 神興寺에서 잔치를 열었는데, 노래와 북소리가 질탕하게 울려 퍼지고 곱게 화장한 기생들이 열을 지어 노래하고 춤을 추었다고 한다. 산속에서 술자리가 만들어질 때면 악공들에게 피리를 불게하고 기생에게 춤을 추게 하였다.[61) 관인들의 유람은 대부분 혼자 하는 것 보다 지인들과 함께하거나 수행원들을 거느리고 즐겼으므로 술로 회포를 푸는 경우가 많았다.

그러나 관인들이 공무 시 사사로이 드러내 놓고 유람하는 것은 허용되지 않았다. 정조대 평안도관찰사 朴宗甲(1742~1799)은 의주에 水災가 난 후에 여러 날 동안 묘향산을 유람하느라 피해 보고를 지체하여 비변사에서 삭직을 啓請하기도 하는 등[62) 관인들의 사사로운 유람은 허용되지 않았다. 특히 觀察·黜陟이 고유 업무였던 관찰사들이 순력을 유람의 기회로 삼는 경우가 많아서 孝宗과 정조대에는 관찰사들이 府內를 유람하는 폐단이 지적되기도 했다.[63) 관찰사들은 지방 수령들에게 최고의

59) 유람에서의 사대부들이 즐겼던 풍류의 사례와 내용은 이상균의 「조선시대 사대부 유람의 관행 연구」(『역사민속학』 38, 한국역사민속학회, 2012)를 참조.

60) 『於于集後集』 권6, 雜識 「遊頭流山錄」. "戊辰 復會于始約之地 紅粧歌管酬暢 至夜分仍宿于溪堂".

61) 『玄谷集』 권14, 錄 「遊頭流山錄」. "登樓開宴 歌鼓震蕩 列隊紅粧 更唱迭舞 夜深月明 大醉而罷".

62) 『正祖實錄』 권45, 20년 9월 丙午.

公賓客이었다. 관찰사들은 수령의 감찰권한과 고과에 대한 포폄권한을 가지고 있었다. 관찰사들이 출척을 빌미로 유람하는 경우가 많았는데, 이를 수령들이 수행하고 준비하였던 것이다.

특히 高官들의 유람에는 營繕이 이루어졌고, 수령을 맞이하는 관례로 관기와 악공을 동원하여 부내의 산을 유람하는 경우도 있었다. 조선후기 학자 申弘遠(1787~1865)이 주왕산을 유람할 때 甌巖에서 길이 끊어지자 巡察使가 지나간 뒤에 사다리를 놓아 건널 수 있었는데, 지금은 고관의 유람이 없어 지나갈 수 없는 형편이라고 상황을 설명한다.[64] 관원들의 유람에 길을 수리했던 관행이 있었음을 알 수 있는 내용이다. 또한 경상도관찰사 尹光顔(1757~1815)이 순력을 빌미로 지리산을 유람할 때 함양군수 南周獻(1769~1821), 진주목사 李洛秀(?~?), 산청현감 鄭有淳(?~?)이 관찰사 接賓을 위해 동행했었는데, 남주헌은 이때 동원된 인원도 대규모였고 매우 요란스러웠다 적고 있다. 또한 상봉의 정상에는 관찰사를 위해 몇 칸의 초가집 같은 처소를 만들고 여러 수령들의 쉴 곳을 지어 놓았다고 했다.[65] 청송의 주왕산은 부사가 부임하면 관기를 동원하여 유람하는 관례가 있었다. 그래서 주왕산에는 '官遊嶺'이라는 명칭이 있는 고개가 있다. 조선후기 학자인 金宗德(1724~1797)이 주왕산을 유람하면서 이러한 관례를 상고했고, 자신 또한 전 청송부사 兪彦基의 초대를 받아 주왕산을 유람했을 때 기생의 소리와 管絃의 소리가 우렁찼다는 당시 상황을 기억했다. 김종덕은 수령의 이러한 관례적 유람을 풍류로 보았지만,[66] 이 보다 훨씬 전에 주왕산을 유람한 金近(1579~1656)은 이러한 행

---

63) 『孝宗實錄』 권6, 2년 6월 辛亥 ; 『正祖實錄』 권29, 14년 2월 甲子.
64) 『石洲集』 권6, 雜著 「遊大遯山記」. "莫之可何 記昔數次來時 値巡使過後 有浮梯可接 今無復有大官遊者 宜勢有所不可階而升也".
65) 『宜齋集』 권11, 記 「智異山行記」. "峯頂元無房壁 而爲巡行宿所 如靈神臺之構數架草屋 亦構諸守宰所歇處 動巖馬川兩面之民 而六十年 三有之擧 方春民力益覺勞瘁".
66) 『川沙集』 권17, 記 「玉溪遊山錄」. "前府伯兪公彦基 邀余遊于此 大張聲妓 管絃轟夏 唱然而歎曰 從今呼峴 爲官遊嶺".

태들을 비판했다. 유람의 풍류가 방탕한 가운데 시를 바위에 새기고, 또 바위에 기생들과 나란히 이름을 새기는 것을 비판하고 있다.67)

김종직은 함양군수로 있을 때 지리산을 유람하고 마을에 돌아오자 고을의 父老들이 "사또께서 탈 없이 구경하고 오신 것을 치하 드립니다." 라는 소리를 듣고서야 비로소 백성들이 일을 팽개치고 놀기만 한다고 허물하지 않은 것을 기뻐했다.68) 함양군수 남주헌도 유람을 마치고 돌아왔을 때 父老들이 길에 담처럼 둘러서서 "군수께서는 유람하시면서 별탈이 없으셨는지요?"라고 안부를 전하였다. 남주헌도 이 인사를 받고서야 안도하는 마음이 들었다고 한다.69) 백성들이 수령이 유람이나 하면서 일을 하지 않는다고 비판하지 않는 것을 알고 비로소 안도하는 마음이 든 것이다.

이와 같이 관인들은 산수 유람을 통해 탈속을 즐기고자 했다. 그러나 벼슬을 그만두지 않는 한 바쁜 일상 속에서 유람을 결행하기란 매우 힘들었다. 그러므로 공무 중 여가가 생기거나 부내의 순회와 같은 명분으로 유람을 통해 탈속의 기분을 즐겼다. 공무 중 사사로운 유람이 금지되어 있었지만 휴가도 내지 않고 유람을 하고자 했던 것은 관인들의 탈속의지가 그만큼 강했던 것을 보여주는 것이기도 하다. 즉, 공무에서 받은 스트레스를 산수 유람을 통해 탈속의 기분을 즐기면서 해소하고자 했던 양상을 잘 보여준다.

---

67) 『五友堂集』 권4, 記 「遊周王山日記」. "其視諸風 流蕩佚 歌管噉噪 留題壁上 姣女聯名者[石間實有]".

68) 『佔畢齋文集』 권2, 「頭流紀行錄」. "父老數輩 迎拜道左云 使君遊歷無恙 敢賀 余始喜百性不以優遊廢事罪我也".

69) 『宜齋集』 권11, 記 「智異山行記」. "父老圍之如堵 迎拜路左曰 使君遊歷 無恙乎 余始喜 百姓不以優游廢事咎我也".

4. 관인들의 지리산 유람벽

조선시대 사대부들은 산수를 매우 사랑하여 고치지 못할 고질병이 든 것과 같은 山水癖을 가지고 있었다. 산수벽은 번다한 일상에서 벗어나 자연에 귀의하여 自適하고자 하는 탈속의 의미도 함께 지니고 있는 것으로, 사대부들의 고질병이자 버리지 못하는 신념과 같은 것이었다. 그러므로 관료들이 국왕에게 사직 疏를 올릴 때도 그 이유 중 하나로 산수 벽이 있음을 꼽고, 산수에 은둔하여 살 뜻을 밝혔다. 成宗代 공조정랑 成聃年은 병을 이유로 사직하는 소를 올릴 때에 煙霞의 고질병이 있어 벼슬을 버리고, 장차 산수에 은둔하여 한평생을 마치고자 하는 뜻을 밝혔다.70) 반대로 국왕이 은둔해 있는 신하로 하여금 관직에 다시 복귀하도록 下書할 때도 煙霞의 뜻을 버리라는 내용들을 볼 수 있다.71)

사대부와 관인들이 산수벽을 해소하는 것은 아예 산수에 은둔하거나 그렇지 않으면 시간을 내어 산수를 유람하는 것이었다. 광해군대에 공조 정랑을 지냈던 李義健(1533~1621)은 젊은 시절부터 산수벽이 있어 금강산을 유람하며 아름다운 경관을 만나면 그 속에 심취하여 속세로 돌아갈 것을 잊곤 하였다.72) 이식은 평생 산수벽이 있었음에도 감옥 속에 갇힌 듯 세속의 벼슬살이에 얽매이다 간성현감으로 보임하여 금강산을 유람하면서 산수벽을 해소했다.73) 즉, 대부분의 관인들은 산수벽을 해소하고 탈속의 기분을 느끼고자 유람을 즐겼다. 그러므로 상시 유람을 소망하거나, 혹은 유람을 다녀온 곳을 못 잊어 늘 맘속에 그리며 기회가 되면 또다시 유람하고 싶어 했다. 산수를 그리워하는 병은 유람벽으로 이어졌

---

70) 『成宗實錄』 권112, 10년 12월 己未.
71) 『宣祖實錄』 권146, 35년 2월 戊寅.
72) 『象村集』 권25, 墓碣銘 「峒隱李公墓碣銘」. "唯酷愛名山水 少遊楓岳 白雲諸山 遇 佳境 脩然忘返".
73) 『澤堂集』 권5, 詩 「曺溪觀瀑漲」. "平生山水癖 守官類拘囹 沿洄快心賞".

다. 공무에 골몰하며 탈속을 즐기고자 했던 관인들에게 유람은 늘 맘속
에 품고 있던 벽이었다.

김창협은 청송부사 시절 영의정을 지냈던 아버지 金壽恒(1629~1689)
이 己巳換局으로 사사되자 벼슬을 버리고 경기도 포천에 은둔하였다.
1694년 甲戌獄事 이후 아버지가 신원됨에 따라 예조참판·대제학·예조
판서·지돈녕부사 등에 임명되었으나 모두 고사하고 학문에만 전념하면
서 산수를 소요하였다. 정조가 북한산 重興寺에 올라 그의 시를 차운하
면서 산수벽이 있었던 인물로 평가하고 있다.[74] 김창협은 젊은 시절 두
번 유람한 금강산을 항상 마음에 두고, 늙고 병이 들어서도 그리워하며
다시 가보고 싶은 마음을 버리지 못하였다.[75] 금강산 유람벽을 평생 간
직하고 살았다. 김창협의 동생인 김창흡도 유람벽이 심하였다. 天磨山·
寒溪山·萬德山·俗離山 등을 유람하고 금강산은 세 차례나 유람하였다.
조선후기 학자 河益範(1767~1815)도 유람벽이 있었다. 과거를 포기하고
爲己之學에 전념하면서 전국을 유람하며 지냈다. 지리산을 유람하고 지
은 「遊頭流錄」 서두에 자신이 유람했던 곳을 나열해 놓았다.[76] 고종 초
에 좌의정까지 올랐던 관인 李裕元(1814~1888)도 유람벽이 심하였다.
관직에 종사하면서 40년 동안 경기·관서·관동·영남·호남·호서·해서 등
에 있는 경승지 곳곳을 유람하였다. 대부분 지방관에 있으면서 유람한
것이다. 그가 지은 「春明逸史」에 자신의 유람을 술회하면서 개략적으로
나열한 유람지만 60여 곳이 넘는다.[77] 유람벽이 있었던 사람들은 산수
에 취해 수차례 유람을 다니기도 하고, 다녀온 뒤로 감흥을 잊지 못하고
그리워하며 다시 유람 길에 올랐다.

---

74) 『弘齋全書』 권2, 春邸錄 詩 「過重興寺次農巖韻」. "忽憶農巖山水癖".
75) 『農巖集』 권22, 序 「送李瑋遊楓嶽序」. "蓋余於金剛 凡兩游 而皆有遺恨矣 以故意
    中常 耿耿 每遇秋風起 馬首欲東者數矣 旣老且病 此意猶不衰".
76) 『士農窩集』 권2, 雜著 「遊頭流錄」.
77) 『林下筆記』 권26, 春明逸史 「名山歷覽」.

사대부를 비롯한 관인들
의 유람벽을 더욱 깊게 만들
었던 산은 三神山이었다. 삼
신산은 일찍부터 선경으로
알려졌고, 사람들이 유람을
소망했다. 조선시대에 만들
어지는 「天下圖」에 삼신산이
표시되어 있을 만큼 동방의
仙界로 유명하였다. 조선후
기 문신 成大中(1732~1809)
은 "금강산은 기이하고 변화
무쌍한 것이 釋迦와 같고, 지

<그림 2> 「天下圖」, 조선, 국립중앙도서관

리산은 넓고 크며 활달한 것이 孔子와 같고, 한라산은 높고 험하며 홀로
솟은 것이 魯仲連과 같다."고 삼신산을 성현에 비유했다.[78]

　삼신산 중에서도 금강산에 대한 유람벽이 가장 심하였고, 다음이 지
리산이었다. 한라산은 바다를 건너야하는 지리조건으로 유람하기 어려
웠다. 조선후기 학자 申命耆(1666~1742)는 삼신산 중에 한라산은 탐라
의 벼슬을 하는 자가 아니고서 바다건너 그곳을 유람했다는 사람을 세상
에서 본적이 없다고 했다.[79] 그만큼 한라산은 지리적 여건으로 명성에
비해 유람하기 어려웠다. 그러므로 조선시대에 창작된 산수유기의 양도
금강산과 지리산이 월등하게 많다.

---

78) 『靑城雜記』 권5, 「醒言」. "金剛瑰奇變眩如釋迦 …中略… 智異博大通濟如孔子 …
中略… 漢拏高崒獨峙如魯連". 魯仲連은 戰國時代 말기 齊나라 사람이다. 魯連으로
도 불리고, 존칭으로 魯仲連子, 魯連子로 불린다. 田單을 도와 齊나라를 復興 시켰
다. 최후에 東海에 은거했다고 전한다(『史記』 권83, 魯仲連鄒陽列傳).
79) 『南溪集』 권3, 錄 「頭流日錄」. "漢拏遠在萬里滄溟中 靈區異境怳疑仙眞之所萃 而
非受命于 朝係官于耽羅者 航海遊覽世未見其人矣".

당시 사람들 사이에서 금강산을 유람하는 것은 仙籍에 이름을 올리는 것이라 할 정도였다.[80] 고려말의 문신 이곡은 금강산을 유람하면서 평생의 소원을 다 풀었다고 술회할 정도였다.[81] 麗末鮮初의 문신이었던 權近(1352~1409)은 금강산이 지척에 있음에도 명예에 얽매이고 世利에 팔려 한 번도 가보지 못함을 한스러워 하며, 항시 가보고 싶은 뜻을 품었다.[82] 鄭恢(1642~?)은 통천수령으로 가서 금강산을 유람했는데, 그 전에 이미 두 차례 유람했음에도 통천수령으로 발령 받은 김에 또다시 금강산을 유람하였다.[83] 또한 조선말기의 문신 李南珪(1855~1907)가 통천수령으로 가는 沈士凡에게 보낸 글의 내용을 보면 "비록 고지식한 유학자나 속된 선비라 하더라도 목을 빼고 동쪽을 바라보면서 여윈 나귀와 從僕을 데리고 그 사이를 한번 유람하길 원하므로 통천군수로 나가기를 크게 원하고 있다."[84]고 한 것으로 보아 금강산 유람벽은 조선 말기에도 수그러들지 않고 있음을 알 수 있다.

지리산도 금강산에 버금가는 명산이었다. 고려 때에는 삼각산·松嶽山·鼻白山과 더불어 四嶽神의 하나였다. 조선 太祖代에 지리산과 晉州의 城隍은 護國伯에 봉해지고,[85] 太宗代에 백두산·금강산·묘향산·삼각산과 함께 국가에서 산천제[中祀]를 지내던 五嶽 중 南嶽에 해당되었다.[86] 1466년(세조 11) 대사헌 梁誠之(1415~1482)가 실록 등을 명산에 보관하여야 한다며 전주사고를 남원의 지리산으로 옮기자고 상소하기도

---

80) 『白湖全書』 권34, 雜著 「楓岳錄」. "世云遊楓岳者 謂可以登名仙籍".
81) 『稼亭集』 권6, 律詩 「天磨嶺上望金剛山」. "一望平生心已了".
82) 『陽村集』 권17, 序類 「予幸生此國 距此山不數百里 繫縛名韁 奔走世利 曾不得一往觀之 然欲飄然高蹈之志 未嘗不往來於胸中也".
83) 『農巖集』 권25, 題跋 「題鄭可叔恢四游錄後」. "今觀可叔此錄 於金剛旣再游 …中略… 可叔今又作宰通川 通在東海之上叢石之傍 去金剛不百里而近".
84) 『修堂遺集』 권5, 序 「送沈士凡守通川序」. "雖拘儒俗士 無不引首東望 思得以疲驢短僕 一遊其間 通之爲出宰者所大願".
85) 『太祖實錄』 권3, 2년 1월 丁卯.
86) 『太宗實錄』 권28, 14년 8월 辛酉.

할 만큼 명산으로 인지도가 높았다.[87] 그러므로 肅宗代에는 사헌부에서 일국의 명산인 지리산을 보호해야 한다는 상소를 9차례 올리기도 했다. 이유는 宮에서 걷는 收租로 인해 咸陽·嚴川·馬川의 지리산이 무분별한 벌목과 火田으로 피해가 심하므로 명산 보호 차원에서 이를 금지시킨 것이다.[88] 즉, 지리산은 예로부터 聖山이자 崇山으로 신성시되었다. 허목은 남방의 산중 지리산을 가장 그윽한 神山으로 꼽았고,[89] 허균 또한 영남과 호남의 산 중 으뜸으로 꼽았다.[90] 宋光淵(1638~1695)은 1680년 지리산을 유람하고, 공자가 지리산에 올라도 천하가 크다고 여기기에 부족할 것이라 하면서 조선 제일의 산으로 칭송하였다.[91] 특히 崔致遠(857~?)의 자취를 많이 담고 있는 것으로 유명하여 유람하는 사람들은 누구든 그를 상고하며 사적을 찾아보았다.

조선시대에 들어서는 김종직·김일손·조식 등의 유람을 기화로 사대부들 사이에서 더욱 유명해져 조선후기로 갈수록 유람자들이 증가했다. 정조 때의 학자 李象靖(1711~1781)은 南冥 선생의 "천 길 봉우리 위에 옥 하나를 더 얹고[千仞峯頭冠一玉]"라는 구절을 외울 때마다 늘 꿈을 꾸듯 마음이 치달려서 지리산을 유람하고 싶었으나 그러지 못함을 탄식하기도 했다.[92] 허목은 1640년 지리산을 유람하였는데, 유람한지 30년이 지났어도 지리산을 다시 유람하는 꿈을 꿀 정도로 지리산을 그리워하였다.[93] 영조대의 대표적 山林의 한 사람이었던 金元行(1702~1772)은

---

87) 『國朝寶鑑』 권14, 세조 11년 11월.
88) 『肅宗實錄』 권7, 4년 4월 丁酉.
89) 『記言』 권28, 山川 「智異山靑鶴洞記」. "南方之山 惟智異最深邃杳冥 號爲神山 其幽巖絶境 殆不可數記".
90) 『惺所覆瓿藁』 권7, 文部4 記 「沙溪精舍記」. "夫所謂方丈 卽世所稱智異山也 山之磅礴鎭峙 雄於二南".
91) 『泛虛亭集』 권7, 雜著 「頭流錄」. "非但東國之爲第一山 雖以天下之大 無可等列於此山者 若使尼父登臨 則天下不足大也".
92) 『大山集』 권45, 跋 「書權上舍季周游智異錄後」. "每誦南冥千仞峯頭冠一玉之句 未嘗不神馳夢邊欲一往遊而不可得".

지리산을 보고 떠나가는 것이 아쉬워 열흘 동안 뒤척이며 잠을 이루지 못할 정도였다고 한다.[94]

　이처럼 지리산은 명산으로서의 인지도가 높았고, 사람들의 유람벽 또한 대단했다. 특히 관인들은 재력이 있어도 벼슬길에 오르면 연속적인 공무에 시달렸고, 또 어디로 부임될지 모르기 때문에 지리산은 보고 싶어도 쉽게 볼 수 있는 곳이 아니었다. 김종직은 평생토록 지리산 유람을 간절히 염원했지만 벼슬에 얽매여 가지 못하였다. 결국 함양군수로 부임하여 41세 되던 해인 1472년 소원하던 지리산을 유람하게 된다. 지리산을 유람하고 싶은 마음이 대단하여 한 차례 지리산 유람으로 "평소의 소원을 풀었다."라고 하였다. 그러나 공무에 급급하여 청학동 등을 찾아 두루 보지 못한 아쉬운 마음을 남기고 있다.[95]

　김종직과 같이 지리산 유람을 평생의 숙원으로 간직하고, 기회가 되면 꼭 한번 유람고자 하는 관인들이 많았다. 문신 朴汝樑(1554~1611)은 사간원정언·세자시강원문학 등을 역임 하였다. 만년에 벼슬을 버리고 고향 함양으로 낙향하여있을 때인 1610년 합천군수 朴明榑(1571~1639) 등과 지리산을 유람하였다. 그는 평소 지리산의 선경을 마음에 담아 두고 유람하고 싶어 했으나 벼슬살이에 얽매여 하지 못하다가 낙향하여 유람한 것이다. 하지만 마음속에 늘 담아두고 보길 소원한 神興寺·雙溪寺·靑鶴洞과 같은 선경을 이번 유람에서 보지 못한 소회를 드러내며 평생의 숙원을 풀지 못함을 탄식했다.[96] 유몽인도 용성현감으로 부임하여

---

93) 『記言』 眉叟年譜 권1, 庚辰年 ; 『記言別集』 권9, 序 「送鄭進士東岳南遊海上序」. "入智異山 觀雙溪石門 …中略… 至今三十年 時時夢寐在此間".

94) 『渼湖集』 권1, 詩 「用前韻贈敏機上人」. "方丈重回首 難爲十日眠".

95) 『佔畢齋文集』 권2, 紀行錄 「遊頭流錄」. "某生長嶺南 頭流 乃吾鄕之山也 而遊窟南北 塵埃汨沒 年齒已四十 尙不得一遊焉 …中略… 吾輩今日 蹤得登覽一遭 僅償平素之願 而繩墨忿忿 不敢訪靑鶴歷五臺 遍探幽奇焉".

96) 『感樹齋集』 권6, 雜著 「頭流山日錄」. "玆山之南 如神興 雙溪 靑鶴洞之勝 盖嘗往來于懷而不置者也 一欲搜奇訪眞 手摩雙溪石門四大字 足濯八詠樓下之淸波 喚儒仙於

1611년 오랜 숙원으로 간직했던 지리산을 유람하였다. 유몽인은 젊어서 부터 유람벽이 있어 전국 산하를 두루 유람한 인물이었다. 지리산을 유 람한 후에 자신이 본 산 중에 으뜸이라고 칭송하였다.[97]

1618년 長城郡守였던 梁慶遇(1568~?)는 지리산을 유람하려고 관찰사 에게 휴가신청을 했다 반려되자 南海郡縣의 續案 조사의 틈을 타 지리 산을 유람하였다. 양경우는 1591년 아버지 梁大樸(1544~1592)과 한차례 지리산을 유람한 적이 있었다. 다음 해에 지리산 남쪽 방향을 유람하고 자 했으나 임진왜란으로 뜻을 이루지 못하고, 그 후에는 벼슬살이에 쫓 겨 유람하지 못하였다. 이후 다시 지리산을 유람하고 싶은 간절한 마음 을 가져왔는데, 휴가신청이 반려되자 속안을 조사하는 군현에 지리산과 하루거리인 光陽縣이 포함되어 있는 것을 기회로 다시 유람하였다. 그는 유람기록 말미에 다음과 같은 내용을 기술하여 지리산에 대한 애착과 유 람의 아쉬움을 표현했다.

> 현달과 은둔의 出處와 자신을 드러내고 감추는 것이 비록 때에 따라 경중 은 있으나 모두 자연에 대한 부끄러움은 면치 못할 것이다. 하물며 우리처럼 공무의 여가에 지름길을 통해 불과 3일 만에 다녀왔으니 또한 어찌 깨닫기에 족하겠는가? 돌아가 벼슬을 버리고 일에서 물러나 白雲이 서린 산수에서 노 후를 보내고 나막신과 죽장을 짚고 이 산의 봉우리와 골짜기를 두루 찾아 내 소원을 풀어야겠다.[98]

양경우의 표현은 관인들이 지리산을 유람하고 싶어 했던 간절한 심정

千古之上 乘鶴背於千仞之壁 以償吾平生宿債 而惜乎俗累塵韁 未免纏身 又加以老 將至矣 豈能保其必遂願於他年也 相與一賀之後 不能無發歎也".

97) 『於于集後集』 권6, 雜識 「遊頭流山錄」. "若余者 東區海嶽 皆入吾雙脚底 雖子長博 望之遊 吾不多讓 擧余足跡所及者 第其高下 頭流爲東方第一山無疑".

98) 『霽湖集』 권11, 「歷盡沿海郡縣 仍入頭流 賞雙溪 神興紀行祿」. "出處顯晦 雖有輕 重於一時 擧未免貽愧於林澗 況余輩夤緣公務之隙 假步山蹊 入山出山 不滿三日者 又安足道哉 行當投紱謝事 送老白雲之邊 棕鞋竹杖 遍尋此山之峯壑 以畢余志焉".

을 잘 나타내 고 있다. 특히 관인들은 대부분 양경우와 같이 공무에 틈을 내어 지리산을 유람했기 때문에 유람기간이 짧았다. 오래도록 품이왔던 지리산 유람벽을 말끔히 씻어내기에는 턱없이 부족한 기일이었다. 그러므로 또 다시 지리산을 유람하길 소망하고 있다.

朴長遠(1612~1671)도 1643년 부모 봉양을 위해 安陰縣監으로 부임했을 때 지리산을 유람하였다. 한번 지리산 정상에 올라 평생의 眼目으로 마음껏 보고 가슴 속에 쌓인 회포를 다 씻어버리고 싶은 마음을 품어왔다. 벼슬에 얽매여 지리산과 인연이 없음을 한스럽게 여긴지 오래된 차에 안음현감으로 부임하게 된 것이다. 부임 초 고을에 기근이 들어 마음으로만 유람을 염원하다 풍년으로 사정이 좋아지자 벗들과 유람에 나섰다. 유람 후에 평생의 소원을 풀었다고 술회하면서 벼슬이 낮아도 지리산을 유람할 수 있는 기회를 얻어 "의금부의 관리와 같은 높은 관직도 부럽지 않다."고 했다. 간절히 염원했던 지리산 유람을 성취한 기쁜 마음을 드러냈다. 그러나 관사로 돌아오자 다시 공무에 골몰해야 하는 스트레스를 받았다.[99]

지리산을 유람한 관인들은 김종직·박장원과 같이 지리산 유람을 평생의 숙원처럼 여겨왔다. 吳斗寅(1624~1689)과 宋光淵(1638~1695)도 그러한 관인이었다. 오두인은 사헌부 지평으로 재직하던 시절 災傷을 살피기 위해 경상우도를 돌아 볼 때 진주의 田政을 마치고 목사 李尙逸(1600~1674) 등과 지리산을 유람하였다. 평생소원이었던 유람인 만큼 하산 뒤에 밀려오는 아쉽고 쓸쓸한 심정이 매우 컸다.[100] 송광연은 1679년 玉泉郡守로 부임하여 1680년 昇平府使 李益泰, 浴川縣監 李萬徵 등 지리산 인근 군현

99) 『久堂集』 권15, 記「遊頭流山記」. "思欲一入其中 仍登其上 以放吾平生之目 以盪吾八九之胸 而繫官于朝 恨無緣而至焉者久矣 …中略… 平生得意處 肯羨執金吾 吟罷歸來鈴閣 便是舊吾 愁對雁鶩行 塵土逡已滿襟矣".
100) 『陽谷集』 권3, 記「頭流山記」. "余自南來之後 嘗欲一見雙溪 以快平生願遊之志 而不可得也 …中略… 一日之間 仙凡懸殊 回首雲山 不能無悵然之懷".

의 수령들과 함께 유람에 나섰다. 이들은 서로 서신을 주고받으며 공무
를 보는 여가에 함께 모여 유람하며 교유하기를 약속했던 것이다. 송광
연은 이때 지리산의 落照를 보고 감탄하며 평생 바라던 소원을 성취하
였다고 말한다. 그리고 자신들은 각자 관직이라는 세상사의 걱정거리가
있어 한가히 마음 내키는 대로 구애받음이 없이 살지 못함을 탄식하며
煙霞와 猿鶴을 하직해야 하는 아쉬움을 금치 못하고 있다.101) 송광연 역
시 짧은 지리산 유람에 대한 미련이 매우 크게 남았다.

남주헌도 서울에 살면서 지리산을 유람하지 못하는 것을 늘 안타깝게
여기던 차에 함양군수로 부임하였다. 그러나 경내에 지리산이 있음에도
공문서 속에 파묻혀 바쁘게 지내느라 1년이 지나도록 유람하지 못하여
애를 태우고 있었다. 그러던 차에 관찰사 윤광안이 편지를 보내 진주에
서 만나 산을 함께 유람하자고 청하였다. 윤광안이 도내를 관찰하면서
진주에 들러 지리산을 유람하고자 했기 때문이다. 그의 표현에 의하면
관찰사의 편지를 읽고 "시위를 떠난 화살처럼 마음은 이미 지리산으로
달려가고 있다."고 한다.102) 지리산 유람에 대한 염원이 얼마나 간절했
는지를 잘 보여 준다.

이처럼 조선시대 사람들에게 지리산은 생에 꼭 한번 보고 싶은 명산
으로 유람벽을 불러일으키는 산이었다. 더구나 공무에 쫓기던 관인들이
일상에서 벗어나 탈속의 기분을 즐기기에 신선이 산다는 지리산만한 곳
이 없었다. 그러나 관인들에게 지리산은 맘속으로만 생각하고 멀리서만

---

101) 『泛虛亭集』 권7, 雜著 「頭流錄」. "而落照則此日初見 亦可以償平生之願 …中
略… 而各有百里之憂 與漫浪閒人 遺落世事者有異 不得不自此復尋官路 回首雲
山 不堪辭煙霞謝猿鶴之懷矣".

102) 『宜齋集』 권11, 記 「智異山行記」. "余生長京師 其距爲八百里 年且四十 尙恨不得
一游 昨年 得符咸陽郡 山在封內 爲方丈主人 而簿書倥傯 殆一幕 又不得一遊 只
褰簾望蒼翠而已 觀察使尹復初光顔 書我共陟 要自晉州相會 余於是 蹶然神往 有
若離弦之矢".

바라볼 뿐 쉽게 유람할 수 있는 산이 아니었다. 그래서 지리산과 연접한 군현의 수령으로 부임하거나 공무 차 지나가는 것은 평생의 숙원처럼 여겼던 지리산을 유람할 수 있는 호기였다. 공무에 기회가 생기면 지리산을 유람하고 탈속의 기분을 느끼며 유람벽을 해소하였다. 하지만 관인들은 시간적 여유가 많지 않았으므로 지리산 유람은 대체적으로 2~4일 정도로 짧았다. 지리산은 몇 일만에 모두 볼 수 있는 산이 아니었다. 그러므로 관인들의 지리산 유람은 늘 아쉬운 소회로 남았고, 언젠가 또 찾아야겠다는 유람벽을 다시금 불러일으켰다.

5. 맺음말

조선시대 사대부들 대다수는 출사하여 관료가 되고자 하는 목적을 가지고 있었다. 그러나 관인의 생활은 녹녹치 않았다. 격무에 시달리는 스트레스의 연속이었다. 이러한 가운데 관인들은 바쁜 일상에서 벗어나고자 하는 탈속의지를 상시 표출하였다. 모든 것을 털어버리고 귀거래 하지 못하는 처지를 스스로 하소연하기도 했고, 여가에 거주지에서 가까운 산수를 찾아 잠시나마 탈속의 기분을 즐기며 돌아왔다.

관인들이 탈속을 즐기기 위해 가장 많이 선호한 공간은 산수였고, 유람을 통해서였다. 하지만 재직 중에는 그만한 여유를 가지기 힘들어 遠遊는 거의 불가능 했다. 연속적인 스트레스에 골몰했던 관인들은 산수벽을 관념처럼 지니고 살았다. 번다한 일상에서 벗어나 자연에 귀의하여 자적하는 安分의 삶을 이상으로 여겼다. 그러므로 관인들의 산수 유람 열망은 다른 부류보다 매우 컸다. 잠시라도 기회가 생기면 산수를 유람하며 탈속의 기분을 즐겼고, 그 기분을 잊지 못하여 또 다시 유람하고자 하는 유람벽으로 이어졌다.

관인들의 산수 유람벽을 더욱 깊게 만들었던 산 중의 하나는 신선세계로 유명했던 지리산이었다. 조선시대 지리산은 모든 사대부들이 생에 꼭 한번 보고 싶어 하는 명산으로 유람벽을 불러일으켰다. 더구나 관인들이 탈속의 기분을 즐기기에 지리산만한 곳도 없었다. 그러나 관인들에게 지리산은 쉽게 유람할 수 있는 산이 아니었다. 그래서 지리산과 접해 있는 군현의 수령으로 부임하거나 공무 차 지날 기회에 짧게나마 지리산을 유람하고, 평생의 숙원처럼 여기며 갈망했던 지리산 유람의 積翠를 풀었다. 하지만 지리산은 몇 일만에 모두 볼 수 있는 곳이 아니었다. 관인들의 지리산 유람은 늘 아쉬운 소회로 남았고, 언젠가 또 찾아야겠다는 유람벽을 다시금 불러일으켰다.

지금까지 살펴본 내용은 몇몇 관인들의 단편적인 사례를 분석해 일반화 시킨 것으로 향후 좀 더 다양한 인물들의 성향과 사료를 보완해야 할 과제가 남아있다. 그러나 이러한 연구의 시도는 조선시대 관인들이 상시 지녔던 탈속관념 속에서 선산으로 칭해졌던 지리산이 차지했던 의미를 부여해 보고, 유람 명소로 각광받을 수 있었던 추가적 원인을 밝히는데 일조할 수 있을 것이다.

제2편

유람문화가 탄생시킨 명소와 명승

제1장 유람전통에서의 人物名所 烏竹軒의 탄생

1. 머리말

사대부들은 풍류를 즐기며 文氣를 함양하거나 성리학적 입장을 견지하여 구도의 체득을 위한 방편으로 유람을 행했다. 또한 역사현장을 살피고 선현의 자취를 체험하기도 했다.[1] 사대부들에게 유람은 의미 있는 문화행위였다. 이러한 기저 속에 사대부들이 유람지에 있는 명현의 자취를 찾는 것은 공통적으로 나타나는 유람문화의 한 단면이자 전통이었다. 이 유람전통이 가장 잘 드러나는 것은 淸凉山과 智異山 유람에서였다. 청량산은 李滉, 지리산은 曺植 등 당대 巨儒가 그 산을 애호하고 유람했을 뿐 아니라 산록에서 학문을 닦고 후학을 양성하던 곳이었다. 이 산들은 수려한 경승 자체만으로도 유람객을 들끓게 하는 매력이 있었다. 그러나 이황과 조식이 있은 이후 두 산의 유람객들은 이들의 자취를 반드시 찾았고, 반대로 이황과 조식의 자취를 찾기 위해 두 산을 유람하기도 했다. 청량산과 지리산은 두 거유로 인해 세간에 더욱 알려지는 동시에 인물명소로도 부각되었다.[2] 당시 청량산과 지리산 이상의 인물명소로 부각된 곳이 바로 李珥가 탄생한 강릉의 烏竹軒[3]이었다.

---

1) 이상균, 「조선시대 사대부의 유람 양상」, 『정신문화연구』 34-4, 2011.

2) 이상균, 「조선시대 유람을 통한 사대부의 교유양상」, 『사학연구』 106, 2012.

3) 오죽헌은 강릉시 죽헌동에 소재하고 있다. 조선전기에 지어진 사대부가의 별당으로 신사임당이 이이를 낳은 집으로 유명하다. 오죽헌에 신사임당이 이이를 낳은 夢龍室이 있다. 오죽헌은 조선전기 문신이었던 崔致雲(1390~1440)이 처음 지은 것으로 전한다. 최치운의 아들 崔應賢(1428~1507) 이후 사위[딸]에게 2번의 상속과

오죽헌은 申師任堂(1504~1551)의 친정으로 당시 壻留婦家의 유습에 따라 신사임당이 이이를 낳은 곳이고, 이이가 유년시절을 보낸 곳이었다. 이후 이이가 장성하여 외조모 龍仁李氏(1480~1569)를 배알하기 위해 오죽헌을 자주 오갔다.4) 그러나 이이가 강학하며 후학을 양성한 곳은 아니었다. 강릉은 이이의 탄생지인 연고로 鄕中士林이 이이를 추숭하고 그의 학풍을 계승하려는 일련의 노력들을 전개해 왔고, 그 전통은 현재에도 지역에서 꾸준히 이어나가고 있다. 하지만 조선시대의 강릉은 嶺南學派와 같은 거대학맥의 발상지가 된 청량산과 지리산 일대의 지역과는 비교되지 않을 만큼 이이의 學統과 관련된 대외적 인지도는 매우 부족한 지역이었다. 오죽헌이 인물명소로 탄생하게 되는 것은 청량산이나 지리산과는 다른 장소적 의미와 동기를 가지고 있었다.

청량산과 지리산 유람객들이 이황과 조식 등의 자취를 얼마나 많이 찾았는가에 대한 통계적 수치는 제시할 수는 없으나, 이곳을 유람하고 남긴 산수유기와 그 내용을 통해 두 산이 인물명소로 호황을 이루었던 점이 파악 가능하다. 필자는 그간 조선시대 국내 산수유기 1,100여 편을 발굴, 작성 시기를 분석하여 조선시대 유람의 유행 시기를 제시한 바 있다. 이 연구 속에서 청량산과 지리산이 인물명소로 부각되었음도 아울러 밝혔다.5) 그러나 이는 청량산과 지리산 산수유기의 작성 시기와 산수유기 수, 그 내용을 검토하여 인물명소로 부각되었음을 밝힌 것이지 실제 유람객과 방문객 추이를 분석한 것은 아니다. 물론 그러한 사료가 없었기 때문이다. 이해 반해 오죽헌은 『尋軒錄』이라는 방명록이 현존하고

정을 거쳐 이이의 姨從弟인 權處均(1541~1620)이 상속받았다. 오죽헌이라는 宅號가 생긴 것도 권처균이 현 오죽헌에 살면서 집주위에 검은 대나무가 많아 자신의 호를 오죽헌이라 한데서 비롯되었다.
4) 이상균, 「강릉 오죽헌의 조선시대 사회적 의미」, 『문화재지』 48-2호, 2015, 71~73쪽.
5) 이상균, 「조선시대 유람문화 연구」, 강원대학교 박사학위논문, 2013.

있어 일정시기 얼마나 많은 사람들이 오죽헌을 방문했는지에 대한 보다 실증적인 추이 파악이 가능하다. 『심헌록』에 대한 자세한 서지사항은 후술하겠으나, 여기에는 1662년부터 1932년까지 270여 년 동안 오죽헌을 방문한 1,149명의 이름이 기록되어 있다. 이 방명록을 통해 오죽헌은 조선중기부터 많은 사람들이 방문한 인물명소로 부각되기 시작했음을 실제 방문한 사람의 수로 알 수 있다.

특히 『심헌록』에서 파악되는 오죽헌 방문객의 증가요인이 청량산·지리산과는 크게 다른 특징을 보인다는 점이다. 이황과 조식이 이 산에 있은 후, 사람들은 이 산을 유람하고 방문하게 되는 원인 중 가장 우선적인 것이 이황과 조식의 자취를 찾고자 하는 것으로 나타난다. 여기에 반해 오죽헌 방문자 대부분은 오죽헌을 보기 위해 관동유람을 온 것은 아니었다. 관동유람을 온 와중에 유람지에 있는 성현의 유적인 오죽헌을 방문하는 것이다.

『심헌록』은 학계와 대중에게 소개된 지도 오랜 시간이 지났다. 그러나 이 문건의 서지사항도 밝혀지지 않았고, 문건이 지니고 있는 가치분석을 통해 오죽헌의 史的 의미를 밝힌 연구는 전무하다. 오죽헌은 그 유명세에 비해 『심헌록』 뿐만 아니라 지금까지 제 분야의 연구는 매우 미진한 편이다. 오죽헌의 실측과 정비,[6] 연혁과 현황,[7] 조선시대 상속과 봉사제의 변천 속에서 오죽헌의 의미,[8] 신사임당과 이이를 포함한 家系 인물의 예술·학문·사상 등을 연구하면서 오죽헌을 개략적으로 소개하는 데 그치고 있다.[9]

---

6) 문화재청, 『강릉 오죽헌 실측조사 보고서』, 2000 ; 장지정·한동수, 「박정희 대통령 재임시기의 문화정책과 문화재 정비에 관한 연구」, 『대한건축학회 학술발표대회 논문집』 33-1, 2013.
7) 강릉시, 『강릉 오죽헌』, 1998.
8) 이상균, 앞의 논문(2015).
9) 이와 관련된 연구 성과는 『신사임당 가족의 시서화』(강원도·강릉시·관동대학교 영동문화연구소, 2006), 『율곡학연구총서』(율곡학회, 2007)에 집약되어 있다.

현재에도 조선시대의 인물을 통해 인물명소로 부각되어 방문객이 호황을 이루는 유적지 등이 많다. 오죽헌은 현재 이이의 자취를 보고자 연간 70~90만 명이 방문하는 인물명소다.[10] 이러한 유명세는 하루아침에 생겨난 것이 아니다. 조선시대부터 이어져온 전통이었던 것이다. 오죽헌뿐만 아니라 이러한 인물명소들은 전국 곳곳에 산재해 있다. 그러나 이러한 명소가 생겨나게 되는 역사적 요인과 그 내력 고찰을 시도한 연구는 없는 실정이다. 조선시대 유람문화는 문화행위로 그치지 않았다. 산수유기와 기행사경도 같은 수많은 문학·예술작품, 산수 속의 암각자 등의 문화자취를 만들어 냈다.[11] 특히 인물명소가 되려면 관련 인물이 유명해야 하고, 많은 사람들의 방문이 전제가 되어야 한다. 그리고 사람들의 입에 회자되는 등 그 장소에 대한 이야기가 홍행되어야 한다. 유람객들은 특정 장소를 명소화 시키는 주체였다. 인물명소 또한 유람으로 인한 문화전통 속에서 생겨난 산물이라 할 수 있다.

사람들이 오죽헌을 찾았던 근본적 이유는 이이에 대한 추숭의 내면적 발현이 있었기 때문일 것이다. 그러나 오죽헌은 도성만을 기준으로 볼 때도 거리상으로 방문하기 녹녹치 않았고, 당시 추숭인물의 탄생지를 돌아보지 않는다고 해서 그 의미가 퇴색되거나 비하 받는 것은 아니었다. 다만, 자신의 유람지에 추앙받는 인물과 관련된 자취가 있으면 유람기회에 방문하였던 것이다. 오죽헌 방문 동기도 대부분 금강산 등 關東 유람이었던 것으로 확인된다. 오죽헌은 관동팔경 중 으뜸으로 쳤던 경포대의 지근거리에 위치하고 있다. 금강산과 관동팔경 일대를 유람했던 유람객들은 강릉을 찾은 기회에 명현의 탄생지인 오죽헌을 방문했던 것이다. 더욱이 정조가 오죽헌에 있던 이이의 유품인 『擊蒙要訣』 手草本과 벼루

---

10) 강릉오죽헌·시립박물관의 내부 자료에 의하면 2016년 716,007명, 2017년 899,422명이 오죽헌을 방문한 것으로 되어 있다.
11) 이상균, 「조선시대 유람의 유행에 따른 문화촉진 양상」, 『대동문화연구』 80, 2012.

에 御製御筆한12) 이후 강릉을 찾는 유람객들의 오죽헌에 대한 관심은 더욱 증폭된다. 즉 관동유람의 성행은 오죽헌 방문객 증가의 동기로 작용하였고, 유람객들로 인해 오죽헌이 각인되고 더욱 알려지면서 인물명소로 재탄생하게 되는 것이다.

본 글은 이러한 시대적 배경과 『심헌록』이라는 실증적 사료를 통해 오죽헌이 유람문화를 통해 인물명소로 탄생하게 되는 구체적인 실례를 살펴보고자 하는 것이다. 이는 오죽헌이 지금까지 많은 사람들이 방문하는 인물명소가 된 원인을 조선시대 유람문화라고 하는 역사적 인과관계를 밝혀줌으로써 명소로서 오죽헌의 전통성을 더욱 부각시키는 계기가 될 수 있을 것이다. 이 연구는 오죽헌을 주제로 한 하나의 사례연구이긴 하나 대중들과 연구자들이 오죽헌과 『심헌록』이 가지는 내재적 가치와 文化史的 의미를 보다 구체적으로 접할 수 있을 것이다.

2. 유람전통에서의 오죽헌 방문객 증가 요인

조선시대 유람문화를 주도했던 사대부들 대부분은 성리학 존숭을 표방하는 儒者들이었다. 이들 산수유관의 사상적 기반은 대부분 공자의 태산 등정과 주자의 남악 유람을 본받고자 하는 유교적 이념에 있다.

사대부들의 유람은 경치만을 탐닉하는 것이 아니라 성리서를 지참하여 독서를 하는 등 도학적 의미를 띠기도 하는 것이다. 그러므로 이들의 유람 중 빼놓을 수 없는 것이 유람지에 있는 高人과 才士의 발자취를 답사하는 것이었다. 유람하는 곳에 당대 명현의 자취가 있으면 반드시 찾고자 했다. 이러한 현상은 조선시대 사대부들의 유람에 있어서 공통적

---

12) 『弘齋全書』 권55, 雜著 二 「題栗谷手草擊蒙要訣 戊申」.

으로 나타나는 한 단면이자 전통이었다.

조선시대 유람은 주로 금강산·묘향산·소백산·지리산·청량산 등 국내 명산을 중심으로 이루어졌다. 사대부들은 이곳을 유람하면서 선대의 인물이나 역사적 사건을 회고하고 있다. 유람 중 경승의 탐닉과 함께 명현들의 자취를 답험한다. 사대부들은 유람 시 명현의 자취를 돌아보는 일을 매우 중요하게 생각했다. 이러한 양상이 두드러지게 나타나는 것은 嶺南士林들의 청량산과 지리산 유람이었다.

청량산은 周世鵬(1495~1554)과 이황이 유람하고 은거하며 학문을 닦아 유학자들에게 큰 관심을 불러 일으켰다. 청량산을 오른 趙運道(1718~1796)는 "愼齋와 퇴계 이후로 佛土를 혁파함으로써 精菜가 빛나는 仙境의 한 구역이 되었고, 온통 도덕의 광채를 입음은 주자의 武夷山과 같았다."고 하였다.[13] 申之悌(1562~1624)는 청량산에서 이황이 남긴 시를 살피고, "청량산이 존경심이 일어나게 하는 것은 이황이 평소 왕래하며 완상하여 그 자취가 남아 있기 때문이다."라고 하였다.[14] 金中淸(1567~1629)은 이황으로 인해 청량산을 깊이 애호하게 되고, 이황이 청량산을 자주 찾았음을 술회하며 이황의 단정하고 맑고 깨끗한 사람됨을 청량산에 비유하고 있다.[15] 청량산이 명소가 된 것도 인물적 배경과 연고가 있었던 것이다. 청량산을 찾는 유람객 대부분은 이황의 학맥을 이은 사람들이었다. 그러므로 산을 유람하기 전 자신들이 명현으로 추숭하는 주세붕과 이황의 유람기록을 참고하여 유람을 결행하면서 이들의 자취를 찾아 성현의 도를 본받으려 하고 있다.

---

13) 『月下集』 권2, 記 「遊淸凉山記」. "因念淸凉自愼齋退陶以後 革佛土而煥精采 仙區一境 渾被道德之餘光 有若朱夫子之武夷".

14) 『梧峯集』 권6, 記 「遊淸凉山錄」. "而有山之令人起敬者 則曰淸凉 爲有退溪先生居其下 平生所嘗往來遊賞也".

15) 『苟全集』 권5, 記 「遊淸凉山記幷序」. "昔我先正退陶李文純公 春於斯秋於斯 冬夏於斯 今年焉明年焉又明年焉 其在世七十年之間 愛玩乎山 遊詠乎山者 不知其幾何 …中略… 當是時 文純之端重靜厚淸明脫灑 實人之一淸凉也".

지리산을 유람한 李柱大(1689~1755)는 옛 사람들 중 지리산을 유람한 사람이 많았지만 金宗直·金馹孫·조식의 유람이 가장 드러난다고 하였다. 이주대는 이 세 선생에 이어 지리산을 유람해 보고자하는 소원을 잠시도 마음속에서 잊어 본적이 없다고 하였다.16) 세 명현의 유람을 본받아 지리산을 유람하고자 하는 뜻을 밝히고 있다. 그러므로 지리산 유람 시 성현의 유적과 먼저 다녀간 명유들의 자취를 찾았다. 정구는 가야산을 유람하면서 김종직·金宏弼(1454~1504)·김일손 등이 남긴 시와 이들이 강학하던 곳을 보고 감회에 젖는다. 그리고 앞서 산을 유람한 사람의 자취를 돌아본다.17) 이밖에도 사대부들의 유람기록에는 이황·조식 등과 같은 명현의 자취를 찾아 흠모하는 내용들이 자주 보인다. 성리학 존숭을 표방하고, 학맥을 형성하고 있던 사대부들은 유람을 통해 명현의 자취를 답험하면서 그들의 행적을 본받고자 한 것이었다.

조선중기 이황과 관련된 인물명소였던 청량산, 조식과 관련된 인물명소였던 지리산은 산 자체가 당대 이름난 경승이었다. 또한 봉화와 안동을 중심으로 하는 慶尙左道의 청량산은 이황이 후학을 양성하던 곳이었고, 진주·산청·함양 등을 중심으로 하는 慶尙右道의 지리산은 조식이 후학을 양성하던 곳이었다. 영남사림의 宗祖인 김종직 이후 이황과 조식의 학통으로 생겨난 학파가 영남학파이다. 영남학파는 크게 퇴계학파와 남명학파로 대별된다. 그러므로 청량산과 지리산은 영남사림들이 聖山으로 여겼고, 유람객이나 방문자들도 영남사림들이 주류를 이룬다.18) 이

---

16) 『冥菴集』 권2, 雜著 「遊頭流山錄」. "昔人之遊玆山者 亦多矣 獨佔畢齋濯纓南冥 三先生之遊爲最著 …中略… 余不佞於三先生之役 固不敢望其後塵 而一遊之願 未嘗暫忘于懷".

17) 『寒岡集』 권9, 雜著 「遊伽倻山錄」. "抵內院寺 見門外有小石碑 碑前有小井如口 僧云此得劍池古蹟也 碑傍 刻佔畢齋寒喧濯纓諸先生詩 而剝不可讀 寺經回祿 新創纔完 雲山濃美 巖壑幽靜 氣像沖邃 眼目夷曠 非海印之可擬也 寒喧先生曾讀書此寺 修德凝道之功 想多從這裏做得矣 吾輩尙不能一日展冊於此間 寧不爲可慨也".

18) 이상균, 앞의 논문, 2013, 96~97쪽.

에 비해 관동지역은 당시 굴지의 학파를 열었던 인물이 머물면서 강학하
거나 후학을 양성했던 개연성이 부족하였다. 다만, 畿湖學派의 宗匠으로
추앙받았던 이이가 태어나고 유년시절을 보낸 곳이 강릉이었다. 그러므
로 강릉지방을 유람하는 사대부들이 이이의 자취를 찾고자 한 것은 지속
적으로 있어왔다.

尹拯(1629~1714)은 沈明仲이 금강산을 유람하면서 쓴 「東遊錄」에 글
을 써주면서 다음과 같이 적고 있다.

> 나는 일찍이 "풍악은 실로 명산이지만 예로부터 명현의 유적이 조금도 없
> 어서 廬山에 濂溪, 晦翁, 陶靖節의 諸賢의 流風이 있는 것과는 다르니 실로
> 명산의 큰 수치라고 하겠다. 만약 율곡의 시마저 많지 않았다면 곧 비웃음을
> 면치 못했을 것"이라고 말한 적이 있었네.[19]

윤증은 당시 조선 최고의 유람지인 금강산에 명현의 유적이 하나도
없는 것을 비판하고 있다. 금강산은 수려한 경관을 보기 위한 유람지로
손색이 없음은 인정한다. 다만, 유람 시 본받을 만한 명현의 자취가 없다
는 것이다. 그나마 이이의 시가 있는 것을 들어 유람 중 선현의 자취를
보는 중요성을 피력하고 있다. 윤증은 1662년 자신이 관동을 직접 유람
할 때도 금강산을 보고, 영월 莊陵에 참배한 후 강릉에 가서 공자를 모
신 九峯書院과 이이를 배향한 松潭書院에 참배하였다. 이때 남긴 「송담
서원」이라는 시에서 금강산과 관동의 경치를 칭찬하면서도 옛 자취를
찾아봐도 儒賢과 관련된 곳이 없는 것을 지역의 수치라 하였다. 그나마
이이를 배향한 송담서원이 있어 이 수치를 씻을 수 있다고 하였다.

---

19) 『明齋遺稿』 권4, 「題孤松亭沈明仲東遊錄」. "嘗謂楓嶽 實爲名山 而自古無一片名賢
遺跡 不能如廬山之有濂溪晦翁陶靖節諸賢之流風 誠爲名山之一大羞 倘微栗翁之作
則殆無以解嘲矣".

금강산 곧은 등성 태백으로 달리고	金剛直脊走太白
팔다리 떼어져 여기저기 바닷물에 출렁여라	肢股離披漾海水
하늘과 땅은 추녀를 뚫고 해와 달이 밝으니	乾坤軒豁日月明
눈에 닿는 산하 모두 진정 아름다운데	着眼山河皆信美
시골 사람들 괴상한 것만 익혀	齊東野人習迂怪
천년이 지나도 안다는 게 고작 사선뿐	千載唯知四仙耳
내 와서 이곳저곳 옛 자취 찾아봐도	我來行行訪舊跡
유교의 가르침 있는 곳 없는 것이 한스럽구나	慨無一片名教地
송담서원이 있지 않았다면	不有松潭廟貌存
관동지방의 수치를 누가 씻어 주었으랴	誰洗關東一方恥[20]

그리고 1704년 관동을 유람하고 있는 李世弼(1642~1718)에게 보내는 서신에도 대관령 아래 선현의 유적이라고는 오직 송담서원 한 곳 밖에 없으니 꼭 가볼 것을 권유하고 있다.[21] 이처럼 사대부들은 명현의 자취가 있는 곳을 찾아 유람하며 그들을 추숭하고, 그 행적을 본받고자 했다.

명현과 관련된 곳은 그 지역에서 먼저 명소로서의 명성을 얻게 된다. 현재 국가명승 제1호로 지정된 강릉 靑鶴洞 小金剛은 1569년 이이가 벼슬을 그만두고 강릉에 내려와 유람하기 전까지는 세간에 많이 알려지지 않았다. 소금강은 이이가 유람한 이후 지역의 명소로 부각되기 시작한 대표적인 예이다. 이이는 소금강을 유람하고 「遊靑鶴洞記」를 남겼다. 현 소금강은 당시 유람하는 사람이 이르지 않아 크게 알려지지 않았고, 이름도 없어 이이가 곳곳의 바위와 경물에 이름을 붙이고 산 이름을 '靑鶴山'이라 하였다.[22] 이후 소금강은 세간에 알려져 수많은 사람들이 찾는

---

20) 『明齋遺稿』 권2, 詩 「松潭書院」. "我來行行訪舊跡 慨無一片各教地 不有松潭廟貌存 誰洗關東一方恥".

21) 『明齋遺稿』 권16, 書 「與李君輔 甲申至月」. "松潭院齋 時或一往否 嶺上下先賢遺躅 惟此一處 曾於東遊時 有一篇陋句 略道鄙懷矣".

22) 『栗谷全書』 권13, 記 「遊靑鶴山記」. "只是遊人不到 故隱而不耀耳 …中略… 摠名 其山曰靑鶴".

<사진 1> 流觴臺 '白雲亭洞門' 암각자

명소가 되었다.

특히 강릉의 향중사림들은 이이가 머물었던 상소를 택해 풍류를 즐겼다. 이러한 예는 현재 강릉시 연곡면 유등리[白雲洞]에 있는 流觴臺 터에서 찾아 볼 수 있다. 유상대가 언제 만들어졌는지는 알 수 없으나 『增修臨瀛誌』 樓亭條에 1858년(철종 9년) 金潤卿이 白雲洞에 白雲亭을 창건했다는 기록이 남아있고,[23] '流觴臺' 각자 인근의 立石에 '白雲亭洞門' 각자가 존재해 20세기 중반까지 유상대에 지어진 백운정이 남아있어 사대부들이 풍류를 즐겼던 것을 알 수 있다. 유상대가 있는 계곡은 이이, 崔沃 등 名儒의 講禮處로 사용된 白雲寺가 있고,[24] 『增修臨瀛誌』 樓亭條에 백운정이 있는 장소를 '율곡의 「靑鶴山記」에 흰구름이 지나는 곳이 이곳이다.'라고[25] 하여 이이가 1569년 소금강을 유람하러 가면서 들렸던 곳임을 밝히고 있다. 강릉지역 사림들은 이이의 자취가 서려있는 장소인 유등리 계곡에 유상대와 백운정을 만들고 流觴曲水를 즐겼던 것이다.

선대 유명인사의 자취가 남겨져 있는 곳은 후대 지역 사람들이 자주 찾는 유람처나 풍류처가 되기도 한 것이다. 강릉의 소금강과 유상대가 향중사림들 사이에서 이이의 자취가 서린 명소로 유명했다고 한다면, 오

---

23) 정항교 역, 『完譯增修臨瀛誌』, 강릉문화원, 1997, 72쪽 ; 최호·임호민 역, 『國譯東湖勝覽』, 강릉문화원, 2001, 84쪽.
24) 최호·임호민 역, 위의 책, 191쪽.
25) 정항교 역, 앞의 책, 72쪽.

죽헌은 내지인뿐만 아니라 외지인에게도 각인된 인물명소였다. 특히 조
선시대 관동유람의 유행은 강릉으로 유입되는 유람객의 증가와 동시에
명현의 유적 답험이라는 유람전통 속에서 오죽헌 방문객이 성황을 이루
게 되고, 오죽헌의 대외적 지명도가 높아지게 되는 동기가 된다.

조선시대 금강산과 관동팔경은 많은 사람들이 유람하길 소망했고, 유
람의 명소로 명성을 얻었다. 이로 인해 조선중기부터 많은 사람들이 관
동유람을 결행한다. 그리고 이러한 관동유람의 유행으로 강릉을 찾는 유
람객들도 증가한다. 강릉은 관동팔경 중 하나인 경포대가 있었다. 경포
대는 徐居正이 조선 최고의 경승으로 칭송할 만큼,[26] 일찍부터 전국 제
일의 경승지로 손꼽히는 곳이었다. 또한 경포대는 호수·바다와 같은 수
려한 경관을 지니고 있다는 경관적 의미 외에도 당대 걸출한 문사들의
시문이 현액으로 걸려있었고, 특히 이이 10歲作「鏡浦臺賦」는 단연 으
뜸가는 관심 대상이었다.[27] 강릉을 찾은 유람객들은 경포대를 필수코스
로 유람하였고, 아울러 경포대와 지근거리에 있는 오죽헌을 찾았다.

오죽헌을 찾기 위해 일부러 타 지역에서 오는 사람도 있었겠으나, 오
죽헌을 찾았던 외지인들 대부분은 유람이나 다른 일로 인해 강릉이나 인
근에 왔을 때이다. 사람들이 오죽헌을 찾는 내적 원인은 이이를 흠모하
고 추숭하는 마음의 발현이겠으나, 오죽헌을 방문하게 되는 가장 큰 외
적요인, 즉 그 동기는 관동지역 유람이었다. 관동유람의 성행은 오죽헌
방문객 증가에 큰 영향을 미친다. 그리고 외지 방문객의 증가로 오죽헌
은 인물명소로 부각되고 대외적으로 더욱 많이 알려지게 된다.

---

26) 『四佳集』권1, 記「江陵府雲錦樓記」. "予惟吾東韓山水之勝 關東爲最 於關東 江爲
第一 …中略… 乃知江之最勝者曰鏡浦臺".
27) 조선말기의 문인 李裕元의 경우는 1865년 유람 중 경포대에 올라 이이의 「경포대
부」를 보고 감탄하여, 자신의 유람기록에 전제해 놓기도 했다(『林下筆記』권37,
蓬萊秘書「鏡浦臺」).

<사진 2> 강릉 경포대   　　　　　　　　　　<사진 3> 강릉 오죽헌

3. 오죽헌 방문기록 『심헌록』의 書誌와 史實性

　통계자료가 없는 한 과거 특정장소에 얼마나 많은 사람들이 방문했는가에 대한 수치를 제시하기란 불가능하다. 조선시대 명소였던 청량산과 지리산 방문객의 수치도 알 수는 없으나, 산을 유람하고 남긴 유람기록을 통해 많은 사람들이 무슨 연유와 동기로 방문했다는 정황을 파악할 수 있다.[28] 그런데 오죽헌은 방문자가 기록되어 있는 『심헌록』이 남아 있다. 조선시대 많은 사람이 찾던 명소라 할지라도 이 같은 자료가 전승되는 사례는 매우 드물다.[29] 모든 방문객이 『심헌록』에 하나 같이 이름을 쓴 것은 아니지만, 그나마 오죽헌은 이 사료를 통해 다른 명소들 보다 실증적인 방문동기와 방문객 추이 파악이 가능하다.

　『심헌록』은 오죽헌 주인이었던 강릉의 안동권씨 종중에서 소장하고 있다. 외부형태는 五針線裝으로 제책되어 있고, 表題는 '尋軒錄'이다.

---

28) 이상균, 앞의 논문, 2012, 115~125쪽.
29) 강릉의 경우 『심헌록』 외에 경포의 해운정 방명록인 『海雲亭歷訪錄』(강릉오죽헌 시립박물관보관)이 남아 있다.

1662년 權尙夏(1641~1721)를 시작으로 1932년 李恒九(1881~1945)까지 270년 동안 오죽헌을 다녀간 1,149명의 이름이 기록되어 있다. 이중 7명의 이름이 후대에 삭제되어 확인되는 인물은 모두 1,142명이다.[30) 기록 내용은 방문자의 본관과 이름, 방문한 해의 干支를 기본으로 하고 있다. 혹 월까지 적거나 방문동기를 적기도 했다. 한 면에 보통 6명의 인명이 수록되어 있고, 분량은 198면이다.

『심헌록』은 실체가 세간에 공개 된지 오래되었으나 개인이 소장하고 있었던 까닭에 아직까지 사료적 가치나 사실성에 대한 논급이 이루어지지 않았다. 『심헌록』을 수록한 박물관의 도록 등에는 오죽헌 방문자의 친필 서명이라는 단편적 내용만 밝히고 있다.[31) 따라서 『심헌록』을 통해 오죽헌이 인물명소로 부각되는 시기와 요인 등을 분석하기 전, 먼저 사료적 가치와 기록의 사실성을 확인해 볼 필요가 있다.

『심헌록』에 수록된 이름 모두가 방문자의 친필서명은 아니다. 누군가가 오죽헌에 소장되어 있던 일기 등 방문기록을 토대로 어느 시점까지 필사한 것이다. 이는 다음의 『심헌록』 서문에서 확인된다.

> 이 집은 선생께서 탄생하실 때 용꿈을 꾼 집이다. 보배로운 자취가 지금도 우뚝 솟아 있으니 나라가 번성하고 세상이 태평한 것이 闕里와 같아 대대로 후세에 전한지 230여년이 지났다. 지난 丁亥年 옛 제도에 따라 거듭 꾸미고 나의 집 彌甥이 대대로 지켜오며 쓸고 닦아 손님을 맞이하니 선배 여러 군자들이 登臨하여 우러러 사모하지 않는 이가 없었다. 그러나 일찍이 기록이 없으니 어찌 슬퍼하지 않으리오. 무릇 원우와 영당은 모두 찾아 배알한 기록이 있은 즉, 이 집만이 유독 기록이 존재하지 않는다면 집의 허물이다. 옛 부터 소장된 일기에 약간의 기록이 남아있어 지난 자취가 어제의 일 같이 생각난

---

30) 삭제된 인물은 이름에 종이를 덧대어 놓았는데 사진 상으로 일부 희미하게 확인이 가능하다. 다만 여기서는 그 이름을 일일이 밝히지 않았다. 또한 2회 이상 방문한 사람도 있으나 방문자 수에 이를 가감하지 않고 1회 기록 1명으로 통산하였다.
31) 오죽헌/시립박물관·강릉원주대학교박물관, 『2018 평창 동계올림픽 개최 기념 특별전-대관령 높은 고갯길 하늘과 맞닿아』, 2017, 41쪽.

다. 그 자취와 행적이 없어질 것을 안타깝게 여겨 지금 옮기고 베껴 갖추어 놓아 후에 오는 사람들이 상고하여 볼 수 있도록 이 기록을 남겨 놓는다. 외지 선비와 군자들이 지나고 들려도 그것이 얼마인지 알지 못하고 오히려 잊어버리는 것이 많음을 볼 수 있으니 이는 흠이라 하겠다.[32]

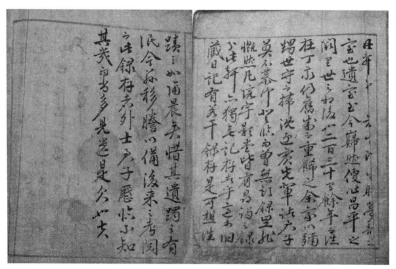

<사진 4> 『심헌록』 서문(좌 ← 우)

서문에서 과거 오죽헌에 소장된 일기를 토대로 필사해 놓았다고 밝히고 있다. 서두에 '230여년이 지났다'고 한 것은 이이가 탄생한 이후를 일컫는 것으로 보인다. 이이 탄생 후 230여년이면 1766년경이다. 오죽헌이 옛 제도로 고쳐진 '지난 정해년'도 시기가 확인된다. 여기서 말하는 정해

---

32) 필자가 오죽헌/시립박물관에서 촬영한 『심헌록』 원본사진을 토대로 탈초하여 번역하였고, 여기에 원문을 제시해 놓는다. "此軒卽先生降生時夢龍之室也 遺宝玉今歸然便心昌平之闕里世之相後也 二百三十有餘年而往 丁亥仍舊制之重篩之余家以彌甥世守而掃洗迎賓 先輩諸君子莫不慕仰登臨 而曾無記錄豈非慨然 凡院宇影堂皆有尋謁之錄則 此軒亦獨無記存者宇過 於旧藏日記有若干錄存 是可想往蹟之如隔晨 失惜其遺躅之有泯 今玆移謄以備 後來之考閱而此錄存者 外士君子歷臨不知其裁 而尙多見遺是欠也夫".

년은 1707년(숙종 33)이다. 鄭澔(1648~1736)가 1715년 쓴 「烏竹軒重修記」
를 보면, 오죽헌의 중수는 정해년 강릉부사 鄭必東(1653~1718)의 주관
하에 시작해서 1715년 강릉부사 李海朝에 의해 마무리된 것으로 확인된
다.[33] 『심헌록』에도 정호는 1715년 오죽헌을 방문한 것으로 나타나있다.
1789년(정조 13) 金鍾秀(1728~1799)가 쓴 「오죽헌중수기」에도 숙종 정
해년에 오죽헌을 중수하고, 정호가 중수기를 썼다고 했다.[34] 즉 『심헌록』
서문에 기록되어 있는 정해년은 1707년이 되는 것이다. 서문의 내용을
종합해 볼 때 『심헌록』은 1766년 직후 필사된 것으로 추정된다.

『심헌록』은 첫 방문자부터 1767년까지 방문자 명단이 동일한 필체
로 작성되었다. <사진 5>에서 보듯이 이후부터 界線이 붉은색에서 파란
색으로 바뀌고 필체가 변하는 등의 변화가 있다. 그러나 다음 장에 다시
계선이 붉은색으로 바뀌었다가 파란색으로 바뀌는 것이 일부 반복된다.

또한 『심헌록』이 모두 방문자의 친필서명이라면 방문자의 연월 순으
로 이름이 배열되어야 하나 그렇지 못한 부분도 보인다. 예를 들면 <사
진 6>과 같이 161번째 기록자 李性源(1725~1790)은 丙戌(1766년) 10월
방문으로 되어 있고, 연이어 기록된 다음 방문자 李敍五·李俌·李憲祖는
같은 해 5월 방문으로 되어 있어 월의 순서배열이 맞지 않는다. 필사하는
과정에서 순서가 바뀐 것으로 보인다.

---

33) 『丈巖集』권24, 記 「烏竹軒重修記」. "今因記蹟之文 不可不併載其實 而是軒重修 始
在丁亥 其時峴山宰鄭侯必東 實相其役 繼而至者 李侯海朝亦助而訖其工 斯二侯者".
34) 「烏竹軒重修記」. "肅宗丁亥丈巖鄭文敬公記"(임호민 편, 앞의 책, 188쪽에서 재인
용). 『증수임영지』의 「오죽헌중수기」(정항교 역, 앞의 책, 117쪽)에는 정해년을 을
해년으로 기록해 놓았다. 정호가 중수기를 쓴 1715년 이전 가장 빠른 을해년은
1635년(인조 13)이다. 1635년은 정호가 태어나기 이전이다. 김종수의 중수기와 정
호의 중수기에 정해년으로 기록되어있고, 강릉의 안동권씨 종중 소장 『文獻世鑑』
(율곡학회, 2009, 『영동지방 율곡자료 집성-번역편-』, 313쪽 참조)에 실려 있는
정호의 「오죽헌중수기」에도 정해년으로 기록되어 있음이 확인된다. 『증수임영지』
의 「오죽헌중수기」 정해년은 을해년의 오기이다.

<사진 5> 『심헌록』의 1767년(丁亥) 방문자 명단

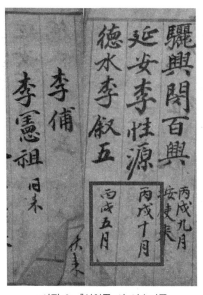

<사진 6> 『심헌록』의 역순기록

이러한 점들을 고려해 볼 때 현존 『심헌록』은 1766년 근간에 필사된 이후 그 뒤편으로 이어서 작성된 것으로 보인다. 1767년 이후의 필체는 전체적으로 다른 양상을 보인다. 다만, 동일한 필체의 이름이 여러 명 이어지는 경우가 있는데, 이는 여럿이 같이 방문했을 경우 한사람이 대표로 동행한 사람의 이름을 함께 적은 것에 기인한 것이다. 『심헌록』을 필사한 원본기록은 현재 확인되지 않는다. 『심헌록』은 현존 실물 외에도

조선후기 문헌에서도 그 존재가 확인이 된다. 宋秉璿(1836~1905)이 쓴
「東遊記」와 李根元(1840~1918)이 쓴 「東遊日記」에서이다. 먼저 이른 시
기 기록인 송병선의 「동유기」에 기록된 내용을 보면 다음과 같다.

> 오죽헌 주인 權大鎬가 술과 국수를 베풀었다. 審軒錄이 있는데, 맨 앞에 遂
> 菴[權尙夏]이 있고, 선조 鳳谷[宋疇錫]이 그 다음에 썼는데, 즉 갑인[1674년]
> 2월이다. 아래에 이름을 썼다. 주인이 나를 하룻밤 묵어가라고 붙잡았다.35)

송병선은 1868년(고종 5) 금강산과 관동팔경을 유람할 때 오죽헌을
방문했다. 이때 오죽헌 주인 권대호가 『審軒錄』을36) 보여준 것이다. 송
병선은 방명록 가장 첫머리의 권상하 이름과 그 다음에 적힌 宋疇錫
(1650~1692)의 이름 및 방문 연월을 확인하였고, 자신도 이름을 썼다.
아래의 <사진 7>과 같이 송병선이 『심헌록』 첫 머리에서 본 권상하·송
주석 이름과 방문연월은 현존 『심헌록』의 내용과 일치하고, 송병선 일
행의 이름들도 기재되어 있다.

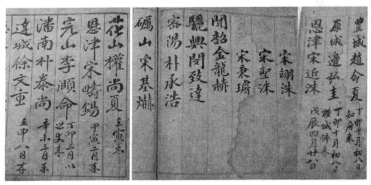

<사진 7> 『심헌록』의 권상하·송주석, 송병선 일행 기록

---

35) 『淵齋集』 권20, 「東遊記－觀鏡浦臺烏竹軒記」. "主人權大鎬 設酒麵待之 有審軒錄
遂菴首題 鳳谷先祖書其次 卽甲寅二月也 錄名于下 主友挽余留宿".
36) 현존 『심헌록』 표지의 '심'자는 '尋'이나 송병선의 「동유기」상에는 '審'으로 기록
되어 있다.

『심헌록』의 기록상 송병선은 宋近洙·宋翊洙·宋聖洙·金龍赫·閔致達·朴承浩·宋基赫과 戊辰(1868년) 4월 28일 오죽헌을 방문한 것으로 되어 있다. 「동유기」 상에도 송병선은 1868년 청주에서 3월 숙부인 송근수와 族叔인 송익수·송성수, 지인 김용혁·민치달·박승호, 族人 송기혁과 함께 관동유람을 발행했고, 같은 해 4월 丙午(28일) 鏡浦臺·放鶴亭·鳥巖·湖海亭·梅鶴亭[현 金蘭亭]·海雲亭 등 경포호 주변 유람 후 마지막으로 오죽헌을 방문하고 유숙했다.37) 『심헌록』과 「동유기」 상 송병선의 오죽헌 방문날짜와 동행인물 7명의 이름은 정확히 일치한다.

이근원은 1898년(광무 2) 금강산과 관동일대를 유람할 때 오죽헌을 방문했다. 『심헌록』의 존재가 확인되는 이근원의 「동유일기」 내용은 다음과 같다.

> 19일(己巳) 맑음. 아침에 동남쪽으로 길을 나섰다. 경포대를 향하여 10리를 가서 連谷에 도달하였다. …중략… 방향을 바꿔 오죽헌에 도착하였다. …중략… 헌의 오른쪽 15보쯤에 權都事 穉凝[자] 學洙 篁圃[호]의 집이 있다 …중략… 이곳에서 유숙하였다. 20일(庚午) 맑음. 주인이 尋軒錄을 보여주었다. 대개 遂庵[권상하]과 丈巖[鄭澔]의 여러 선현으로부터 시작되었다. 여기에 우리 일곱 사람의 성명을 기록하였다.38)

「동유일기」 상에 이근원은 1898년 경기도 양평에서 8월 관동유람을

---

37) 『淵齋集』 권20, 「東遊記－觀鏡浦臺烏竹軒記」. "乃以二十一日己巳 發行 叔父乘屋轎 叔父乘屋轎 余與潭臬族叔 翊洙 以一馬替騎 貞隱金仲見 龍赫 及閔斯文季道 致達 朴斯文子敬 承浩 宋生宅仁 基赫 皆步從 …中略… 族叔致成氏 聖洙 追來 …中略… 丙午 上鏡浦臺 …中略… 上梅鶴亭 蕭灑可喜 左有放鶴亭 李通川鳳九別業也 …中略… 同舟行過鳥巖 …中略… 泊湖海亭 入拜三淵像 …中略… 復登梅鶴亭 官吏供設甚盛 遂還海雲亭 與主人敍別 又行五里 入烏竹軒". 현재 오죽헌 안에 송병선이 쓴 『烏竹軒 謹次三淵韻』의 시가 판각되어 걸려 있다.

38) 『錦溪集』 권16, 記 「東遊日記」. "十九日己巳晴 朝發東南 向鏡浦臺 行十里 至連谷 …中略… 軒右十步許 有權都事穉凝 學洙號篁圃家 …中略… 轉至烏竹軒 …中略… 仍止宿 二十日庚午晴 主人示尋軒錄 蓋自遂庵丈巖諸賢始也 乃錄余七人姓名".

발행했고, 같은 해 9월 19일(己巳) 오죽헌을 방문하여 유숙했다. 다음날인 20일(庚午) 오죽헌 주인 權學洙가 『尋軒錄』을 보여주자 첫머리에 기록된 권상하와 정호의 이름을 확인하고, 방명록에 자신을 비롯한 7명의 이름을 날인하였다. <사진 8>과 같이 『심헌록』에 이근원은 李繼善·柳重岳·安鍾應·李觀鉉·元容正과 戊戌(1898년) 9월 19일 오죽헌을 방문한 것으로 기록되어 있다. 『심헌록』과 「동유일기」상의 방문 명수와 기록 날짜

<사진 8> 『심헌록』의 이근원 일행 기록

가 약간 다르긴 하나 대체적으로 일치한다.

　<사진 7~8>에서 보듯이 『심헌록』에 기록된 송병선·이근원 일행의 이름은 각각 쓴 것으로 보기 어렵고 한 사람이 대표로 쓴 것으로 보인다. 또한 송병선과 이근원의 산수유기에 나오는 '審[尋]軒錄'이라는 표현이 제책본의 표지에 쓰인 방명록의 이름을 두고 말하는 것인지, 아니면 단어 그대로 '오죽헌을 찾은 기록'을 의미하는 것인지는 알 수 없으나 당시 오죽헌에 현존하는 방명록이 있었음은 분명히 알 수 있다.

　송병선과 이근원의 기록처럼 『심헌록』을 확인하고 서명했다는 실증적 기록 이외에도, 『심헌록』에 관동관찰사나 수령 등의 지방관, 포쇄관·암행어사·봉심관 등 관료로서 소임을 띠고 왔던 방문자로 확인되는 약 158명의 사람들을 『關東誌』와 지역 『邑誌』의 先生案 등과 대조해 본 결과 대부분 일치하였다.39) 이외에 필자가 문집 등의 오죽헌 방문기록과

―――――――――――

39) 『관동지』 선생안의 경우 관찰사 명단이 누락된 사례가 있다. 누락된 명칭은 『조선

『심헌록』을 대조하여 서로 일치한 사례는 <표 1>과 같다.

<표 1> 문집 등의 오죽헌 방문기록과 『심헌록』 방문기록 일치사례

방문자	방문해	방문 동기	출전		『심헌록』 기재
金昌翕 (1653~1752)	1716	오대산 유람	『三淵集』 권 9, 詩 및 年譜	「江陵烏竹軒 栗谷所生地」	1716년(丙戌) 閏 가을
權燮 (1671~1759)	1733	관동 유람	『玉所集』 권8, 錄 「遊行錄」, 『文獻世鑑』	「烏竹軒見要 訣抄次尤菴韻 題贈權景彦」	1733년(癸丑) 7월
蔡之洪 (1683~1741)	1740	관동 유람	『鳳巖集』 권13, 記 「東征記」	"仍往北坪訪 烏竹軒"	1740년(庚申) 4월 (韓元震, 尹鳳九와 함께 방문)
韓元震 (1682~1751)	1740	관동 유람	『南塘集』 권1, 詩	「訪烏竹軒 次三淵韻」	1740년(庚申) 4월 (蔡之洪, 尹鳳九와 함께 방문)
安錫儆 (1718~1774)	1761	관동 유람	『雪橋集』 권2, 詩 및 年譜	「烏竹軒」	1761년(辛巳)
金鍾厚 (1721~1780)	1762	관동 유람	『本庵續集』 권1, 詩 및 年譜	「江陵烏竹軒 次三淵韻」	1762년(壬午) 5월 13일 (金致澤과 함께 방문)
宋煥箕 (1728~1807)	1781	관동 유람	『性潭集』 권12, 雜著 「東遊日記」	"十八日淸暖 宿食得宜 泄證快止 早起往尋烏竹 軒"	1781년(辛丑) 8월 18일 (宋煥章과 함께 방문)
金鍾秀 (1728~1799)	1796	관동 유람	『夢梧金公年譜』 권2 ; 『정조실록』 권44, 20년 4월 17일	"公年六十九 歲云 …中略… 卿踰大關嶺登 鏡浦臺 歷烏竹軒"	1796년(丙辰) 4월 10일 (金東善과 함께 방문)

왕조실록』을 통해 확인하였다. 또한 『심헌록』에 기록되어 있는 방문자 중 金弘道
와 金應煥은 도화서 화원으로 금강산과 관동의 실경을 그려오라는 정조의 명으로
왔던 사람이므로 관료로서 소임을 띠고 공무 차 방문한 인원수에 산정했다.

방문자	방문해	방문 동기	출전		『심헌록』 기재
趙寅永 (1728~1850)	1804	관동 유람	『雲石遺稿』권1 詩 및 年譜	권1의 금강산 관련 유람시 다수	1804년(甲子) 9월 19일 (安光永, 沈源祖, 李志淵과 함께 방문)
成近默 (1784~1852)	1843	관동 유람	『果齋集』권2, 詩 및 年譜	「烏竹軒 謹次板上韻」	1843년(癸卯) 4월 (봉래로 가는 길에 깊이 찾아오다)

※ 관동유람은 금강산이 포함된 것임.

이와 같이 『심헌록』은 앞부분이 일부 필사되긴 했으나 내용적 측면에서 사실성과 정확성이 뛰어난 사료이다.

4. 『심헌록』을 통해 본 오죽헌의 인물명소화

『심헌록』에 기록된 사람은 1,149명 이지만, 당시 오죽헌을 방문한 사람 모두가 방명록에 날인하지는 않았으므로 오죽헌 방문자는 당연히 『심헌록』에 기재되어 있는 사람 이상으로 많았을 것이다. 그 예로 尹宣擧 (1610~1669)의 경우 1664년,[40] 朴琼(1735~1793)은 1767년,[41] 姜獻奎(1797~ 1860)는 1847년 각각 관동유람 중 오죽헌을 방문했으나 방명록에 이름을 남기지 않았다.[42] 오죽헌을 방문하고도 방명록에 서명하지 않은 사람들을 찾아 일일이 열거하지 않아도 『심헌록』상의 방문자 수와 그 인물의

---

40) 『魯西遺稿續』권3, 雜著「巴東紀行 甲辰」. "三月十一日早發 …中略… 歷北坪栗谷 先生所降生處 今爲權家物 而烏竹軒猶在".
41) 『鐥洲集』권15, 東京遊錄「烏竹軒」. "丁亥冬十月 余與李友敏叔作嶺行爲見此軒 … 中略… 少年出而相禮求見先生筆硯及事跡可見者 …中略… 少年權公處均七代孫名 漢亮".
42) 『農廬集』권5, 雜著「遊金剛山錄」. "府東後海村 即李文成先生胎光之地 而烏竹軒 胎室尚存 所用玉硯及擊蒙要訣草本".

지휘만 보더라도 당시 오죽헌의 유명세를 짐작하고도 남음이 있다.[43]

『심헌록』에 기록된 1662~1932년까지 1,149명의 시기별 오죽헌 방문 추이를 살펴보면 <도표 1>과 같다.

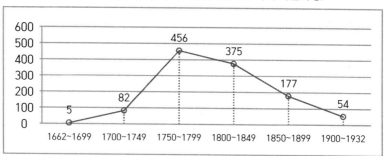

<도표 1> 『심헌록』 상의 시기별 오죽헌 방문객 추이(단위:명)

『심헌록』은 1662년 방문자부터 기록되어 있기 때문에 그 이전에는 얼마나 많은 사람이 오죽헌을 다녀갔는지는 알 수 없다. 18세기 중후반에 방문객이 급증하는 현상을 보인다. 그렇다면 이시기 오죽헌 방문자들이 이처럼 늘어나는 이유를 살펴볼 필요가 있다. 그 이유는 『심헌록』의 내용 분석을 통해 찾을 수 있다.

『심헌록』에는 <사진 9>와 같이 방문자가 어떤 동기로 오죽헌을 방문하게 되었는지 간략히 기술한 부분이 있다. 『심헌록』의 기록상으로만 파악되는 오죽헌 방문 동기는 크게 2가지이다. 첫째는 지방관 보임이나 관료로서 공무수행 차 왔다가 방문, 둘째는 관동지방 유람이다. 각 동기별로 방문 인원을 살펴보면 공무수행은 약 158명, 유람은 약 96명이 확인된다. 나머지는 이름과 방문연월만 기록하고 있어 구체적인 방문 동기는 정확히 알 수 없다.

---

43) 『심헌록』에는 오대산사고의 포쇄관으로 왔던 金正喜, 암행어사 朴文秀, 실학자 洪大容 등 이름만 들어도 알만한 당대 명현들의 이름이 대거 수록되어 있다.

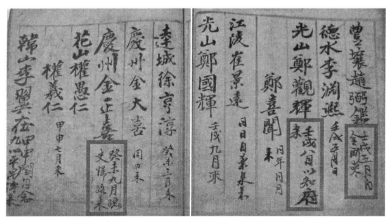

<사진 9> 『심헌록』 상의 방문동기 기록사례

그러나 『심헌록』에 기록된 방문 월을 주목할 필요가 있다. 『심헌록』 방문자 중 월이 확인되지 않는 사람은 약 68명이고 나머지 1,081명은 월이 확인된다. 이 1,081명의 월별 방문 현황을 살펴보면 <도표 2>와 같다.

<도표 2> 『심헌록』 상의 월별 오죽헌 방문객 현황(단위:명)

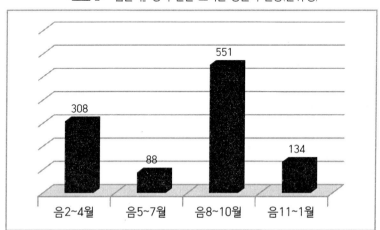

1,081명의 약 80%에 해당되는 859명이 대체로 봄과 가을에 오죽헌을 다녀간다. 이 859명 중 공무수행 등의 방문목적이 확인되는 158명과 유람으로 방문동기가 확인되는 96명을 제외한 나머지 사람들은 방문동기를 기재하지 않았다. 방문동기가 유람으로 확인되는 96명 대부분은 봄~초여름과 가을~초겨울에 방문한 것으로 되어 있다. 이 외에 봄·가을 오죽헌을 찾은 방문객 대다수가 유람 기회에 오죽헌을 방문한 것으로 파악된다. 앞서 살핀 송병선·이근원과 <표 1>의 권섭·안석경·김종후·송환기·김종수도 봄과 가을 관동유람 길에 오죽헌을 들러『심헌록』에 이름을 기재했지만, 동기는 적지 않았다.『심헌록』에는 이 같은 사항들이 산견된다. 즉『심헌록』에 기록되어 있는 방문자 대다수는 관동유람 기회에 오죽헌을 방문한 것이다.

17세기 초만 하더라도 오죽헌은 사람들이 즐겨 찾을 만큼 큰 명성을 가지고 있지는 않았던 것으로 보인다. 앞서 1662년 윤증이 금강산과 강릉일대를 유람하면서 송담서원을 방문하고 그 일대 명현의 유적은 송담서원 밖에 없음을 강변했던 사례를 살펴보았다. 윤증은 아버지 윤선거를 통해 成渾(1535~1598)의 학풍을 계승했고, 성혼과 함께 기호학파의 종장으로 꼽히던 이이를 추숭했던 인물이다. 그리고 윤선거의 경우 1664년 유람 중 오죽헌을 찾았다.[44] 그럼에도 이이의 유적을 강조한 윤증이 강릉 유람 중 오죽헌을 방문하지 않았던 것을 보면 당시 오죽헌은 이이의 유적으로 크게 각광받지 못했던 것으로 파악된다. <도표 1>에서 보듯이 오죽헌 방문자는 18세기에 크게 증가한다. 이 시기는 조선시대 유람이 가장 성행하는 시기이고, 그 장소 중에서도 금강산과 관동팔경이 으뜸이었다.[45] 즉 오죽헌의 방문객 증가와 관동유람의 유행 시기는 그 궤

---

44)『魯西遺稿續』권3, 雜著「巴東紀行 甲辰」. "三月十一日早發 …中略… 歷北坪栗谷先生所降生處 今爲權家物 而烏竹軒猶在".
45) 이상균, 앞의 논문, 2013, 17~19쪽.

를 같이 하고 있었던 것으로 파악된다.

『심헌록』에 기록된 초기 방문자는 이이의 학통을 이어받은 권상하·송주석·정호·김창흡·윤봉구·채지홍·한원진·金元行 등 기호학파 계열의 인물들이 많다. 그러나 뒤로 갈수록 金樂行·성근묵·강헌규 등 영남학파 계열의 인물들도 수록된다. 오죽헌은 학맥의 연고를 가리지 않고 다양한 인물들이 방문했던 것이다. 이는 당시 금강산 등 관동유람에 나타나는 특징이기도 하다.

18세기가 되면 금강산 유람이 최고조에 달한다. 금강산과 더불어 관동팔경은 국내 제일 유람지의 명성을 유지하며 모든 사람들이 유람을 소망했고, 다양한 부류들이 유람한 곳이었다. 이러한 유람문화의 기조와 유람 중 명현의 유적 답험이라는 전통 속에서 관동유람 중 오죽헌을 방문하는 사람도 많아졌고, 방문자들도 다양해 졌다. 이러한 현상이『심헌록』에 기록된 방문자들 면면에 반영되어 있는 것이다.

관동지역 유람의 유행으로 오죽헌 방문자들이 증가함에 따라 그 지명도 또한 대외적으로 확산되었다. 특히 1788년 정조가 오죽헌에 있던 이이의 유품에 御製御筆한 이후 오죽헌은 더욱 유명해 진다. 정조는 강릉에 이이의『擊蒙要訣』手草本과 사용하던 벼루가 오죽헌에 있다는 소식을 듣고 가져오게 하여 열람하고, 격몽요결의 題文과 벼루 銘을 써서 돌려보냈다.[46] 이에 오죽헌에 御製閣을 지어 이이의 어제유품을 보관하게 된다.

정조는 어제를 내리기 전부터 오죽헌에 각별한 관심을 보였다. 1783년 관동지역에 파견한 암행어사 趙弘鎭(1743~1821)에게 내린 封書의 항목 중 "관동은 벽지이기는 하나 오죽헌의 유풍이 아직도 전해지고 있으므로 十室의 마음속에는 반드시 멀리서 鳳樓하고 있는 사람이 많을 것"

---

46) 『弘齋全書』권55, 雜著 二「題栗谷手草擊蒙要訣 戊申」. "李文成 予所尊慕也 讀其全書 想見其人 近聞臨瀛有所草擊蒙要訣及遺硯 亟取而見之 …中略… 臨瀛卽公外鄕 公實生焉 所謂烏竹軒者是已 後爲權氏有 書亦藏于其家 權之先 爲是公姨親也 旣識此 且銘其硯而歸之".

이므로 인재를 발굴할 것을 주문하였다.[47] 관동은 이이의 행적이 있는 곳임을 강조한 것이다. 이에 대한 정조의 후속조치는 1793년 관동의 功令儒生들에 제술시험을 보게 하고 직접 채점하여 인재를 선발하는 것으로 이어졌나. 이 제술시험에 앞서 1792년 관동관찰사에게 명하여 經工과 功令文에 밝은 자, 그리고 오죽헌 주인의 후손을 찾아내어 보고케 하였다. 그리하여 같은 해 2월에 관동관찰사 尹師國(1728~1809)이 공령생 74인, 경공생 8인, 오죽헌 주인의 후손 權漢緯 등 12인을 보고하였다. 정조가 시제를 내려 初試를 보게 하고, 그 試券을 궁으로 보내도록 하여 직접 점수를 매겨 40인을 뽑았다. 이외에 특별히 오죽헌 주인의 후손 權漢復 등 2인에게는 따로 詩와 義로 시험하여 初試에 선발하고, 관찰사로 하여금 식량제공, 말과 배를 탈 수 있는 증서를 주어 도성으로 보내게 하여 태학의 식당에서 묵도록 지시하였다. 정조는 春塘臺에 나가 이들에게 시험을 보게 하고 응시생들에게 시권의 첫머리에 자신의 출신지를 영동과 영서지역으로 구분하여 적도록 했다. 그 결과 영서 출신 응시자들만 점수가 높은 것을 보고 지역안배 차원에서 영서에서 2인을 급제시키고, 영동 출신 응시자 1·2등 2명을 특별히 급제시켰다.[48] 권한복 등은 춘당대시에서 급제하지 못했지만 정조는 오죽헌 주인의 후손들에게 恩典을 내리는 등 오죽헌에 큰 관심을 보였다.

이이의 유품에 대한 정조의 어제어필 하사는 오죽헌이 세간에 더욱

---

47) 『정조실록』 권16, 7년 11월 丁酉.

48) 『정조실록』 권37, 17년 4월 辛未 ; 『日省錄』, 정조 17년 계축(1793) 3월 甲辰. 오죽헌 후손 권한복 등 2명에게 내린 詩題는 ‘穿濊貊朝鮮置滄海郡’이고, 義題는 ‘其追其貊’이었다. 시제의 내용은 『문헌세감』에 정호의 「오죽헌중수기」를 옮겨 적으면서 그 첫머리에 별도로 기록해 놓았다(율곡학회, 2009, 앞의 책, 310쪽에서 재인용). 관동 유생에게 실시한 과거의 전말과 급제한 과문은 강원감영에 내려 보내어 인쇄해 올리게 한 다음 이를 『關東賓興錄』이라 명명하여 입격한 제생들에게 나누어 주고, 그 판각은 原州牧 관아에 보관토록 하였다. 1794년 강원감영에서 간행된 『관동빈흥록』은 현재 서울대학교 규장각에 소장되어 있다.

유명해지고 관동 유람객들이 더 많이 방문하는 촉매가 된다. <도표 1>에
서 보듯이 어제 하사 시점인 18세기는 오죽헌 방문객 추이가 가장 높은
정점에 이르는 시기이다. 오죽헌을 방문하는 사람들은 이 유품을 보고자
하였고, 본 사람들은 유람기록에 그 감흥을 쓰거나 시로 남겼다. 송환
기·성근묵·송병선·강헌규 등도 오죽헌을 방문했을 때 정조의 어필을 보
고난 후 시와 산수유기에 기록하였다.[49] 오죽헌 정조어필의 명성은 조
선말기까지 꾸준히 이어졌다. 1898년 유람 중 오죽헌을 방문했던 이근
원은 이이의 어필 유품을 본 후의 감흥을 다음과 같이 적고 있다.

> 아아, 이것은 하늘이 우리 동방에 道脈을 열어준 것이다. 이것을 우리들이
> 이어 받아 현재까지 이르렀으니, 또한 백대 후에 가르침을 받는 자에게 깊이
> 바라는 바이다. 누가 너른 바다의 한 모퉁이를 昌平의 闕里로 바꾸겠는가? 처
> 마에는 많은 선현들의 글이 있는데, 곧 삼연 김창흡 선생의 운[장암(丈巖) 또
> 한 이 운을 사용하였다]을 따라 칠언 율시를 한 수 지어 적었다. 헌의 뒤에는
> 오죽 한 떨기가 있는데, 헌의 이름이 여기에 연유한 것이다. 지금 수백 년이
> 지났지만 맑은 그늘이 변치 않았으니 총애 받을 만하다.[50]

이근원은 이이를 동방에 도맥을 열은 성현이라 칭송하고, 이이로 인
해 강릉이 태평하고 공자가 태어난 마을과 같이 변했다고 칭송했다. 그

---

49) 『性潭集』 권12, 雜著 「東遊日記」. "出示栗谷遺墨要訣草本文勞諸紙 而要訣則以愚
見恐非先生手寫者 先生平日所用一小硯質甚樸" ; 『果齋集』 권2, 詩 「烏竹軒謹次板
上韻」. "烏竹軒 卽栗谷先生胎室也 有擊蒙要訣草本及硯石 硯陰有 正宗御製序及銘" ;
『淵齋集』 권20, 雜著 「東遊記」. "傍有 御製閣 藏小硯 是先生所用 而嘗在 正廟時取
玩以 御筆刻銘于背曰 涵蓂池象孔石 普厥施龍歸洞 雲潑墨文在茲凡十八字 又有先
生手抄擊蒙要訣 弁以 御製文 而李相公秉謨奉敎書也" ; 『農廬集』 권5, 雜著 「遊金
剛山錄」. "而烏竹軒胎室尙存 所用玉硯及擊蒙要訣草本".

50) 『錦溪集』 권16, 記 「東遊日記」. "噫此天所以開道脉於吾東也 此吾所以受賜至今 而
又有厚望於百世之聞風者也 孰謂滄海一隅 便作昌平之闕里哉 楣間多有先賢文字 乃
次三淵金先生韻 丈巖亦用是韻 七律一首 志之 軒後有烏竹一叢 軒之名以此 而至今
數百年 淸陰不改 可愛也".

리고 오랜 시간이 지났어도 그 자취가 변하지 않았다고 상고했다.

　이처럼 오죽헌은 관동지역에 부임한 관원이나 유람객들을 통해 명현의 유적으로 각광받는 명소로 거듭났다. 오죽헌이 인물명소로 탄생한 내적 요인은 大聖으로 추앙받던 이이의 명성이었고, 가장 큰 외적 요인은 관동을 방문한 유람객들의 증가였다. 여기에 더하여 정조가 오죽헌에 각별한 관심을 보이고 이이의 유품에 어필을 하사한 것은 오죽헌을 전국적으로 더욱 유명한 명소로 만들었다. 그러므로 강릉에 오는 사람들은 오죽헌을 찾게 되는 것이다. 그리고 오죽헌이 이러한 동기로 인해 인물명소로 탄생하게 된 실례를 보여주는 것이 『심헌록』인 것이다.

5. 맺음말

　한국의 유람문화는 조선후기에 크게 유행했고, 유람문화를 주도했던 것은 사대부들이었다. 사대부들에게 있어 유람은 산수에서 호연지기를 기르는 등 학문의 발전과 성취를 위해 일생에 한번쯤은 결행해야 할 문화행위였다. 사대부들의 산수유관은 대부분 유가적 사상에 기반을 두고 있었고, 이들이 유람지에 있는 명현의 자취를 찾는 것은 유람문화의 한 전통이었다. 이러한 전통 속에서 청량산과 지리산은 이황과 조식 등과 같은 명현에 의해 일찍이 인물명소로 부각되었고, 강릉의 오죽헌도 이이의 인물명소로 각인되었다.

　오죽헌은 이이가 태어나고 유년시절을 보낸 곳이었다. 그러나 그곳에 머물면서 강학하며 후학을 양성한 곳은 아니었다. 봉화·안동을 중심으로 하는 경상좌도의 청량산은 이황이 후학을 양성하던 곳이었고, 진주·산청·함양 등을 중심으로 하는 경상우도의 지리산은 조식이 후학을 양성하던 곳이었다. 그리고 이 곳을 중심으로 영남학파라는 거대 학맥이 형성되었고, 영남사림들은 두 산을 성산으로 여겼다. 오죽헌이 인물명소로 탄생하게 되는 데에는 청량산이나 지리산과는 다른 장소적 의미와 동기가 있었다.

오죽헌은 관동유람의 유행과 함께 인물명소로 지명도가 높아지기 시작한다. 관동지역에 소재해 있던 금강산과 관동팔경은 수려한 경승만으로도 당시 사람들에게 동경의 대상이 되어왔고, 많은 사람의 유람을 발행시켰다. 관동은 국내 제일 유람지의 명성을 유지하며 모든 사람들이 유람을 소망했고, 다양한 부류들이 유람한 곳이었다. 이러한 유람문화의 기조와 유람 중 명현의 유적 답험이라는 전통 속에서 관동팔경의 으뜸인 경포대 지근거리에 있던 오죽헌을 방문하는 유람객이 증가한다.

이러한 현상은 오죽헌 방명록인『심헌록』에 기록된 방문자들 면면에 반영되어 있다.『심헌록』에는 1662년부터 1932년까지 270여 년 동안 오죽헌을 방문한 1,149명의 이름이 수록되어 있다. 이 방문자 대다수는 봄과 가을 금강산과 관동팔경 등 관동유람 중 오죽헌을 방문한 것으로 파악된다.『심헌록』에 기록된 방문자의 오죽헌 방문추이를 보면 18~19세기에 가장 성황을 이룬다. 이 시기는 유람이 가장 성행하는 시기였고, 유람 장소로 금강산과 관동팔경이 가장 각광 받았던 시기이기도 하다. 즉 오죽헌의 방문객 증가와 관동유람의 유행 시기는 그 궤를 같이 하고 있다.『심헌록』을 통해 오죽헌은 관동을 유람하는 많은 사람들의 방문과 함께 18세기에는 인물명소로 크게 부각되어 있었음을 알 수 있다.

특히 정조가 오죽헌에 관심을 보였고, 이이의 유품에 어제어필 한 이후 강릉을 찾는 유람객들의 오죽헌에 대한 관심은 더욱 증폭되었다. 사람들이 오죽헌을 찾았던 근본적 요인은 이이에 대한 추숭이었으나, 관동유람의 성행은 오죽헌 방문객 증가의 동기로 작용하였고, 유람객들로 인해 오죽헌이 세간에 더욱 알려지면서 인물명소로 재탄생하게 되는 것이다. 그리고 이러한 실례를 보여주는 것이『심헌록』인 것이다.

제2장 雪嶽山과 淸澗亭의 名山·名所化

1. 머리말

조선시대 유람문화는 곳곳에 명산과 명소를 탄생시켰다. 특히 강원도는 수려한 경승으로 인해 많은 시인묵객들이 유람하였고, 유람객들의 주목 속에서 명산과 명소로 탄생한 곳이 여럿 있는데 인제의 설악산과 고성의 청간정이 주목된다.

17세기 유람 풍조의 유행과 더불어 설악산은 유람의 장소로 부각된다. 金昌翕의 설악산 은거와 유람을 시작으로 설악산은 세간에 알려지게 되고, 설악산을 전적으로 유람하거나, 금강산 유람을 오가는 길에 설악산을 유람하는 사람들이 점점 많아진다. 20세기에 들어서면 李殷相이『雪嶽行脚』이라는 기행문을 쓰게 된다. 이 책은 해방이후에도 많은 사람들에게 애독되면서 설악산을 알리는데 중요한 책이 되었다. 특히 6·25전쟁 이후 분단으로 금강산을 가지 못하자 이에 대한 대안으로 설악산이 주목받게 되는 것이다. 더욱이 1970년 설악산이 국립공원으로 지정되면서 국민관광지로 각광받게 된다.[1]

청간정은 서쪽으로 설악산이 접해있고, 동해 일출과 월출의 장엄한 경관을 즐길 수 있는 웅장한 자연경관을 갖고 있다. 설악산이나 강릉지역에서 금강산으로 가는 길목 중간에 자리 잡고 있어 조선시대의 유람객

---

1) 김풍기, 「동아시아 전통사회에서 명승의 구성과 탄생 : 설악산을 중심으로」,『동아시아 고대학』31, 2013.

들이 주목하는 명소였다.

주지하는 바와 같이 금강산은 조선 전시기에 걸쳐 유람객의 발길이
끊이지 않았다. 금강산은 회양·통천·고성군에 걸쳐있는 산이지만 조선
시대 금강산이 있는 대표지역은 단연 금강산 영역의 가장 많은 곳을 차
지하는 고성군을 꼽았다. 그리고 금강산과 더불어 관동팔경이 유람명소
로 각광받았다. 일찍이 고려의 李奎報(1168~1241)는 관동의 산수를 국
내 최고로 칭송하고 한 번 보았으면 죽어도 여한이 없겠다는 여운을 남
겼다.[2] 조선시대에 오게 되면 금강산과 관동팔경을 함께 유람하는 것이
관례였고, 산수 유람을 꿈꾸던 사람들은 이 여정을 최고로 여겼다. 청간
정은 일찍부터 관동팔경 중 한 곳으로 이름나 있었다. 그러므로 많은 사
대부들이 금강산과 관동팔경 유람 길에 들렀던 유람명소였다.

청간정은 조선시대 내내 시인묵객들의 유람으로 들끓었고, 이를 소재
로 한 무수히 많은 시문들이 창작되었다. 그리고 당대 유명한 화가였던
정선과 김홍도 등이 유람하며 고성의 경승과 청간정을 소재로 그림을 그
렸다. 청간정의 수려한 경승은 유람객들을 통해 전국에 회자되었다. 조
선시대 청간정 유람의 유행은 청간정을 명소화 시켰을 뿐만 아니라 고성
을 전국에 홍보하고 알리는 계기로 작용하였다.

설악산은 김창흡이라는 인물의 유람 은거를 시작으로 안동김씨 계열
의 후손들을 통해 당대 지식인들에게 널리 알려졌다는 특성이 있다. 청
량산은 이황, 지리산은 조식을 통해 聖山으로 기림 받았다고 한다면, 설
악산은 김창흡과 안동김씨 계열의 사람들을 통해 명산으로 재탄생하게
되는 것이다.

또한 명소는 주변의 다른 곳과 상관없이 독자적으로 인지도가 높아지
기도 하지만, 청간정은 금강산이라고 하는 당대 유람 명소의 영향을 받
아 명소로 더욱 부각 된 곳이라는 특징을 가지고 있다. 이는 유람문화에

2)『東國李相國集』 권21, 序「送全右軍奉使關東序」.

나타나는 명소화의 또 다른 특징, 즉 주류를 통한 비주류의 주류화 현상
이라 하겠다. 그러나 아직까지 이러한 현상에 대해 주목한 연구는 없다.

본 글에서는 조선시대 관동유람의 유행이라는 큰 틀 속에서 특정 자
연경관과 장소가 어떠한 방식으로 명승·명소화 되어가는 지를 설악산과
청간정의 실례를 통해 살펴보고자 한다.

2. 金昌翕과 설악산

조선시대의 설악산은 오늘날의 설악산과 지명 및 영역이 달랐다. 조
선시대에는 대체로 현재의 대청봉을 중심으로 외설악~설악동지구, 즉
속초·양양 지역에 편중되어 있는 곳을 설악산이라고 하였다. 울산바위
는 天吼山이라 불렀다. 반면, 한계령 북쪽인 내설악~백담 및 장수대 지
구, 즉 인제에 편중되어 있는 곳을 寒溪山이라 불렀다. 조선후기에 들어
서면 설악산·한계산[오색산]·천후산을 모두 포함한 대표명칭으로 설악
산을 쓰는 경우가 많아진다. 1776~1785년 작성된 『조선팔도지도』의 강
원도지도를 보면 인제·양양에 한계산과 설악산을 각각 구분해 기록하지
않고 양 지역 모두 설악산으로 기록하고 있다. 오늘날 설악산의 공간 범
위도 조선시대의 설악산·한계산·천후산을 모두 포함하는 것으로 일반화
된 것이다.[3]

설악산은 조선전기까지만 하더라도 그다지 주목받았던 산은 아니었
다. 설악산이 명승으로 세간에 알려지기 시작한 것은 김창흡을 통해서였
다. 김창흡의 증조부는 안동김씨 일문의 金尙憲이었고 아버지는 영의정
을 지낸 金壽恒이었다.

---

3) 최원석, 「조선시대 설악산 지명의 역사지리적 분석」, 『대한지리학회지』 51-1, 2016.

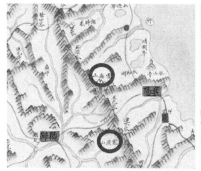

여지도, 강원도, 18C

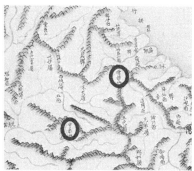

조선팔도지도, 강원도, 18C

해동지도, 강원도, 19C

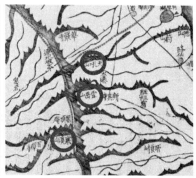

대동여지도, 19C

김창흡은 과거에 관심이 없었으나 아버지의 명으로 진사시에 응시하여 1673년(현종 14) 합격한 이후로 과장에 발을 끊었다. 白岳 기슭에 洛誦樓를 짓고 동지들과 글을 읽으며 산수를 즐겼다. 1681년(숙종 7) 金錫胄의 천거로 掌樂院主簿에 임명되었으나 나가지 않았다. 아버지 김수항은 숙종 때의 己巳換局으로 南人의 탄핵을 받아 진도에 유배 중 사사되었다. 또한 자신의 형제 金昌集도 노·소론의 대립 속에서 거제도에 圍籬安置 되었다가 성주에서 사사되자 김창흡은 형제 김창협과 함께 벼슬을 모두 거부하고 은거의 길을 택했다.

김창흡은 아버지 김수항이 禮訟論爭으로 영암으로 유배되었다가 다시 철원으로 유배지를 옮기자 아버지의 謫所를 오가면서 강원도를 방문하게 된다. 김수항이 처음 설악산을 유람한 것은 아버지가 철원으로 적소를 옮기기 한 달 전인 1678년 8월경이다. 이때 현재 화천에 은거해 있던 백부 金壽增을 만나러 갔다. 김수증은 동생 김수항이 예송논쟁으로 유배를 가자 벼슬을 버리고 화천 華陰洞에 은거하고 있었다.

김수항은 金時習의 학문과 절의를 매우 존경하여 화음동에 김시습의 影堂을 만들고 예를 올렸다. 김창흡은 김수증을 만난 후 금강산을 유람하는 길에 설악산을 유람하였던 것이다. 그의 연보에 의하면 이때 한계산·수렴동·백담계곡을 둘러보며 이곳에 은거하면서 살 생각을 가졌다고한다. 김창흡이 설악산을 유람하게 된 계기는 김수증이 존모해 마지않았던 김시습 자취를 찾아보기 위한 것으로 짐작된다. 후대 설악산을 방문하는 유람자들도 김시습의 자취를 자주 언급하고 있어 설악산은 김시습의 자취가 서려있는 곳으로도 유명해져 있었다. 김창흡은 1679년 현재 철원의 三釜淵 인근 龍華村에 터를 잡고 은거하며 자신의 호를 삼연이라고 하였다. 김창흡이 설악산 은거를 결심하고 터를 잡은 것은 그의 나이 53세가 되던 1705년이었다.[4]

김수증도 화천에 은거하면서 설악산을 유람하였다. 1691년 5월에는 김창흡과 함께 화음동에서 출발하여 인제의 한계산[현 한계리 일대]을 유람하였는데, 이때는 급한 일정과 험난한 산길로 인해 대승폭포와 대승암 및 대승령을 가보지 못하였다. 김수증은 이때의 유람을 「한계산기」로 기록하였다. 또한 김수증은 아들인 金昌國(1644~1717)이 인제현감으로 부임하자, 1698년 음력 2월에 한계사지 → 대승폭포 → 대승암 → 상승암터 → 대승령 → 흑선동계곡 등을 거쳐 조카인 김창흡이 은거하던 백담계곡의 百淵精舍를 방문하였다. 김창흡은 1698년(46세) 봄에 곡백연

---

4) 김풍기, 앞의 논문(2013).

[현 백담계곡]의 입구에 백연정사라는 板屋으로 된 정사를 짓고 장기간 은거할 수 있는 기반을 마련하고 있었던 것이다.

김창흡은 1705년(53세) 8월에 世子翊衛司 익위로 임명되었으나 관직에 나가지 않았으며, 9월에는 인제의 葛驛村으로 와서 수렴동·오세암·봉정암·비선대 등을 거쳐 양양·강릉·간성 등을 유람하고 10월에 미시령을 넘어서 곡백연으로 돌아왔다. 그는 이때의 유람을 「설악일기」로 기록하였는데, 이 무렵 백연정사를 보수하고 정사 동쪽에 샘을 파서 우물을 만들었으며 곡백연에서 평생을 은둔할 뜻을 굳히고 벽운사 동쪽에 碧雲精舍를 짓기 시작하여 1707년 10월에 완성하였다. 1708년(56세) 10월에 백운정사가 불에 타버려 深源寺로 옮겨 거처하였고, 1709년(57세) 9월에 朝元峰 아래에 永矢菴을 완성하였다. 이후 김창흡은 영시암에 거처하면서 설악산을 비롯한 양양·강릉·속초·간성 등의 지역과 금강산을 유람하거나 양평의 蘖溪를 왕래하는 생활을 하였다. 이때의 유람은 「동유소기」(1710년, 58세)와 「유봉정기」(1711년, 59세)에 자세히 기술되어 있다.

1714년(62세) 2월에 함께 거처하며 시중을 들어주던 汝信和尙 崔春金이 호랑이에게 물려간 사건이 발생하자 설악산 은둔생활을 포기하고 나왔다. 그 후 1715년(63세) 여름에 춘천의 백부 김수증이 은둔생활을 하던 화음동으로 들어와 정사를 짓고 은둔하였다.5) 김수항·김수증·김창흡은 김상헌의 직계 후손으로 이들이 설악산을 유람하고 은거한 것은 당시 안동김씨 김상헌 계열의 후손들을 통해 당대 지식인들에게 설악산이 널리 알려지게 되는 계기가 된 것이다.

---

5) 이경수, 「삼연 김창흡의 설악산 은둔과 한시표현」, 『강원문화연구』 26, 2007.

3. 사대부들의 설악산 유람과 명산화

당시 얼마나 많은 사대부들이 설악산을 유람했는지에 대한 정확한 통계수치는 알 수 없지만, 설악산을 유람하고 남긴 산수유기를 통해 유람의 시기, 경로 등을 세밀하게 파악할 수 있다. 현존하는 설악산 산수유기를 정리해 보면 다음의 표와 같다.

<표 1> 조선시대 설악산 산수유기 목록6)

작자(생몰년)	산수유기 제목	수록문헌	유람연도
權 燮 (1671~1759)	「寒溪雪嶽遺恨記」	『遊行錄』	1740
權用正 (1801~미 상)	「雪嶽內記」	『小遊雜著』	1829
金錦園 (1817~미 상)	「(湖東西洛記」	『錦園堂集』	1830
金夢華 (1723~1792)	「遊雪嶽錄」	『七巖集』	1787

---

6) 산수에 대한 산문기록은 '遊~記(錄)'의 제명인 산수유기, '~記'의 제명인 산수기가 있다. 보통 산수기는 지리적 현상에 대한 객관적 설명과 보고적 성격이 강한 반면, 산수유기는 유람의 주체인 작자가 노니는 즐거움과 명승에 대한 묘사나 감정을 충실히 반영한 기행문 형식의 기록이다. 그러나 산수기의 제명을 따르면서도 작자가 직접 유람하고 지은 기행문 형식의 산수기도 있는데 이 표에서는 이를 함께 열거하였다. 다만 명칭은 산수유기로 통칭하였다. 제목만 보면 순수하게 설악산만을 유람하고 작성한 기록은 많지 않다. 그러나 금강산 등의 유람 중 설악산을 경유하면서 설악산과 관련된 사항을 기록한 것은 모두 포함시켰다. 표에서 중국 명나라 사람인 왕유정이 쓴 「한계산기」를 포함시켰다. 저작 시기와 배경 등을 살펴볼 수 있는 자료가 없어 직접 유람하고 지은 것인지, 조선의 사신들을 통해 전해 듣고 지은 것인지 알 수가 없으나 조선후기 설악산을 유람하거나 설악산을 기술하는 문인들에게는 필독서였으므로 본 표에 수록하였다. 또한 본 글은 조선시대 편에 속하므로 20세기에 들어와 작성된 기록은 포함하지 않았다.

작자(생몰년)	산수유기 제목	수록문헌	유람연도
金壽增 (1624~1701)	「曲淵記」	『谷雲集』	1679
	「寒溪山記」		1691
	「遊曲淵記」		1698
金 楺 (1653~1719)	「游楓嶽記」	『儉齋集』	1709
金昌緝 (1662~1713)	「東遊記」	『圃陰集』	1712
金昌協 (1651~1708)	「東征記」	『農巖集』	1696
金昌翕 (1653~1722)	「雪岳日記」	『三淵集拾遺』	1705
	「遊鳳頂記」		1711
	「東遊小記」	『三淵集』	1711
南孝溫 (1454~1492)	「金剛山記」	『秋江集』	1485
朴聖源 (1697~1767)	「寒雪錄」	『臥遊錄』	1739
朴允默 (1771~1849)	「題金剛錄卷首」	『存齋集』	1815
文益成 (1526~1584)	「遊寒溪錄」	『玉洞集』	1575
成海應 (1760~1839)	「記關東山水」	『研經齋全集』	미상
安錫儆 (1718~1774)	「後雪岳記」	『雪橋集』	1760추정
	「東行記」		1761
王維楨 (1507~1555)	「寒溪山記」	『槐野存笥稿』	미상
柳敬時 (1666~1737)	「遊金剛山錄」	『涵碧堂集』	1728
柳夢寅 (1559~1623)	「題紺坡崔有海號副墨遊金剛山錄後」	『於于集』	1590
俞 瑒 (1614~1692)	「關東秋巡錄」	『楸潭集』	1657추정
尹 鑴 (1617~1680)	「楓岳錄」	『白湖全書』	1672
李東沆 (1736~1804)	「遲菴海山錄」	『見聞草』	1791

작자(생몰년)	산수유기 제목	수록문헌	유람연도
李萬敷 (1664~1732)	「寒溪」	『息山集』	1730
	「雪嶽」		
李福源 (1719~1792)	「雪嶽往還日記」	『雙溪遺稿』	1753
李時省 (1598~1668)	「送豊安君趙公赴杆城郡序」	『騏峰集』	1632
李義肅 (미 상~1807)	「萬景臺記」	『頤齋集』	1771추정
	「水簾洞記」		
	「大乘嶺記」		
	「永矢庵記」		
	「曲百潭記」		
	「寒溪瀑記」		
李獻慶 (1719~1791)	「天吼山記」	『艮翁集』	1759
	「食堂瀑銘」		
任適 (1685~1728)	「東遊日記」	『老隱集』	1709추정
	「遊三淵精舍記」		
	「寒溪瀑布記」		
鄭基安 (1695~1767)	「遊楓岳錄」	『晚慕遺稿』	1742
丁範祖 (1723~1801)	「雪嶽記」	『海左集』	1779
趙德鄰 (1658~1737)	「關東續錄」	『玉川集』	1708
蔡之洪 (1683~1741)	「東征記」	『鳳巖集』	1740
許穆 (1595~1682)	「三陟紀行」	『眉叟集』	1660
洪泰猷 (1672~1715)	「遊雪嶽記」	『耐齋集』	1709
작자미상	『壯遊錄』	『壯遊錄』	1764

위의 표에 수록된 산수유기 외에도 아직 밝혀지지 않은 것들도 더 있
을 것이나, 필자가 파악한 바로 조선시대 설악산을 유람하고 기록한 산

수유기는 약 50여 편에 달한다. 지어진 시기는 15세기 후반부터 19세기 초반까지이다. 집중적으로 창작된 시기는 17세기 후반부터인데, 이때부터 설악산을 찾는 유람자의 수가 많아진다는 것을 보여준다. 물론 설악산만을 유람하고 지은 산수유기는 많지 않다. 주로 금강산을 유람하면서 설악산을 함께 유람한 것이다. 이것은 앞서 살폈듯이 김창흡을 비롯한 안동김문 계열의 지식인들을 통해 설악산이 세간에 알려지기 시작했기 때문이다.

설악산의 유람 내용이 나오는 가장 이른 시기의 산수유기는 중국 명나라 왕유정이 쓴 「한계산기」이나 직접 유람하고 쓴 것인지 듣고 쓴 것인지 알 수 없고, 확실한 것은 남효온의 「유금강산기」의 기록이다. 남효온은 1485년 4월 15일부터 윤4월 20일까지 서울 → 연천 → 철원 → 김화 → 금성 → 창도 → 신안 → 화천 → 추지령 → 통천 → 고성의 온정(溫井)을 거쳐 금강산을 유람한 후 간성 → 양양 → 오색 → 한계령 → 원통 → 인제 → 홍천 → 지평 → 양근 → 봉안 → 평구를 거쳐 서울로 돌아오기까지의 여정을 날짜순으로 기록하였다. 여정의 중심이 금강산에 있었기 때문에 금강산 명소에 대해 다양하고 자세하게 서술하였다. 귀로에 들린 설악산에 대한 기술은 상대적으로 간략하다.[7]

남효온 다음 문익성이 1575년 50세의 나이로 양양도호부사가 되어 裵景孚·崔蹈景 및 두 아들과 함께 한계산을 유람하였다. 이때 지은 것이 「유한계록」이다. 양양 → 백암리 → 오색리 → 형제령 → 소동령(한계령) → 한계사지 → 대승암 → 대승폭포 → 형제령 → 양양의 코스로 유람하였다. 문익성은 한계산을 유람한 뒤 세간의 사람들이 한계산의 뛰어난 명승을 알아보지 못한 것에 대한 아쉬움을 피력하였다.

---

7) 이하 설악산 산수유기의 내용은 국역본 『조선 선비, 설악에 들다』(권혁진 외, 인제문화원 향토사연구소, 2015)를 참고하였으므로, 이후 이 책을 참고한 산수유기의 내용을 설명하고 제시 할 경우 개인문집명 등의 출처를 별도로 밝히지 않았다.

설악산을 유람한 이들을 살펴보면 김창흡과 인척관계에 있는 김수항·김창협·김창집이 유람하였고, 설악산을 끼고 있는 지역의 관리나 강원도에서 벼슬을 한 사람들이 주를 이룬다. 기실 교통이 불편하던 당시에는 연고성이나 다른 특별한 기회가 있지 않는 한 설악산을 한번 찾아 유람하기란 쉽지 않은 일이었다. 그러므로 설악산 인근에 거주하거나, 강원도에 관리로 보임한 기회에 설악산을 찾아 유람하였던 것이다. 문익성·정범조·김몽화는 양양부사 시절에 설악산을 유람했고, 김수증은 아들이 인제군수로 재직하고 있었으며, 유창은 강원도관찰사였다. 여성인 김금원은 14세 때에 남장을 하고 설악산을 유람하였다.

당시 사대부들은 주로 봄과 가을에 설악산을 찾았다. 유람시기가 봄과 가을에 편중되는 것은 당시 유람풍조에 있어서 일반적인 현상이었다. 정범조는 3월, 권용정·박성원·이동항·이복원은 4월, 김유는 5월에 설악산을 유람하였다. 봄과 가을에 설악산 경치가 가장 아름답기 때문이기도 하지만 유람의 편의성으로 인해 덥고 추운 여름과 겨울에는 험로의 산중유람은 지양하였다. 문익성과 임적은 여름에 설악산을 찾았는데, 문익성은 산중에서 장마비를 만났고, 임적은 비로인해 2틀 동안 오세암에서 머물며 일정을 허비하였다. 김수증이 2월(현재 3월경에 해당)에 설악산을 올랐을 때도 얼음과 눈이 복사뼈까지 빠졌다고 기록하고 있다. 지금도 설악산에는 봄에도 눈이 쌓여있고 얼음이 얼어 겨울 산행은 특히 위험하고 힘들다.

산수유기에 나타난 설악산의 주요 유람경로를 살펴보면 백담사 → 오세암 → 신흥사 코스가 가장 일반적이었다. 현재의 백담분소에서 시작하여 수렴동과 백담사를 지나 영시암·오세암·마등령을 오르고, 아래쪽으로 비선대 및 와선대로 내려와서 신흥사를 거쳐 토왕성폭포까지 이르는 코스이다. 유람자에 따라 역 코스로 유람하기도 하였고 단축 행로를 택하기도 하였다. 두 번째 노선은 토왕성폭포를 다녀와서 비선대·와선대로 오르고 봉정암·오세암을 거쳐 한계폭포[대승폭포·大瀑]로 하산하는 코스이다. 이 코스 역시 유람자에 따라서는 단축 코스를 택하기도 하였다. 그밖에도 한계사지를 출발하여 대승폭포에 올라 유람하고 백담분소 쪽으로 내려오는 코스와 미시령에서 바로 울산바위 아래의 계조굴과 울산바위를 유람하고 신흥사를 거쳐 비선대와 와선대를 둘러보는 단축 코스가 있다. 김창흡 이전의 유람경로가 한계령과 미시령을 중심으로 이루어 졌다면 김창흡이 백담계곡에 은거한 이후 후대 유람자들은 백담사가 있는 백담계곡을 경유하여 하는 양상을 볼 수 있다. 몇몇 주요 산수유기를 통해 조선시대 설악산 유람경로를 정리해 보면 다음의 표와 같다.8)

<표 2> 조선시대 설악산 주요 유람코스

유형	유람코스	유람자	산수유기
A	백연정사(백담분소)→수렴동→백담사→황장폭포 →영시암→오세암→마등령→비선대·와선대→신 흥사→토왕성폭포	김창흡(1)	「설악일기」
A´	백담사→수렴동→봉정암→가야동→오세암→영시암	이복원	「설악왕환일기」
∀	토왕성폭포→신흥사→계조굴·천후산→비선대·와 선대→만경대→봉정암→대청봉→영시암→백담사	안석경(1)	「후설악기」
B	토왕성폭포→비선대·와선대→신흥사→만경령→ (영시암→수렴동) →봉정암→오세암-영시암→한계 폭포	정범조, 김몽화	「설악기」, 「유설악록」
B´	천후산·계조굴→신흥사→와선대·비선대→영시암 →폐문암→대승폭포	안석경(2)	「동행기」
b	영시암→오세암→식당암→토왕성폭포	김창흡(2)	「동유소기」
C	한계사지→대승폭포→귀때기골→곰골→황장폭포 →오로봉	김수증	「유곡연기」
D	도적연→미시령→화암사→계조굴·천후산→신흥 사→비선대·와선대	김 유	「유풍악기」

※ 대문자 : 기본코스, 대문자 ´ : 변형코스,
  逆대문자 : 역코스, 소문자 : 기본코스의 단축행로

8) 유람경로의 표와 도면은 인제군에서 실시한 『설악산 자연지명 조사연구 학술용역 보고서』(2014)의 내용을 전재하였다.

당시 산중유람은 하루에 끝나는 것이 아니라 며칠이 걸리는 여정이었다. 산중에 驛이나 여관이 없었으므로 사찰이나 암자 등이 유람자의 숙소로 이용되었다. 또한 승려가 산중의 길을 가장 잘 알고 있어 가이드를 도맡았으며, 유람자들이 타고 다니는 가마를 메야 했다. 산중 가이드를 맡은 승려는 '指路僧', 가마를 메는 승려는 '藍輿僧'이라 불렸다.

사대부들은 산중에서는 말이나 나귀에서 내려 가마를 타고 다녔다. 종복이 메는 가마를 타고 다니다가도 산중에서는 산길에 익숙한 승려들의 가마에 옮겨 타서 유람 하였다. 걸어 다니는 사람도 있었지만 대부분의 사대부들은 나이와 관직고하를 막론하고 대부분 가마를 타고 산을 유람하는 내용이 산수유기에 어김없이 등장하고 있다.

<그림 1> 정선, 『신묘년풍악도첩』 중 「백천교」,
1711, 견본담채, 39×34cm, 국립중앙박물관

정선이 금강산을 기행사경한 『신묘년풍악도첩』의 「百川橋」라는 그림을 보면 가마를 내려놓고 쉬고 있는 고깔 쓴 가마꾼 승려들과 나귀를 몰고 주인을 따라온 家僕들이 있어 당시 승려들의 가마 메는 풍속을 짐작케 한다.

설악산 유람도 예외는 아니었다. 당시 설악산을 유람한 사대부들 대부분도 승려가 메는 가마를 탔다. 가마가 오를 수 없는 절벽 등을 제외하고는 산 초입에서부터 높고 험한 길도 모두 승려가 메는 가마를 타고 설악산을 유람한 것이다. 김수증·김창협은 대승폭포·만경대 등의 험한 코스를 승려가 메는 가마를 타고 유람하였다. 김수증은 유람 중 가마에서 내리자니 얼음과 눈이 복사뼈까지 빠져 발붙이기가 어렵고 간혹 산골짜기가 험하여 가마가 올라가지 못하자 시종 가마에 올랐다 내렸다 하면서 유람하였다. 김창즙도 백담사의 승려들이 메는 가마로 유람하였고, 이복원은 가마를 타고 봉정암에 올랐는데, 승려들의 숨소리가 끊어질 것 같다고 회고한다. 그리고 이복원은 한 번 발을 잘못 헛디디면 만 길 깊은 계곡으로 빠져 들어가게 되므로 가슴이 두근거려 앞으로 나아갈 수 없었다. 이에 가마에서 내려와 줄로 허리와 배를 묶고 한 사람이 뒤를 따르면서 줄을 잡아당기게 하였다. 또 한사람을 앞에 서게 하여 그 사람의 어깨와 겨드랑이를 부여잡고서 하산하였다. 설악산의 험로는 지금도 오르기 위험하다. 정범조는 가마를 타고 험한 대승령을 넘었는데, 바로 앉지 못하고 엎드려서 갔다. 1787년 김몽화는 대승암 어귀에서 가마를 메고 가던 승려가 땅으로 넘어지는 바람에 시냇물로 떨어지기도 했다.

가마를 멜 승려가 없는 경우에는 주민들을 불렀다. 박성원은 오세암을 오르려 했으나 산에 큰 절이 없고, 살고 있는 백성도 없어서 가마꾼이 갖추어지지 않았다. 새벽에 절의 스님에게 요청하여 민가의 가마꾼을 데려오게 했는데, 모두 며칠 동안 먹을 양식을 가지고 와서 가마를 메는 노역에 종사하였다. 박성원은 설악산 유람 중 돌길이 끊어져 가마를 사

용할 곳이 없자 옷깃을 꽂고 신발을 동여매고, 각기 명아주를 꺾어 지팡
이를 만들어 걸었다. 급경사를 만나면 가마꾼으로 하여금 좌우에서 부축
하게 하고 발을 연이어서 걸으며, 몸을 오그리고 앞으로 나갔다. 가마를
사용할 수 없는 곳에서는 가마를 메던 사람들의 도움을 받았다. 조선시
대 산을 자주 오르지 않았던 사대부들은 설악산의 험로를 가마를 타고,
때로는 수행인들의 부축을 받아 걸으면서 유람하였던 것이다.

그리고 유람 중 사찰에서 숙식을 해결하였다. 한계령을 경유하여 인
제와 양양 사이를 오갈 경우, 한계리에 있는 雲興寺에서 숙박을 하였다.
김수증과 김창협은 한계사가 불타자 새로 창건한 운흥사에서 하룻밤을
보냈다. 한계사가 폐찰되기 전에는 한계사에서 머물기도 했다. 설악산
내에서는 사찰에서 묵을 수밖에 없었다. 내설악의 경우 출발할 때는 지
금의 용대리에 있던 葛驛이나 민가에서 묵었었고, 산행을 할 때는 백담
사의 전신인 심원사에서 짐을 풀거나 백담사 맞은편에 있던 민가에서 잤
다. 영시암·오세암·봉정암에서 반드시 묵어야했다. 이곳에 절이 없었던
시기에 강원도관찰사 유홍이 설악산을 유람하였는데, 잘 곳이 없자 바위
밑에서 묵었다. 그래서 그 굴은 '유홍굴'이란 이름을 얻게 되었다.[9]

사대부들이 설악산을 유람할 때는 많은 사람들이 동원되었다. 친척이
나 지인들이 동행하는 경우가 대부분 이었고, 이들의 숙식을 수발 할 노
복이나 승려들이 동원되었다. 문익성은 지인 崔蹈景·裵景孚, 그리고 두
아들을 대동하고 설악산을 유람했다. 정범조는 사위와 아들을 대동하였
고, 홍태유는 친척과 이종사촌, 그리고 조카와 함께 하였다. 김몽화는 강
원도관찰사 金載瓚과 인제군수 昃遠謨가 동행하였다. 김재찬이 대동한
하인은 철 피리를 불며 산중유람의 흥을 돋우었다. 길은 산중을 잘 아는
승려들이 안내하였다. 김수증이 대승령을 넘을 때는 백담계곡에 살고 있
던 승려 池一·覺炯·廣學이 동행하였다.

---

9) 허남욱, 「조선시대 설악산 유산기의 개괄적 검토」, 『한문고전연구』 30, 2015.

이처럼 설악산의 승려들은 산중 유람자의 가마꾼과 가이드 역할을 했고, 사찰은 그들의 숙식 수발을 들어야 했다. 1589년 강원도관찰사로 왔던 具思孟은 한계산을 유람하고 「한계산」이라는 시를 남겼다. 시를 보면 한계사 터에 도착하여 장막을 치고 술을 마시며 머물렀는데, "가마타고 스님들 발을 번거롭게 하여 곧바로 갈라진 바위틈으로 올라간다."고 하여 가마를 타고 한계산을 유람하고 있음을 밝히고 있다. 특히 시의 말미에 한계사에 대한 다음의 글을 남기고 있다.

> 옛 절은 한계사이다. 양양 소솔령에서 출발하여 인제의 옛 길에 이르러 절을 거쳐 가는 행인들은 반드시 이 절에서 투숙한다. 절의 승려는 손님 영접의 고통을 이기지 못해 이곳에서 살려고 하지 않아 드디어 텅 비어 폐사가 되었다. 지금은 무너진 것이 오래되어 단지 옛 터만 남아 있는데 섬돌만은 그대로 있어 이곳이 큰 사찰이었음을 알려준다. 이 산은 인제에서 솟아난 것이 한계산이고 양양에 위치한 것은 설악산이라 부르는데 실제로는 하나의 산이다.10)

한계사의 폐사 원인을 손님 영접의 고통 때문이라고 한다. 인제의 길을 거쳐 가는 행인들은 반드시 한계사에서 투숙하였고, 승려들은 그 고통을 이기지 못해 절을 떠나 사찰이 비게 되었다는 것이다. 이것은 한계사가 폐사된 전적인 원인은 아니더라도 절이 중흥하지 못한 원인의 한 단면을 보여주는 내용이다. 이와 비슷한 사례는 조선중기까지 터만 남아 있던 금강산 神溪寺에서도 보인다. 신계사 근처 역에 사는 驛奴가 유람 오는 벼슬아치들을 따라 말을 몰고 험한 곳을 다니는 것을 괴롭게 여겨 사찰에다 불을 질렀다는 얘기가 전한다.11) 설악산의 사찰들은 유람자와

---

10) 『八谷集』 권2, 詩 「寒溪山」. "古寺 即寒溪寺 自襄陽所率嶺 抵麟蹄舊路 經由寺下往
   來人 必投宿于寺 寺僧不堪迎接之苦 不肯居住 遂致空廢 今則頹圮已久 只有舊基 砌
   礎宛然 曾是巨刹也 此山 在獜踊爲寒溪 其在襄陽者曰雪岳 實一山也".
11) 『樂全堂集』 권7, 記 「遊金剛小記」. "新溪寺燬去 或云傍近驛奴苦其遊客馳馹涉險
   火之 數年來 草木荒翳 山門谿逕 湮塞不可通".

나그네의 숙식제공으로 인해 큰 어려움을 겪었던 것이다.

　이처럼 설악산은 조선후기 유람의 유행 속에서 사대부들이 명산으로 인식하고 유람하게 되는 것이다. 김창흡의 설악산 은거가 설악산을 세간에 널리 알리는 역할을 하였다면, 설악산은 인제 등 산이 위치한 지역을 세상에 알리는데 큰 역할을 한 명산이 되었던 것이다. 특히 설악산을 유람하고 남긴 산수유기는 당시의 생활상, 설악산의 자연지명, 역사유적 등을 밝힐 수 있는 중요한 사료가 되고 있다.

4. 관동유람 유행과 청간정의 명소화

　주지하듯이 조선시대 유람문화의 흐름 속에서 가장 주목받았던 지역은 관동이었다. 관동지역 중에서도 고성의 금강산이 유람 처로 가장 각광받았다. 금강산은 당시 사대부들이 가장 많이 유람했던 곳이었다. 한국에서는 예로부터 三神山으로 불리던 금강·지리·한라산이 대표적 명승으로 꼽혔다. 중국에서는 시기를 막론하고 삼신산의 전설이 꾸준히 회자되었다. 한국에서는 중국의 삼신산을 본떠 금강산을 봉래산, 지리산을 방장산, 한라산을 영주산으로 일컬었다.

　삼신산은 일찍부터 仙境으로 알려졌고, 사람들이 유람을 소망했다. 삼신산 중 금강산은 조선 전시기에 걸쳐 유람객의 발길이 끊이지 않았다. 금강산은 산 자체가 지니고 있는 수려한 경승으로 사람들에게 동경의 대상이 되어왔고, 많은 사람의 유람을 발행시켰다. 사람들 사이에서 금강산을 유람하는 것은 신선의 명단[仙籍]에 이름을 올리는 것이라 할 정도였다.[12]

　금강산은 회양·통천·고성군에 걸쳐있는 산이지만 조선시대 금강산이

---

12) 『白湖全書』 권34, 雜著 「楓岳錄」. "世云遊楓岳者 謂可以登名仙籍".

있는 대표지역은 단연 금강산의 영역의 가장 많은 곳을 차지하는 고성군
을 꼽았다. 그리고 금강산과 더불어 관동팔경이 유람명소로 각광받았다.
조선시대에 오게 되면 금강산과 관동팔경을 함께 유람하는 것이 관례였
고, 산수 유람을 꿈꾸던 사람들은 이 여정을 최고로 여겼다. 금강산이
위치한 고성에는 관동팔경 중 한 곳이었던 청간정이 소재해 있다. 청간
정은 일찍부터 많은 사대부들이 금강산과 관동팔경 유람 길에 들렀던 유
람명소였다. 청간정 주변에는 기암괴석의 萬景臺, 누정인 만경루 등이
함께 있었다. 만경대는 동해바다를 조망할 수 있는 암벽 그 자체였다.
『신증동국여지승람』에 만경루가 소개되어 있는데, "청간역 동쪽 수리에
있으며, 돌로 된 봉우리가 우뚝 일어서고 괴석이 층층이 쌓여 대와 같은
데, 높이가 수십 길은 되며 위에 구부러진 늙은 소나무 몇 그루가 있다.
대의 동쪽에 작은 다락을 지었으며 대 아래는 모두 어지러운 돌인데, 뾰
족뾰족 바닷가에 꽂혔다. 물이 맑아 밑까지 보이는 바람이 불면 놀란 물
결이 어지럽게 돌 위를 쳐서 흰 눈이 날아 사면으로 흩어지는 것처럼
참으로 기이한 광경이다."라고 경승의 기묘함을 적고 있다.[13]

청간정은 원래 邑亭이었다. 조선시대 청간역이 운영되면서 그 부속
건물인 驛亭으로 활용되었다. 만경루는 청간정과 마찬가지로 관에 의해
건립되었던 것으로 영동지방의 다른 팔경들처럼 官에서 외빈들을 接賓
할 때 활용되었던 공간이었다. 18세기 정선과 강세황이 기행사경 한 청
간정 그림을 보면, 만경대·만경루·청간정의 모습을 모두 볼 수 있다. 해
변에 솟은 奇巖이 만경대, 중층누각이 만경루, 단층정자가 바로 청간정
이다.

조선시대 관동유람의 유행 속에서 청간정은 시인묵객들의 유람으로
들끓었고, 이를 소재로 한 무수히 많은 시문들이 창작되었다. 그리고 당
대 유명한 화가였던 정선과 김홍도를 필두로 17~19세기를 대표하는 畫

---

13) 『신증동국여지승람』 권45, 강원도 간성군 누정조.

師들이 그림으로 담아 가는 등 청간정의 수려한 경승은 유람객들을 통해 전국에 회자되었다.

<그림 2> 강세황, 『楓嶽壯遊帖』 중 「청간정」,
1788, 지본담채, 32×48cm, 국립중앙박물관

조선후기 문신 蔡之洪(1683~1741)은 1740년 청간정을 유람하면서 "청간정 처마에 고금의 많은 시인들의 시판이 걸려있다."14)고 하였다. 당대의 많은 명사들이 청간정을 찾고 있음을 알 수 있다. 청간정을 다녀간 사람을 수치상으로 제시할 수는 없다. 그러나 조선시대 산수유기와 유람시문 속에 청간정을 유람한 내용과 그 승경을 극찬하며 많은 이들이 다녀갔다고 한 기록들은 일별할 수 없을 만큼 많다. 柳夢寅은 청간정을 狐白裘15)도 소용없는 제일의 누대라며 극찬했다.16) 청간정은 수려한 풍광

---

14) 『鳳巖集』 권13, 記「東征記」. "楣間多有古今人詩板".
15) 여우 겨드랑이의 하얀 털로 만든 갖옷으로, 매우 좋은 모피의 하나.

으로 인해 조선 전 시기에 걸쳐 시인묵객들의 발길이 끊이지 않는 유람
명소였던 것이다.

　조선시대 관동팔경이 널리 회자되는데 영향을 끼친 鄭澈(1536~1593)
의 「관동별곡」에도 청간정이 등장한다. 「관동별곡」은 정철이 1580년 강
원도관찰사로 부임하여 도내를 순력하면서 직접 방문하고 느낀 감흥을
歌辭로 읊은 것이다. 여기서 "三日浦를 유람하였던 신라 四仙은 어디갔
는가? …중략… 청간정과 만경대 등 몇 군데 앉아서 놀았던가?"라고 했
다. 사선은 신라 때의 화랑 永郎·述郎·安祥·南郎 등으로 전한다. 청간정
의 창건 시기는 미상이므로 신라 사선이 청간정을 다녀갔는지, 당시 청
간정이 있었는지는 알 수 없다. 그러나 일찍부터 청간정과 만경대에 많
은 사람들이 노닐다 갔음을 알 수 있다.

　崔岦은 관동유람을 위해 간성군수를 자청 한 인물이다. 최립의 행장
을 보면 1602년 周易校正廳 堂上이되었다가 1603년 외직으로 나가『주
역』교정을 마치기를 청하여 간성군수를 자청하였다고 하였다.[17] 그러
나 최립이 한직 중에서도 간성군수를 자청한 목적은 금강산과 관동팔경
일대를 유람해 보고자 한 것이었다.[18] 간성군수 재임시절 지은 시문이
「東郡錄」으로 남아 있다. 여기 '청간정'이라는 시를 보면 최립은 19년간
동해를 유람하고 싶어 했던 간절한 마음을 청간정에 올라 풀었다고 술회
하고 있다.[19] 최립의 이 시는 당시 청간정의 시판으로 새겨 걸렸고 이후
수많은 유람객들이 차운次韻한다. 1672년 윤휴가 청간정을 유람하면서
최립의 시를 보고 차운하였다. 윤휴는 이때 "붉은 기둥으로 된 높은 누
각이 바다를 향하여 있고 어촌이 저자를 이루고 있었는데 구름과 물이
시야를 가득 메웠다. 말에서 내려 난간에 올라 보니 마음까지 시원하였

---

16)『於于集』권1, 詩,「關東錄」'청간정'. "狐白無功第一樓".
17) 한국고전종합DB 최립의 行歷 참조.
18)『簡易集』권3, 序「遊金剛山卷序」; 跋「關東勝賞錄跋」.
19)『簡易集』권8「東郡錄」, "청간정". "東海一遊元有計　白頭眞免白鷗猜".

다.”라고 청간정의 위치에서 바라보는 주변 풍광의 수려함을 극찬하였
다. 윤휴가 유람할 당시에는 청간정이 '滄海亭'으로 불렸다.[20]

　李植은 대사간을 세 차례 역임하였는데, 1632년 인조의 私親인 定遠大
院君의 追崇이 예가 아님을 고하다 인조의 노여움을 사서 간성현감으로
좌천되었다.[21] 이식은 간성현감으로 좌천되었지만 금강산이 있는 곳에 현
감으로 가는 것을 “장한 유람을 한다.”고 표현한다. 좌천이 달갑진 않으나
한가한 벼슬을 얻어 평소에 하지 못했던 隱逸을 흉내 낼 수 있는 기회로
인식하며 현실을 스스로 달래고 있다. 그리고 청간정에 올라 그 풍광을
다음과 같이 노래했다. 이 시는 현재 청간정 안에 시판으로 걸려 있다.

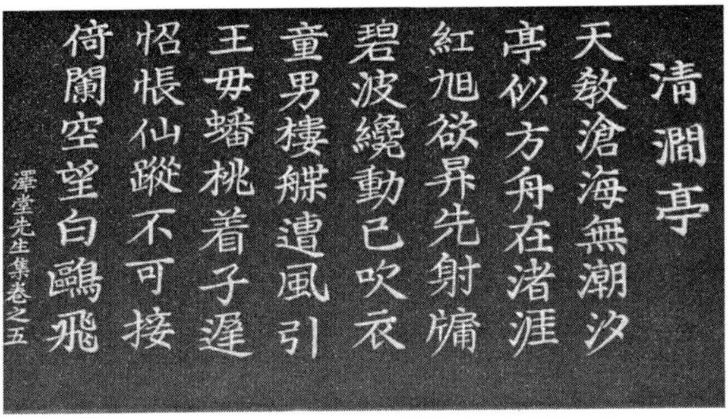

<사진 1> 청간정 내 택당 이식 시판

　　하늘의 뜻이런가 밀물 썰물 없는 바다
　　방주마냥 정자 하나 모래톱에 멈춰 섰네
　　아침 해 솟기 전에 붉은 노을 창을 쏘고
　　푸른 바다 일렁이자 옷자락 벌써 나부끼네
　　童男童女 실은 배 順風을 탄다 해도[22]

---

20) 『白湖全書』34권, 雜著, 「楓岳錄」. “一處傑閣丹楹 橫臨海口 漁村成市 雲水浩渺 下
　　馬登軒 心境俱爽 古之所謂淸澗亭 淸澗之稱 蓋因驛號而名 今謂滄海亭”.
21) 『仁祖實錄』 권24, 9년 5월 癸未.

> 왕모의 선도仙桃 열매 언제나 따먹으리[23]
> 仙人의 자취 못 만나는 아쉬움 속에
> 난간에 기대 부질없이 오가는 백구만 바라보네[24]

청간정은 설악산에서 흘러내리는 청간천과 바다가 만나는 구릉 위에 있어 여기서 바라보는 동해안의 풍경은 일품이다. 청간정은 동해안 풍경 외에도 이식의 시에서도 보듯이 일출 광경이 일품이었고, 낙조와 달밤의 정취 또한 시인묵객의 심금을 울렸다. 신익성은 1631년 청간정을 유람하는데, 만경대에 올라 달빛에 취해 돌을 베고서 누워 "이 밤, 이 달은 천하가 함께하는 것이지만 나처럼 만족스레 바라보는 이는 없을 것이다."라고 청간정 달밤의 정취를 극찬했다.[25]

이 밖에도 楊士彦(1517~1584)·吳允謙(1559~1636)·鄭曄(1563~1625)·許筠(1569~1618)·趙纘韓(1572~1631)·李明漢(1595~1645)·尹舜擧(1596~1668)·洪宇遠(1605~1687)·鄭必達(1611~1693)·申厚載(1636~1699)·李沃(1641~1698)·金時保(1658~1734)·蔡彭胤(1669~1731)·沈錥(1685~1753)·李獻慶(1719~1791)·丁範祖(1723~1801)·洪奭周(1774~1842)·趙秉鉉(1791~1849)·姜溍(1807~1858)·李裕元(1814~1888)·宋秉璿(1836~1905)·郭鍾錫(1846~1919) 등 일일이 열거할 수 없을 정도로 조선의 이름난 명사들이 청간정을 유람하였다. 그리고 유람자들에 의해 청간정은 전국적으로 이름 난 명소로 고착화 되었다.

---

22) 진시황이 方士 徐市에게 명하여 동남동녀 수천 명을 이끌고 바다 속으로 들어가서 三神山을 찾아 仙藥을 구하도록 했던 고사가 전한다.

23) 仙女인 西王母가 漢武帝를 방문하여 복숭아를 먹여 주었을 때, 무제가 그 씨를 남겨 두고서 땅에다 심으려고 하자, 서왕모가 웃으면서 "그 복숭아는 3천 년에 한 번 열매를 맺는 데다, 중국은 땅이 또 척박하니 심어도 자라지 않을 것이다."고 말했다는 전설이 전한다.

24) 『澤堂集』 권5, 詩 「淸澗亭」.

25) 『樂全堂集』 권7, 記, 「遊金剛小記」. "此夜此月 天下共之 亦無如我得意看".

<사진 2> 청간정 전경(고성군청)   <사진 3> 청간정 야경(고성군청)

<사진 4> 청간정 일출(고성군청)   <사진 5> 청간정 낙조(고성군청)

5. 맺음말

조선시대 유람풍조의 유행은 새로운 장소를 명승·명소로 탄생시킨다. 무명의 장소가 특정 인물과 가문, 그리고 많은 사람들의 유람을 통해 새로이 각광받는 장소로 탄생하게 되는 것이다.

설악산은 조선전기까지만 하더라도 주목받지 못했다. 그러나 김창흡의 설악산 은거와 유람을 시작으로 세간에 알려지게 되고, 설악산을 전적으로 유람하거나, 금강산 유람을 오가는 길에 유람하는 사람들이 점점 많아졌다.

일찍이 김창흡의 先代인 김수항·김수증도 설악산을 유람했다. 이들은 김상헌의 직계 후손이었다. 당시 안동김씨 김상헌 계열의 후손들은 선대의 자취를 찾아 설악산을 다투어 유람했고, 이들의 설악산 산수유기 등을 통해 당대 지식인들에게 설악산이 널리 알려지게 된다. 설악산은 조선후기 유람의 유행 속에서 사대부들이 명산으로 인식하고 유람하게 되는 것이다.

청간정은 일찍부터 관동팔경의 하나로 고착화 되었고, 그 경승의 수려함이 조선에 널리 알려졌다. 유람을 통해 조선의 유명한 문사들이 거쳐 갔고, 와보지 못한 사람들은 일생에 한번 유람하기를 소망했던 곳이었다. 조선의 명사들로부터 무명의 선비들까지 수많은 이들이 다녀간 명소로 부각되었다. 그리고 그 장구한 명성은 아직까지 수그러들지 않고, 현재에도 수많은 관광객들이 찾고 있는 關東第一樓로 자리 잡고 있다.

제3장 武陵溪 명승 탄생의 文化史的 배경

1. 머리말

동해시에 소재 한 무릉계는 1977년 강원도의 국가지정 국민관광지 제 1호로 지정되었다.[1] '무릉'이라는 이름처럼 先人들은 무릉계를 무릉도 원과 같은 樂土의 세계로 칭송해 왔다. 그 명성이 꾸준히 이어져 2008년 2월 5일에는 명승 제37호로 지정되기에 이른다.

자연공간은 사람들과의 만남을 통해 의미 있는 공간으로 재창조 된 다. 세간에 칭송받는 명승지는 원래부터 사람들에게 알려진 것은 아니었 다. 아무도 모르는 공간에 사람이 들고, 그 사람을 매개로하여 아름다운 명승으로 전파되어 또 사람들에게 그렇게 각인되어 오는 것이다. 이로 인해 명승은 역사문화경관적 가치를 함유하게 된다. 명승은 '수려한 경 관'이라는 외면적 가치와 '역사문화'라는 내면적 가치 모두가 충족되어 있는 곳이다. 무릉계가 명승으로서 지닌 가치와 명승으로 지정된 사유도 이와 같다.

頭陀山과 靑玉山을 배경으로 한 무릉계는 화강암 계곡의 침식 및 퇴 적지형의 지질학적 요소와 용추폭포·쌍폭·무릉반석 등 별천지라 부를 만 한 비경을 지니고 있다. 李承休(1224~1300)가 은거하며 『帝王韻紀』 를 찬술한 역사적 장소, 삼척부사 金孝元(1542~1590)의 유람을 통해 이

---

1) 무릉계는 현 행정구역상 동해시에 속해 있으나, 1980년 동해시가 생기기 전에는 삼척시 행정구역에 속해있었다. 그러므로 본 글에서 인용한 역사자료는 대부분 삼 척 것이며, 타 지역 독자의 이해를 돕기 위해 이를 밝혀둔다.

름이 유래된 곳, 무릉계를 유람한 묵객들의 수많은 시문과 각자, 무릉팔
경과 구곡, 두타산성과 삼화사 등과 같은 역사적 요소가 가미되어있는
인문사적의 보고이기도 하다. 2008년 무릉계의 문화재 지정보고서 기술
내용을 보면 역사적 유래, 지질, 지형, 식생, 동물상, 경관 등 6개 항목으
로 되어 있다. 지면이 부족하여 그러했을지 모르나, 역사적 유래나 인문
학적 내용은 매우 짧다.2)

무릉계는 두타산 무명의 곡류(曲流)였다. 김효원의 유람을 통해 본격
적인 문화공간으로 탈바꿈하기 시작한다. 무릉계는 전근대부터 많은 사
람들의 유람이 있어왔다. 유람객들의 입을 통해 무릉계의 명성이 세간에
회자되었고, 많은 사람들을 불러 모았다. 무릉계는 조선시대의 유람명소
로 이름을 떨쳤다. 무릉계 유람객은 유람과정과 소회를 담은 산수유기를
창작하거나, 수많은 題詠을 남겼고, 자신의 이름을 바위에 새겨놓았다.
이러한 시문들과 각자는 지금까지 전해오며 무릉계의 역사를 말해주고
있다. 뿐만 아니라 팔경과 구곡이 설정되었다. 무릉계는 사람들로 인해
자연공간에서 문화공간으로 탈바꿈되는 것이다. 무릉계가 명승으로 탄
생하게 된 이유는 이러한 문화적 배경, 즉 유람문화와 여기서 파생된 문
화의 흔적이 집적되었기 때문이다.

그동안 명승이 내포하고 있는 인문학적 배경과 요소를 밝히고자 하는
연구는 꾸준히 있어왔다.3) 선행 연구들을 통해 명승은 자연과 인문의 복

---

2) 문화재청, 『2008년 천연기념물·명승 국가지정 문화재 지정보고서』, 2008, 99쪽.
3) 김학범, 『보고 생각하고 느끼는 우리 명승기행』, 김영사, 2013 ; 신동섭, 「조선후
   기 명승에 대한 사실적 인식의 발전:장동김문을 중심으로」, 한국교원대학교 석사
   학위논문, 2014 ; 신준, 「경관유산 명승에 부여된 인문적 가치에 관한 연구」, 한국
   교원대학교 석사학위논문 2017 ; 신준·류제헌, 「전통 명승에 부여된 인문적 가치
   의 내용과 실제 사례」, 『문화역사지리』 29-1, 2017 ; 이영배, 「명승 향유 전통과
   현재 활용 상태:영남지방을 중심으로」, 한국교원대학교 석사학위논문, 2013 ; 조영
   남, 「관동 해안지방 명승 향유 방식의 변화」, 한국교원대학교 석사학위논문, 2016
   등이 있다.

합체로서 예술·경관·학술적 가치가 뛰어난 곳으로 인식되고 평가받고
있다. 문화재청에서 국가지정문화재 명승으로 지정한4) 각각의 명승마다
그곳이 지니고 있는 특수한 문화사적 배경을 가지고 있다. 이 배경은 특
정 자연공간이 명승으로 지정되는 하나의 배경이기도 하다. 명승으로 지
정되기 전에 이러한 가치를 밝히는 연구가 선행되거나 지정 후에라도 연
구가 이루어져야만 명승의 가치를 더욱 높일 수 있을 것이다. 그간 무릉
계에 대한 연구는 지역 관광위락자원으로서의 평가지표를 설정하고 지
역 관광자원으로의 개발을 통한 경제적 가치를 추정한 연구,5) 무릉계곡
일대의 지형·지질·동식물상·문화환경의 항목을 설정하고 그 특성을 분
석하여 명승지에 관한 이론적 연구방법과 명승지 지정을 위한 체계적인
항목별 분석을 제시한 연구,6) 무릉계곡의 지형경관자원을 조사·분석하
고 이를 바탕으로 새로운 관광콘텐츠와 탐방코스를 제안한 연구7) 등이
있다. 이 연구들은 관광적 가치와 콘텐츠 개발, 명승의 평가인자 등을
무릉계의 경관을 대상으로 적용하고 연구했다는데서 의미가 있다. 그러
나 무릉계의 역사적 가치를 밝히지는 않았다. 따라서 본 글에서는 무릉
계를 소재로 남겨진 각종 역사적 사료와 자료 등을 토대로 무릉계가 명
승으로 거듭나게 되는 문화적 인과관계와 역사적 요소가 축적되게 된 배
경, 그리고 무슨 경위로 어떤 역사적 요소들이 축적되어 있는지 등 명승
의 인문학적 이해의 한 부분을 살펴, 무릉계가 자연과 인문의 복합유산
인 명승으로 탄생할 수 있었던 문화사적 배경을 고찰해 보고자 한다.

---

4) 2020년 1월 기준 문화재청에서 국가지정문화재 명승으로 지정한 곳은 115곳인데,
   이중 2곳이 해제되어 현재는 113곳만 있다.
5) 이승철, 「동해 무릉계곡의 관광자원 가치추정에 관한 연구」, 강릉대학교 경영·정
   책과학대학원 석사학위논문, 1999.
6) 이진희, 「명승 대상지 평가인자 적용에 관한 연구 : 동해 무릉계곡, 함양 화림계곡
   을 중심으로」, 상명대학교대학원 석사학위논문, 2006.
7) 권동희, 「동해 무릉계곡의 지형관광자원 분석과 평가」, 『한국지형학회지』 20-3,
   2013.

이는 무릉계가 자연경관뿐만 아니라 역사·문화적 요소를 복합적으로 지니고 있다는 점을 구체적으로 제시해 줌으로써 무릉계가 가지는 인문학적 가치를 더욱 배가시킬 수 있을 것이라 생각된다.

2. 유람의 명소

사대부들은 여가가 있을 때 마다 별유천지로 이름난 명승을 수시로 찾아 유람하였다. 무릉계도 사대부들이 유람을 통해 仁智之樂을 즐기던 곳이었고, 수려한 경치로 인해 별유천지로 칭송받던 유람명소였다. 무릉계 용추폭포 입구 바위 전면에 초서 大字로 '別有天地'가 陰刻되어 있다. 글씨 왼쪽 傍書에 의하면 戊寅 暮春에 廣陵歸客이 썼다고 했다. 광릉귀객이 누구인지는 밝혀지지 않았으나 무릉계의 경치에 감동하여 '별유천지'를 새긴 것이다.

<사진 1> 무릉계 용추폭포의 '별유천지' 암각자(동해시)

사대부들에게 유람은 의미 있는 문화행위였지만, 시간·재력·건강이
허락해야만 가능한 것이었다. 대부분의 사대부들은 산수를 늘 그리워하
며 생각에서 지우지 못하는 山水癖을 관념처럼 지니고 살았다. 산수벽은
번다한 일상에서 벗어나 자연에 귀의하여 자적하며 안분하고자 하는 탈
속의 의미도 함께 지니고 있다. 탈속을 갈망했던 사대부들의 산수 유람
열망은 다른 부류보다 매우 컸다. 잠시라도 기회가 생기면 산수를 유람
하고, 여흥을 잊지 못하여 또 다시 유람하고자 하는 유람벽으로 이어졌
다. 사대부들의 일상에서 유람은 늘 마음속의 積聚였다. 이들은 여가가
생기면 적극적으로 산수 유람을 하면서 안분의 삶을 구현하려 하였다.
탈속을 즐기는 공간은 바로 산수였고, 유람을 통해서였다.[8] 그러므로 산
수유기를 읽거나 그림을 보고 간접체험을 하는 臥遊가 성행할 정도로
당시 사대부들의 유람욕구는 대단했다. 지역의 사대부들도 자신이 거처
하는 인근 산수를 찾아 유람하며 풍류를 즐겼다.

　　조선시대 유람처로 가장 각광받는 곳은 단연 금강산이었다. 그러나
도성을 기준으로 했을 때나 현재의 동해시를 기준으로 보았을 때 금강산
은 원거리여서 유람하기 녹녹치 않았고, 몇 일만에 쉬이 볼 수 있는 산
이 아니었다. 조선시대 금강산을 소재로 한 산수유기를 보면 짧게는 7일
길게는 한 달간 유람하는 경우도 있었다.[9] 반면, 무릉계는 지역인들이
하루만에도 쉽게 유람할 수 있는 장소였다. 또한 삼척부사나 삼척을 방
문한 외지인들이 여가를 내어 단기간 유람하기 적합한 장소였다.

　　무릉계는 두타산의 한 곡류이다. 주지하다 시피 무릉계는 김효원이
유람을 통해 처음 이름이 붙여진 곳이다. 선인들의 무릉계 유람은 두타
산 산수유기나 유람시를 통해 살필 수 있다. 유람관련 문헌 외에도 무릉

---

8) 이상균, 「조선시대 관인들의 탈속인식과 지리산 유람벽」, 『남명학연구』 46, 2015,
　　203쪽.
9) 이상균, 「조선시대 유람문화 연구」, 강원대학교 박사학위논문, 2013, 2쪽.

계 암석에 새겨진 무수한 題名을 통해 일일이 열거할 수 없을 만큼 많은
文士들이 무릉계를 유람했다는 것을 알 수 있다.

문헌상 무릉계를 방문하고 가장먼저 기록을 남긴 인물은 고려말의 문
인 李穀으로 확인된다. 이곡은 무릉계를 유람하고 「眞州 中臺寺 늙은 長
老와 이별하다」는 시를 남겼다. 무릉계 중대사의 스님과 이별하면서 쓴
시인데, 내용을 소개해 보면 다음과 같다.

스님은 두타산 밖으로 나오지 않고	上人不出頭陀山
마음의 행실이 물과 구름같이 맑고 한가하구나	水雲心迹淸且閑
내 가끔 지팡이 짚고 솔 대문을 두드렸소만	我時杖屨扣松關
돌길이 험난해 어쩌나 오르기 어려운지	石逕犖确難躋攀
뛰어난 경관 열 네 곳은 인간세상 아니고	雄觀十四非人寰
예전 현인의 걸출한 시구 절벽 사이에 남아 있네	前賢傑句留壁間
시냇가 다리에 석양 비추어 이별생각에 괴롭소만	溪橋夕照離思艱
속세 인연 다 끊지 못했으니 무슨 면목 있으리오	俗緣未盡吾何顔
누대에 오르니 어느새 달은 다시 초승달 되었으니	登樓不覺月再彎
죽서루 풍경이 날 속여 완고하게 하는구나	竹西風景欺我頑10)

이곡은 1349년(충정 1) 가을, 금강산과 동해안 지역을 유람하였고, 이
를 「동유기」로 남겼다. 「동유기」를 보면 이곡은 1349년 9월 12일11) 삼
척현에서 유숙하고, 9월 18일까지 삼척에 머물렀다. 13일 죽서루에 올라
오십천의 八詠12)을 살펴보고 교가역으로 가서 유숙하였다.13) 이곡의 시
를 보면 중대사 스님과 저녁에 해어지고 돌아와 밤에 죽서루에 오른다.

---

10) 『稼亭集』권14, 古詩 「留別眞州中臺寺古長老」.
11) 본 글에서 사용한 일제강점기 이전 내용의 날짜는 모두 음력이다.
12) 竹藏古寺·巖控淸潭·依山村舍·臥水木橋·牛背牧童·隴頭餉婦·臨流數魚·隔墻呼僧을
    말하는데, 『稼亭集』권20에 「次三陟西樓八詠詩韻」의 칠언절구가 나온다.
13) 『稼亭集』권5, 記 「東遊記」. "十二日 宿三陟縣 明日登西樓 縱觀所謂五十川八詠者
    出至交柯驛 驛去縣治三十里 於十五里臨海斷崖上有元帥臺 亦絶景也 小酌其上 遂
    宿驛舍 十八日 宿沃原驛".

이곡이 유람할 당시 무릉계라는 명칭이 없었지만, 중대사의 스님과 이별한 것을 통해 현재의 무릉계를 유람했음을 알 수 있다. 이 시를 「동유기」의 내용과 대비해 보면 13일 현 무릉계를 유람하며 중대사에 들렀다가 저녁에 관아로 돌아와 죽서루에 오른 것으로 보인다. 이곡의 시에서 주목되는 것은 절벽에 현인의 시구가 남아 있다는 것이다. 무릉계는 고려 말에 이미 世人의 유람이 있었고 경승으로 어느 정도 이름나 있었던 것으로 확인되는 대목이다.

이곡 이후 무릉계를 유람하고 시문을 남긴 사람은 김효원이다. 무릉계와 관련한 기록 대부분이 시고, 여정을 기행문 형식으로 남긴 산수유기는 김효원의 「두타산일기」가 유일하다. 1661년 6월 3일 삼척부사 許穆이 유람하고 「두타산기」를 남기긴 했으나, 이 글은 기행문 형식인 遊記가 아니라 산수에 대한 객관적인 설명과 보고적 성격이 강한 산문이다. 김효원은 1575년 12월에 삼척부사로 부임했다가 1578년(선조 11) 4월에 이임하였다. 부사 재임시절인 1577년 3월 삼척 유생들과 더불어 3월 20일~26일 간 무릉계를 포함한 두타산 여러 곳을 두루 유람하였다. 그리고 그 여정과 소회를 「두타산일기」라는 기행문으로 남겼고, 이때 유생들과 함께 酬唱한 시를 모아 「遊中臺寺詩卷」이라는 別錄을 만들었다. 이 시권의 현존여부는 알 수 없고, 김효원의 문집인 『省菴遺稿』에 17편의 시가 수록되어 전하고 있다.

김효원이 유람 할 당시 무릉계는 이름이 없었고, 중대사 앞의 수려한 계곡으로만 알려져 있었다. 다만, 두타산과 중대사 앞의 계곡은 당시 영동의 경승으로 이미 이름이 나있던 곳이었다. 김효원은 「두타산일기」 첫머리에 두타산의 명성에 대해 다음과 같이 적고 있다.

천하에 산수로 이름난 나라는 우리나라 같은 곳이 없고, 우리나라에서 산수로 이름난 고을은 영동만 한 곳이 없다. 영동의 산수 중 기묘한 경치로 이름난 곳은 금강산이 제일이고 그 다음이 두타산이다. …중략… 두타산은 바로 삼척부의 서북쪽에 위치하고 있는데, 골짜기의 깊숙함과 수석의 기이함이 사람들의 입에 오르내린 것이 오래되었다. 금년 봄에 내가 공무에 지친 나머지 한번 속세를 벗어나 심신을 씻어야겠다고 생각하여 金安慶·崔仁起·鄭惟誠·金安福 등과 더불어 두타산을 찾기로 약속하였다.14)

조선시대 관동지방 산수유기를 보면 단연 금강산의 경승을 으뜸으로 꼽고, 그 다음으로는 자신이 유람하는 곳을 드는 것이 상례였다. 김효원도 금강산 다음으로 두타산을 꼽고 있는데, 여기서 주목되는 것은 두타산의 기이함이 사람들의 입에 오르내린 것이 오래되었다고 한 것이다. 앞서 이곡의 시에서처럼 두타산과 더불어 무릉계는 김효원의 유람 이전에 이미 경승으로 이름 난지 오래되었던 것이다. 김효원 또한 그 명성을 알고 공무에 여가를 내어 두타산을 유람하고 있다.

두타산은 김효원의 유람 이전부터 명성을 얻고 있었지만, 무릉계는 그 곳을 대표할 만한 명칭이 없었다. 허목은 「두타산기」에서 중대사 앞의 계곡을 '무릉계'라 하였고, 무릉계를 비롯하여 산 속 하천 암석이 아름다운 곳은 모두 김효원이 이름을 붙였다고 하였다.15) 무릉계라는 이름이 사람들에게 널리 회자되는 것은 김효원이 이름을 짓고 부터이다. 김효원은 유람 중 3월 22일 지금의 무릉반석을 보고 천여 명이 앉을 수 있겠다고 감탄하였다. 그는 이곳을 伴鶴臺·棄瓢巖·무릉계라 이름 붙이고 반석위에 자신의 별호를 썼다. 김효원은 '九華眞人'16)이라는 별호를 썼고, 동행한 삼척 유생들도 각각의 별호를 썼다.17) 다만 아쉬운 점은

---

14) 『省菴遺稿』 권2, 遊山錄「頭陀山日記」. "天之下 名山水而國者 莫如海東 海之東 名山水而州者 莫如嶺東 嶺東之山水 以奇勝名者 金剛爲最 其次頭陀 …中略… 頭陀實在三陟府之西北 洞壑之邃 水石之奇 膾炙人口者久矣 今年春 余困於朱墨 思一脫灑 與金君安慶 崔君仁起 鄭君惟誠 金君安福約".

15) 『記言』 권37, 陟州記事「頭陀山記」. "中臺在山中川石之衢 最佳寺 其前溪曰武陵溪 山中川石之名 皆舊使君金侯孝元名之".

16) 九華는 돌이 매우 기이하고 아름다운 광경을 이룬 별천지를 의미한다.

'무릉계'를 비롯한 별호를 바위에 붓으로 쓰기만 했지 각자하지 않았다. 그러므로 현재 김효원 일행이 '무릉계'라는 이름을 붙인 각자의 흔적이 남아있지 않다. 그러나 김효원의 「두타산일기」를 통해 음력 3월 22일이 무릉계 명칭이 탄생하는 날이라는 것을 알 수 있다.[18]

김효원의 「두타산일기」나 시들을 보면, 김효원은 무릉계를 탈속의 공간으로 만들어가고 있다. 무릉계를 仙界로 칭하고 자신을 신선에 빗대며 세속을 벗어나 풍류를 즐기는 기분을 느끼고 있다. 또한 동행한 유생들과는 시를 수창하며 문기를 함양하는 공간으로 만들었다. 김효원은 무릉계 유람에서 儒仙의 면모를 풍기고 있다. 조선후기에 오면 유자들은 학문적 근거를 유가사상에 두면서 내면으로는 현실적이고 공리적인 것을 떠나 초현실적이고 환상적 사상을 탐미하는 경향이 두드러지게 나타난다.[19] 그리고 스스로 유선이라 자처하며 신선의 삶을 추구하는 경우도 많았다. 그렇다고 도교 신봉자들이 아니었다. 유자들은 현실에서의 질곡과 갈등을 극복하고자하는 탈속의 의미를 도가사상에서 찾았다. 당시 유자들에게 산수는 세속을 초월한 이상세계를 꿈꾸게 하는 공간이었다. 김효원은 자신의 글에서 무릉계를 선계로 상징하는 題材나 배경으로 표현한 것이다.

김효원은 신선의 기분을 내면서도 무릉계 유람을 통해 공자의 '登泰山小天下'를 깨닫고 있다.[20] 그리고 산을 유람하는데 반드시 뜻이 있어

---

17) 『省菴遺稿』 권2, 遊山錄 「頭陀山日記」. "二十二日己酉 步出松門 沿溪而下 有一白石 鋪在水中 可坐千餘人 下筆題字 滑不能停 攀崖斜轉 尋一石丘 左咽飛泉右倚懸巖 紅花一叢 碧松一蔭 前後相向 似若擁護然 仍名之曰伴鶴臺 曰棄瓢巖 曰武陵溪題名 其上 有曰九華眞人者".

18) 지금의 무릉계는 통상 용추폭포에서 무릉반석까지 이어지는 약 4㎞의 구간을 일컫는데, 김효원이 무릉계라 칭한 곳은 현재 무릉반석이 있는 계곡만을 일컫는 것이다.

19) 판수제, 「송순의 도가적 한시 연구」, 『아세아문화연구』 34, 2014, 270쪽.

20) 『省菴遺稿』 권2, 遊山錄 「頭陀山日記」. "向使自安佚於白練伴鶴之間而不一至焉 則

야 하고, 물체를 살펴봄에도 함부로 하지 말아야 하며, 함께 간 유생들에게 반드시 공부할 것을 강조하였다.21) 유람을 玩物喪志의 경계를 깨닫고 구도의 체득을 위한 일로 생각하는 유학자의 면모도 아울러 풍기고 있다. 김효원의 유람은 무릉계를 선계이자 유학자의 구도 장소로 만들었다. 그래서 趙絅(1586~1669)은 김효원의 「두타산일기」에 小序를 쓰면서 다음과 같은 의미심장한 글을 남긴다.

> 이 글은 아름다운 절경을 사실적으로 서술한 것뿐만 아니라 그 지론이 의미심장하고 좋아 가히 선비들이 받들고 규례로 삼을 만하다. 독자들은 글만 따라 읽지 말고 글 속의 진리를 깨달아 그것을 실천하는 것이 옳을 것이다.22)

무릉계를 애호하여 수차례 유람하고 많은 시를 남긴 인물은 영·정조대의 명신 蔡濟恭(1720~1799)이었다. 1751년 7월부터 1752년 8월까지 약 1년간 삼척에서 귀양살이 한 채제공은 삼척지방을 두루 유람하였고,23) 귀향 중 무릉계를 5회 이상이나 유람할 만큼 무릉계를 애호하였다. 외지인으로는 채제공이 가장 무릉계를 애호했던 인물로 보인다. 채제공이 죄인의 몸으로 귀양을 오긴 했으나 居京官人으로의 세도를 유지하고 있었다. 그러므로 채제공의 유람에는 삼척부사나 강릉부사 등의 현직관료들과 지역 유생들이 함께 했다. 삼척지방을 유람하고 수창한 시를 모아 『望美錄』이란 시집을 만들기도 했다. 여기 무릉계 시 16수가 수록

豈容識吾夫子小魯小天下之意歟".
21) 『省菴遺稿』 권1, 五言古詩 「遊頭陀山」. "看山亦有意 觀物宜非漫 寄語同志者 用功須大段".
22) 『省菴遺稿』 권2, 遊山錄 「頭陀山日記」. "此文 非但敍事絶佳 其持論惑好 可爲士子矜式 讀者毋徒以文 體認其實地可也 龍洲趙絅小序".
23) 채제공은 지평으로 있을 때 어떤 中人과 墳山 문제로 송사를 벌이던 중 불미스러운 일이 발생하였다. 집의 李墺이 이일을 문제 삼아 영조에게 채제공을 처벌할 것을 상서하였고, 채제공은 삼척으로 유배되었다(『영조실록』 권73, 27년 3월 乙丑 ; 『영조실록』 권73, 27년 윤5월 己卯).

되어 있다.

체제공은 무릉계의 경치에 매혹되어 유람에 몇 날이 지나는 줄도 잊을 정도였다. 무릉계 유람 중 사찰에서의 기거가 편하여 집에 있는 것 같을 정도라고 그 소회를 시로 읊기도 했다.[24] 채제공이 귀양살이 중 무릉계 유람이 얼마나 인상 깊었는지는 귀양살이를 끝내고 도성으로 돌아가면서 지은 「무릉계와 이별하며」라는 다음의 시에 잘 드러난다.

슬프고 슬프도다 진주의 구름과 달빛이여	怊悵眞珠雲月色
그 중 특히 무릉계와의 이별이 어렵구나	就中難別武陵溪
흰 명주 허공에 가로 질렀나 모든 시냇물 나는 듯	素練橫空百川飛
붉은 햇무리 빛을 쓸어내니 온갖 꽃 가지런하네	赤暈蕩日千花齊
돌은 서리와 눈을 머금어 밤새도록 빛나고	石銜霜雪終夜明
길은 안개와 노을에 가려 낮인데도 헤매겠네	路入烟霞當晝迷
내가 찾아와 돌아가지 못한 것 몇 번인가	我來幾度不歸去
승려 또한 서로 맞이하길 기대에 어긋남 없네	僧亦相迎無齟齬
흐르는 물 동쪽으로 가고 구름은 북으로 돌아가니	流水東逝雲北歸
사람 일도 끝이 없어 정해진 바 없다네	人事悠悠無定所
산새와 많은 인사 나누니 이별이 안타깝다는 듯	多謝山禽如惜別
석양아래 솔 숲 깊은 곳에서 우는구나	夕陽啼在松深處[25]

삼척을 떠나는 아쉬운 심정을 토로하면서 그 중 무릉계와 이별하기 특히 어렵다고 했다. 이어 무릉계의 경치, 유람 중 무릉계에 매료되어 떠나기 싫었던 심정, 승려들과의 인연 등 삼척 귀양살이 중 무릉계 유람의 모든 소회를 함축적으로 가장 잘 표현하고 있다. 채제공의 무릉계 유람 시에는 스님들의 얘기가 많이 나온다. 지조암이나 중대사의 승려들에게 숙식 등의 편의를 제공 받았기 때문이다.[26] 이 시에서도 승려와의 만남을

---

24) 『樊巖集』 권7, 詩 望美錄 下, 「又吟」. "蕭寺安身到似家".
25) 『樊巖集』 권7, 詩 望美錄 下, 「別武陵溪」.
26) 『樊巖集』 권7, 詩 望美錄 上, 「宿指祖菴」.

빼놓지 않고 적고 있다. 오대산에서 온 백운(白雲)이라는 승려도 함께하였는데, 둘은 무척이나 친한 사이였다. 채제공이 어느 날 무릉계에서 졸고 있는데 백운스님이 도착하자 기쁜 나머지 시를 읊어 주기도 한다.[27)]

　시대부들의 유람에는 승려들이 함께하는 것은 그리 이상한 일이 아니었다. 사대부들이 주로 찾던 유람처는 산이었으므로, 가장 많이 만난 방외인은 승려였다. 조선시대 산속 이름난 명승지에는 어김없이 사찰이나 암자가 있었다. 승려들이 명승의 토박이 주인이었고, 명승을 찾는 사대부들의 유람을 도와주는 조력자 역할을 했다. 산을 유람 할 때 인근 사찰에서 숙식하였고, 승려들의 안내를 받으며, 승려들이 메는 가마를 타고 다녔다. 이러한 승려들을 '指路僧'·'藍輿僧'이라고 하였다. 체재공도 승려들의 가마를 타고 무릉계를 유람했고,[28)] 1762년 무릉계를 유람한 金鍾厚(1721~1780)도 절에 재촉하여 승려들이 매는 가마를 탔다.[29)] 대부분의 사대부들은 불교의식을 폄하고 비판했지만, 유람 중 승려를 만나 교유하기 좋아하는 사대부들도 있었다. 유람 중 作詩를 잘하는 승려를 만나면 서로 수창하며 교유하였다. 학식이 있는 승려와는 유·불도에 대해 담론하며 학문적 견해를 나누기도 했다.[30)] 金得臣(1604~1684)도 무릉계 유람 중 승려들과 교유하며 시를 써주기도 한다.[31)] 그러므로 사대부들의 유람기록에는 많은 승려의 이름이 등장하고 있다.[32)] 즉, 무릉계의 중대사와 이후 중대사 터에 건립된 삼화사는 무릉계 유람의 거점이

27) 『樊巖集』 권7, 詩 望美錄 下, 「武陵小睡 白雲上人忽至 喜賦以贈」.
28) 『樊巖集』 권7, 詩 望美錄 上, 「重訪武陵 吟奉玉壺」. "肩輿逈踏白雲梯 屑窣聲生積葉蹊".
29) 『本庵續集』 권1, 詩 「武陵溪」. "招提催出小籃回".
30) 이상균, 「조선시대 유람을 통한 사대부의 교유양상」, 『사학연구』 106, 2102, 114~115쪽.
31) 『柏谷先祖詩集』 冊4, 七律 「頭陀寺贈海上人」.
32) 丁時翰(1625~1707)이 1686~1688년 600일 동안 전국을 유람하고 남긴 『산중일기』에도 300여개소의 사찰과 승려의 이름 500여명이 거론되고 있다.

었다.

이처럼 무릉계는 김효원·허목·채제공 등 당대 명사들이 유람함으로
써 명성을 얻는다. 무릉계는 유람과 관련된 시문과 바위에 새겨진 제명
들을 통해 수많은 사람들이 애호하는 유람명소였음을 알 수 있다. 무릉
계 유람의 성행은 조선말기에도 수그러들지 않았다. 講會契·金蘭契 등
지역 계원들의 유람이 꾸준히 이어졌고, 이러한 전통으로 현재까지도 무
릉계가 관광명소로 각광받고 있는 것이다. 무릉계를 유람한 사람들은 하
나같이 그곳을 별유천지로 여겼다. 유람을 통해 무릉계라는 명칭이 생기
고, 그 수려한 별유천지의 경관이 사람들의 입에 널리 회자 되어 더욱 유
람명소로 고착화되어 간다. 무릉계가 명승으로 탄생하게 되는 가장 큰 문
화사적 요인 중 하나는 유람이었고, 유람의 명소로 각광받았기 때문이다.

3. 詩文과 刻字

무릉계는 사람들의 유람을 통해 명소화 되고, 선계·강학처의 의미가
부여된 공간으로 만들어졌다. 이와 더불어 창작된 무릉계 관련 시문과
계곡에 새겨진 무수한 제명은 무릉계의 人文事跡으로 남아 무릉계의 역
사를 대변해 준다.

무릉계와 관련된 문헌은 史書·地理志·文集에 산발적으로 나타나고
있다. 시문과 각자는 그 현황이 기 조사되어 있으므로,[33] 여기서는 이

---

[33] 배재홍의 『문헌·금석문 자료로 본 두타산 무릉계』(동해문화원, 2005)를 참고하였
다. 이 책은 무릉계의 문헌과 금석문 자료를 집대성 하여 놓았다. 그리고 2018년
동해시에서 3D 작업을 하였다(동해시, 「국가지정문화재 명승 제37호 동해 무릉계
곡 금석문 3D스캔 기록화사업 조사보고서」, ㈜지트, 2018). 본 글에서 참고한 암
각자의 내용은 이 보고서를 참고하였다.

자료를 토대로 무릉계 시문과 각자를 살펴보도록 한다. 시문은 무릉계를 유람하고 그 전반을 묘사한 것을 고찰하고, 각자는 분량이 많아 이를 모두 소개하기란 지면상으로 불가능하므로 특징적이며 역사적으로 의미 있는 것을 골라 살펴보기로 한다. 먼저, 무릉계 유람관련 시문의 현황을 제시하면 다음의 <표 1>과 같다.

<표 1> 무릉계 유람관련 시문

작자	생몰년	유람관련 시문	출전	유람경위	유람일시
李穀	1298~1351	「留別眞州中臺寺古長老」 시 1수	『稼亭集』 권14	관동일대 유람 시	1349년 9월 13일
金時習	1435~1493	「東觀音寺洞」 시 1수	『梅月堂詩集』 권9	유람하지 않은 것으로 추정	-
金孝元	1542~1590	「頭陀山日記」 1편·「頭陀山和贈同遊邑子」 등 시 17수	『省菴遺稿』 권1~2	삼척부사 재임	1577년 3월 20일~26일
許穆	1595~1682	「頭陀山記」 1편	『記言』 권37	삼척부사 재임	1661년 6월
尹舜擧	1596~1668	「次贈三陟使君金建中震標」 등 시 3수	『童土集』 권3	친구 김진표의 삼척부사 재임시절 또는 본인 영월군수 재임시절 유람한 것으로 추정	미상
金弘郁	1602~1654	「武陵溪」 시 2수	『鶴洲全集』 권5	강원도 암행어사로 삼척을 방문했을 때 유람한 것으로 추정	1637년 추정
金得臣	1604~1684	「向頭陀馬上有得」 등 시 9수	『柏谷先祖詩集』 책4	미상	미상
李秉淵	1671~1751	「武陵溪盤石」 시 1수	『槎川詩抄』 권下	삼척부사 재임 시(금란정 밑 암벽에 유람일시 각자)	1734년 3월

작 자	생몰년	유람관련 시문	출전	유람경위	유람일시
申光漢	1684~1555	「詠頭陁嶺上長松」 등 시 4수	『企齋集』 권5	유람하지 않은 것으로 추정	-
沈 錥	1685~1753	「訪武陵溪」 등 시 2수	『樗村遺稿』 권5	양양부사로 부임하는 부친을 따라 관동을 유람할 때로 추정	1713년 추정
權 萬	1688~1749	「陟州歸後金仲綏履萬以詩戲之反其意次酬」 시 1수	『江左集』 권2	미상	미상
申光洙	1712~1775	「中臺法堂聽解玉佩歌」 등 시 2수	『石北集』 권9	미상	미상
李敏輔	1717~1799	「竹西樓春興八首次子美」 등 시 3수	『豊墅集』 권2	삼척부사 재임 시 추정	1770~1771년 추정
蔡濟恭	1720~1799	「宿指祖菴」 등 시 16수	『樊巖集』 권6 「望美錄」	삼척으로 유배	1751년 가을
金鍾厚	1721~1780	「武陵溪」 시 1수	『本庵續集』 권1	영동지방을 유람할 때로 추정	1762년 추정
鄭元容	1783~1873	「山行隈隩水聲高~」 시 1수	『眞珠誌』 산천조	강원도관찰사 재임 시 추정	1827년 추정
許 秀	미상	「山行數里見平泉~」 시 1수	『眞珠誌』 산천조	미상	미상
李東標	미상	「湖海風塵隔幾重~」 시 1수	『眞珠誌』 산천조	삼척부사 재임 시 추정	1697~1698년간추정
郭 鈎	미상	「七月秋生銀漢澄~」 시 1수	『眞珠誌』 산천조	미상	미상
未 詳	-	「黃鳥啼時麗景新~」 등 시 2수	『眞珠誌』 산천조	-	-

이 시문 중 산문형식의 산수유기는 2편이고, 시가 66수이다. 산수유기는 유람의 여정을 적은 것이므로 유람의 시기를 쉽게 파악할 수 있다. 시는 그 내용을 통해 작자의 무릉계 유람여부를 확인 할 수 있다. 이 시

문을 창작한 사람 중 삼척부사로 두타산을 유람한 인물은 김효원·허목·
이민보·이병연·이동표 등 5명이다. 삼척부사 중 신광한의 시는 무릉계
를 유람하면서 사물을 직접보고 지은 유람시가 아니다. 시제가 되는 곳
을 직접 맞닥뜨리지 않고, 다른 사람의 요청 등에 의해 제영하여 부치는
寄題詩이다. 현재 전하는 신광한의 시만 놓고 보았을 때 신광한이 무릉
계를 유람하였다고 볼 수 없으므로 신광한의 시는 유람시가 아니다.

또한 김시습의 시 「동관음사동」은 『매월당집』의 「유관서록」편에 실
려 있어 이 시가 두타산 관음사를 읊은 것인지는 확실 치 않다. 나머지
무릉계 시를 남긴 이곡·윤순거·김홍욱·김득신·심육·권만·신광수·채제
공·김종후·정원용·허수·곽도 등은 무릉계를 유람하였다. 시문에서 유람
한 일시가 정확히 파악되는 인물은 산수유기를 남긴 김효원·허목이고
나머지 인물들은 시의 내용, 관력, 무릉계에 제명된 각자 등을 통해 유람
여부가 확인된다.

무릉계 유람시문이 많이 남아있는 것은 유람자들이 유람을 일시적 행
락으로 끝내지 않고 그것을 시문으로 남겨 향후 유람의 도구서가 될 수
있게 하였기 때문이다. 앞 사람이 기록으로 남기지 않았으면 새로이 기
록하고 앞 사람의 것이 미진하면 보충하는 것이 관행이었다.34) 이황이
1549년 풍기군수로 부임하여 소백산을 유람하고 지은 「遊小白山錄」에
그 이유를 상세히 밝히고 있다. 유람을 기록으로 남기는 것은 후대 유람
자들에게 큰 도움이 되고, 다른 사람이 기록을 남겼다 하더라도 각자의
느낀 바가 다르므로 그 감흥을 다시 기록하여야 한다고 했다. 이황 자신
도 周世鵬(1495~1554)의 소백산 유람기록을 먼저 구해서 읽어보고 감흥
을 받았고, 소백산을 유람하는데 참고하였다. 빼어난 산의 명성을 알리
고, 참다운 감상을 위해 유람기록을 남겨야 함을 피력하였다.35)

---

34) 이종묵, 「遊山의 풍속과 遊記類의 전통」, 『고전문학연구』 12, 1997, 386~387쪽.
35) 『退溪集』 권41, 雜著 「遊小白山錄」.

대부분의 작자들은 이황과 같이 자신의 유람기록을 후대사람들이 읽을 것을 염두에 두었다. 梁大樸(1543~1592)은 1572년 금강산을 유람하고 「金剛山紀行錄」을 남기면서 자신의 금강산 유람여정과 감상을 기록으로 남겨 후대사람에게 보이고자 하는 뜻을 분명히 밝히고 있다.[36] 김효원의 「두타산일기」 말미에 조경이 小序를 붙일 때도 후일 김효원의 산수유기를 독자들이 읽을 것을 염두에 두고 있다. 김효원에 이어 무릉계를 유람한 허목도 유람 전 김효원의 「두타산일기」를 참고한 후 유람을 결행했다.

무릉계 유람과 관련된 시문은 산문형식의 산수유기 보다 유람시가 월등히 많다. 당시 산수라는 주제는 시를 창작함에 있어 天機와 감흥을 불러일으키는 주요 소재였다.[37] 그러므로 조선의 문사들은 작시라는 문예취향을 즐기기 위해 산수 유람을 적극적으로 하고자 했다. 산수 유람을 통해 느낀 감흥을 문장으로 담아내거나 진경을 화폭에 담아오고자 했다.[38] 당시의 문인들은 山水美에 대한 발견과 산수·詠物詩를 창작하는 등 산수에 대한 문예적 표현이 매우 적극적이었다. 유람을 하면서 보고 느낀 경물을 대상으로 수많은 시를 습작하여 남기고 있다.[39] 유람한 경물을 표현하는 寫景의 방편으로 그림보다 시가 더 많이 사용되었기 때문이다.

조선후기 실경산수화가 발달하면서 경물을 사경하는데 그림이 많이 활용되었지만, 시는 그 이전부터 사경의 수단으로 활용되어 왔다. 삼척부사를 지냈던 이병연은 정선의 「達成遠眺圖」 발문에 "시가의 사경과

---

36) 『淸溪集』 권4, 文 「金剛山紀行錄」. "嶺東去京師數百里 無流沙弱水之限 而多被俗界之牽 老死於火宅中 惜哉 余是以錄以出之 以警其有志而未就者".

37) 고연희, 「김창흡·이병연의 산수시와 정선의 산수화 비교 고찰」, 『한국한문학연구』 20, 1997, 305~306쪽.

38) 김은정, 「東陽尉 申翊聖의 駙馬로서의 삶과 문화활동」, 『열상고전연구』 26, 2007, 252쪽.

39) 이상균, 앞의 논문(2011), 45~47쪽.

화가의 사경이 유사하다."라고 하였다.[40] 시와 그림이 사물을 묘사하는 의미가 비슷하다는 것이다. 元景夏(1698~1761)는 "이병연의 시와 정선의 그림을 얻어 명산을 와유하니 진실로 고인이 부럽지 않다."고 하였다.[41] 이는 정선의 금강산 그림에 이병연이 題畫詩를 부친 화첩을 보고 한 말인데, 시와 그림이 금강산의 형상을 잘 나타내고 있다는 뜻을 내포하고 있다.

문사들에 의해 창작된 유람시문은 조선후기에 편찬되는 지지의 산천·명승·누정·고적·제영항목 등 다양한 편목에 수록된다.『진주지』나『삼척군지』등에도 무릉계 시문이 다수 수록되어 있다. 당시 선대의 유람기록은 유람에 대한 사전정보를 습득하는데 매우 유용한 지침서 구실을 하였다. 그러므로 유람자들은 선대의 기록을 통해 정보를 습득하고, 자신 또한 유람을 기록으로 남겨 후대사람이 길잡이로 삼을 수 있도록 했다.[42]

무릉계와 관련된 시문은 보는 이들로 하여금 무릉계를 유람하지 않아도 그 의미와 명성을 잘 알릴 수 있다는 장점이 있지만, 개인이 소장하고 있어 여러 사람이 구득하기 힘들다는 단점도 있다. 반면 무릉계에 새겨진 각자는 현장에서 무릉계의 명성을 직접 보여준다. 다만, 사진이 없던 시절 방문이 전제되지 않는 한 알 수 없었다는 단점이 있다. 그러나 각자는 무릉계 자연에 새겨진 문화사적으로 남아 오늘날 무릉계의 명성을 가장 확증적으로 드러내 주고 있다.

한국 경승지에 가면 바위 곳곳에 인명이나 시 등이 각자되어 있음을 쉽게 볼 수 있다. 무릉계도 무수히 많은 각자가 남아있다. 사람들이 유람을 하면서 새겨놓은 것들이다. 호암·석장·학소대·용추폭포 등의 반석이나 암벽에 각자가 들어차 있다. 특히 무릉반석에는 무려 850여명의 이름

40) 국립춘천박물관,『우리의 땅, 우리의 진경 展』, 2002, 271쪽에서 재인용.
41)『蒼霞集』권7, 序「送土浩時中往遊楓嶽序」. "盖嘗得於淵翁之詩 鄭敾之畫 …中略… 臥遊名山 眞不羨古人也".
42) 이상균,「조선후기 지지의 유람시 수록의 문화사적 의미」,『민족문화』44, 2104.

이 빼곡히 새겨져 있다. 제명된 이들은 삼척부사·토포사·관찰사·계원 등 사대부에서 일반인에 이르기까지 다양하고, 시기도 광복직후까지 매우 광범위 하다.

금석에 각자하는 것은 인물의 행적이나 기타 남기고자 한 내용을 오래 남기려는 의지에서 시작되었다. 지류보다 멸실의 우려가 적고 오래가는 돌이나 금속에 각자했을 때 그것이 가능했기 때문이다. 1558년 曺植이 지리산 유람 중에 바위에 새겨진 이름을 보고 "아마도 썩지 않는 돌에 이름을 새겨 억만년을 전하게 하려 한 것이리라."고 한 것으로 보아 자연 암석에 이름을 새기는 것은 이름을 후대에 영구히 남기고자 한 뜻임을 알 수 있다.[43] 또한 후대의 기록이긴 하나 李裕元은 비문을 돌에 쓰게 된 것은 彝鼎과 같은 용기가 점점 사라졌기 때문이고, 이 용기와 같이 썩지 않는 대체물로 돌이 적합하기 때문이라고 했다.[44] 후대에 남길만한 공적과 이름 등은 썩지 않는 기물에 새겨 그 기록을 오래도록 전하고자 한 것이다.

조선후기로 갈수록 유람자가 늘어남에 따라 경승지에 새긴 글씨들이 누적되어 이름난 장소에는 일찍부터 헤아릴 수 없을 정도의 글씨들이 빼곡히 새겨지게 된다. 1631년 申翊聖이 금강산을 유람할 때 만폭동의 금강대 돌 위에 새긴 이름자들을 보고 너무 많아 다 적지 못할 지경이었다고 한다.[45] 만폭동에는 楊士彦(1517~1584)이 새겨놓은 '蓬萊楓嶽元化洞天'·'萬瀑洞'이라는 글씨가 있는데,[46] 후대 사람들의 금강산 유람기록에 이 각자가 반드시 언급되었다. 특정 장소에 각자가 몰려있는 것은 유람

---

43) 『南冥集』권2, 錄「遊頭流錄」. "間有一巨石 刻有李彦憬洪淵字 猞岩亦有刻柿隱兄弟字意者 鑱諸不朽 傳之億萬年乎".
44) 『林下筆記』권2, 瓊田花市編「碑文」. "皆因庸器彝鼎之類漸闊而後爲之 所謂以石代金同乎不朽者也".
45) 『樂全堂集』, 권7, 記「遊金剛內外山諸記」. "石上所刻名字不可勝記".
46) 『林下筆記』권37, 蓬萊秘書「香爐峯 萬瀑洞 十潭 鶴臺 普德窟」. "石面刻曰 疎桐泠泠風佩淸淸 又曰 蓬萊楓嶽元化洞天 又曰 萬瀑洞 皆楊蓬萊筆".

객이 많이 찾는 장소였음을 반증해 주기도 하지만, 선대인들이 새겨놓은 곳에 계속 덧붙여 제명을 새겼기 때문이다. 반면, 조선말기의 학자 李象秀(1820~1882)는 사대부들이 돌에 너도나도 제명한 것을 보고 '불멸의 명성'을 추구하는 데서 기인하였다고 보았고, 이름을 각자하는 것으로 명성을 얻을 수 없으므로 내면의 성찰이 있어야 함을 촉구하기도 했다.47)

각자는 현지의 돌 위에 유람자가 붓으로 직접 쓰거나 종이에 써준 글을 석공에게 주어 새기게 했다. 절벽이나 위험한 곳에 새겨진 각자들과 대형 글씨 대부분은 유람자가 종이에 써준 것을 석공이 받아다가 새긴 것이다. 석공을 대동하지 않으면 승려를 시켰는데, 각자만 전담하는 승려를 '刻僧'이라고 했다. 鄭枝(1664~1719)은 가야산을 유람할 때 각승 海環을 시켜 홍류동의 돌에 자신의 당호와 이름을 새겼다.48) 대형 글씨들은 붉은 인주를 발라 시각적으로 눈에 잘 띄게 하는 효과를 주었다. 시간이 오래 지나면 대부분 인주가 지워지지만, 거창 수승대 등에는 붉은 각자들이 현재까지도 남아있다.

무릉계 암각자의 백미는 대자 초서로 새겨진 '武陵仙源 中臺泉石 頭陀洞天'이다. 글씨 밑에 '玉壺居士書 辛未'라고 새겨 놓았다. 즉 옥호거사가 쓴 글이다. 옥호거사가 누구인지는 확실치 않으나, 1955년 金鼎卿이 편찬한 『三陟鄕土誌』에 양사언이 강릉부사 재직 시 새겼다고 처음 기록하였다.49)

이 초서 대자와 같이 무릉계의 경관을 묘사한 각자는 호암·중대동문·무릉계·제일산천·산고수장·雲集龍苦·학소대·별유천지·용추 등이고 나머지 대부분은 인명이다. 무릉반석 약 850여명, 도석폭포 약 70여명, 호암 약 15명, 학소대 약 17명의 이름이 새겨져 있다.

---

47) 김채식, 「峿堂 李象秀의 山水論과 「東行山水記」分析」, 성균관대학교석사학위논문, 2003, 82~84쪽.
48) 『明庵集』권5, 錄「伽倻山錄」. "有海環僧乃刻僧也 刻余堂號姓名於紅流洞石面".
49) 김정경 편저·배재홍 옮김, 『삼척향토지』, 삼척시립박물관, 2016, 106쪽.

<사진 2> 무릉계 반석과 '武陵仙源 中臺泉石 頭陀洞天'(동해시)

　명단은 삼척부사나 토포사 등의 관리들이고, 가장 많은 것은 계원 명단이다. 강회계원 32명, 금란계원 40명(무릉반석), 금란계원 171명(금란정), 壬辰甲員 30명, 辛丑庚友員 64명, 東蘭契員 47명, 戊戌契員 37명, 金源甲員 25명, 庚寅昌友甲 43명, 同信契員 9명, 香蘭契員 9명, 壬寅甲員 40명, 戊申同志 5명, 丙子甲員 19명, 명칭을 알 수 없는 몇몇 계원 99명 등의 이름이 새겨져있다.[50] 강회계나 금란계처럼 지역의 강학모임도 있으나 대부분이 친목을 위한 동갑계이다. 이 계들은 대부분 1900년대 이후의 모임이고, 향란계원의 명단은 1960년에 새겨진 것으로 확인된다. 무릉계는 조선과 근대를 거쳐 현대까지도 그 유람명성이 유지되고 있음을 이 각자들이 여실히 보여주고 있다.

---

50) 배재홍, 앞의 책, 127~147쪽 ; 동해시, 앞의 용역보고서 참조.

<사진 3> 금란정 옆 바위에 새겨진 금란계원 명단과 난 3D(동해시)

<사진 4> 무릉계 반석에 새겨진 금란계원 명단과 난 3D(동해시)

무릉계 석각 중 가장 특이한 것으로 꼽히는 것은 금란계원의 이름 상
단에 새겨진 蘭 刻畵이다. 석각은 인명이 주류를 이루고 있지만 문양이
나 그림을 새겨 넣기도 했다. 강원도에서 그 대표적인 예가 金壽增이 籠

水精舍를 짓고 은거한 곳인, 현재 화천군 華陰洞精舍址에 새겨진 太極圖·八卦圖·河圖洛書이다. 그리고 무릉계 금란계원 명단 위에 금란계를 상징하기 위해 새겨놓은 난 각화이다. 명단과 난은 금란정 옆 바위와 무릉반석 등 2곳에 새겨있다. 이 난의 그림은 강릉·동해·삼척 지역에서 활동했던 문인이자 서화가인 沈之潢(1888~1964)이 그린 것으로 확신된다. 심지황은 금란계원으로 활동하였고 반석 등 2곳에 난과 함께 각자된 금란계원의 이름에도 포함되어 있다. 1947년 금란계원들이 건립한 금란정의 楷書·篆書 현판 2개를 심지황이 썼는데, 여기에도 금란계를 상징하는 난을 그려 넣었다.

<사진 5> 심지황이 쓴 금란정 현판

<사진 6> 용추폭포에 새겨진 '정선' 제명 3D(동해시)

무릉계의 각자된 인물 중 주목되는 것은 조선후기의 화가 정선이다. 용추폭포 앞 왼쪽 절벽에 '金履素·履裕·金樂祐·李秉□·鄭敾·洪遇箕' 순으로 새겨져 있다. 김낙우의 이름은 무릉반석에도 새겨져 있다. 김이 소와 김이유는 金坦行(1714~1774)의 아들로 형제지간이다.[51] 김이소는 1776년 강원도관찰사로 부임하여 1777년 강릉지방을 순행하였다. 이때 강릉의 海雲亭에 들린 기록이 『海雲亭歷訪錄』에 남아있는데, 사촌 金履 中, 조카 金橚淳과 함께 해운정을 방문하였다.[52] 또한 김이유·김낙우는 1777년 2월 20일 관동유람 중 오죽헌을 방문하였는데, 오죽헌 방명록인 『尋軒錄』에 기록이 남아있다. 이들은 모두 정선의 몰년 이후인 1777년 강릉을 순행 또는 유람하고 무릉계를 들렸던 것으로 확인되므로 정선과 함께 온 일행은 아니다.

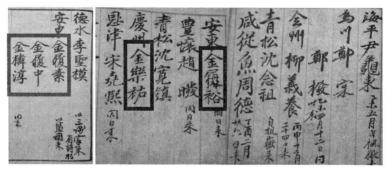

<사진 7> 1777년 김이소·이유·김낙우의 해운정과 오죽헌 방문기록
(좌:『해운정역방록』, 우:『심헌록』)

---

51) 『萬家譜』(한국학자료센터, http://kostma.aks.ac.kr), 5책(安東金氏) 31면.
52) 『해운정역방록』에 김이소 일행이 방문한 간지는 남아 있지 않으나, 김이소 바로 옆에 이성모의 이름과 협주로 詩板이 있다고 기록되어 있다. 이성모의 「歷訪海雲 亭 追寄主人 自寓感懷也」라는 시판은 현재 해운정에도 남아 있고 이 시를 통해 이성모가 1777년 해운정을 방문한 것과 김이소 일행도 이 해에 해운정을 방문했 던 것을 알 수 있다.

1788년 김홍도가 금강산을 비롯한 관동일대를 기행사경 할 때 무릉계
에 들려 그림을 남겼음은 널리 알려진 사실이다. 김홍도의 사경 사실은
『해운정역방록』과 『심헌록』에도 기록되어 있다. 기행사경 중 해운정과
오죽헌도 방문하였다. 그리고 김홍도는 화가 金應煥(1742~1789)과 함께
사경하였다.

<그림 1> 傳 金弘道, 『海東名山圖帖』 중 「무릉계」, 1788,
지본담채, 30×21cm, 국립중앙박물관

<사진 8> 1788년
김홍도·김응환의 해운정과
오죽헌 방문기록
(좌:『해운정역방록』,
우:『심헌록』)

조선후기 금강산과 관동팔경은 화원들이 기행사경을 위해 꼭 한번쯤
은 유람하는 곳이었다. 무릉계 각자를 통해 정선도 관동지방 경치를 사
경하면서 무릉계에 들린 것으로 확인되는 것이다. 정선은 1711·1712·
1747년 3차에 걸쳐 금강산을 사경하는데, 1711년 그림은 「辛卯年楓嶽圖
帖」, 1747년 그림은 「海嶽傳神帖」으로 전해지고 1712년의 그림은 전하지
않는다. 여기에는 강릉이나 삼척지방을 소재로 한 그림이 없다. 이때는 금
강산만 유람하고 강릉·삼척일대는 오지 않은 것으로 보인다. 그리고 1733

년 현재 포항의 淸河현감으로 부임하여 1735년까지 재임하면서 동해안 북쪽 흡곡의 侍中臺부터 울진의 望洋亭 등 관동지역 동해안 명승을 사생하고 이때 사생한 그림을 토대로 1738년 「關東名勝帖」을 남기는데, 여기에 죽시루 그림이 포함되어 있어 삼척지방을 다녀갔음이 확인된다.

정선의 금강산 사경과 관동지역 사경에는 평생의 친구인 이병연이 함께한다.[53] 1711년과 1712년 정선이 금강산을 사경할 때 이병연은 김화현감으로 재직하고 있었고, 둘이 함께 금강산을 유람한다. 정선이 청하현감으로 오기 직전인 1732년 이병연은 삼척부사로 재임하고 있었다. 이병연은 1736년 4월까지 삼척부사를 지냈다. 정선은 관동지역을 사경

할 때 삼척에서 이병연을 만난 것이다. 용추폭포에 정선의 이름과 함께 새겨진 '李秉□'는 이병연의 이름으로 확증된다. 무릉계 금란정 주변 무릉반석에는 1734년(갑인년) 3월에 새긴 이병연의 이름이 진보현감[眞寶守, 경북 청송] 洪遇箕(1685~?)와 함께 남아있다. 이병연과 홍우기는 金載顯(1627~1700)의 사위 趙正誼의 딸들에게 장가들어 둘은 동서지간이다.[54] 여기에는 정선의 이름이 함께 새겨져 있지 않으나, 앞서 용추폭포에는 홍우기의 이름도 함께 새겨져 있다. 정선이 무릉계 그림은 그

〈사진 9〉 무릉반석 이병연·홍우기 제명 3D(동해시)

---

53) 한국고전번역원의 이병연 연보 참조.
54) 『萬家譜』(한국학자료센터, http://kostma.aks.ac.kr), 9책(林川趙氏) 32면 ; 『寒水齋集』
　　권25, 神道碑 「參判金公 載顯 神道碑銘 幷序」. "外孫男明迪進士明遇 女正郎李秉淵
　　靑陵君模 進士洪遇箕 生員金聖澤 趙出也".

리지 않았지만 이병연·홍우기와 함께 1734년 3월 무릉계를 유람한 것이다. 정선이 그린『관동명승첩』의 죽서루 그림을 보면 오십천을 船遊하는 배에 3사람이 타고 있고, 죽서루에 기생 셋이 이들을 기다리고 있다. 정선이 죽서루를 그릴 때 이병연·홍우기와 함께 죽서루에서 연회를 즐기는 장면을 함께 묘사한 것이 아닌가 생각된다.

무릉계는 당대 유명한 화가였던 김홍도가 그림으로 남겼고, 정선 또한 유람했던 명소였다. 전대부터 누적되어온 무릉계의 시문과 각자는 후대로 갈수록 집적되어 무릉계의 명성을 더욱 알리게 되는 전거가 되었고, 지금도 무릉계의 인문사적으로 남아 무릉계의 문화사적 의미와 그 명성을 더욱 각인 시켜주고 있다.

4. 八景과 九曲

중국에서 유입된 문화 중 팔경과 구곡은 조선에서 가장 유행한 양대 명승문화로 꼽을 수 있다. 팔경의 연원인 瀟湘八景은 湖南省의 瀟江과 湘江이 만나는 지점의 팔경이 詩畫로 만들어진 것이다. 한국은 고려 말부터 국내의 경승을 대상으로 팔경이 만들어지는데, 金克己(1379~1463)는 가장 이른 시기에 한국의 팔경시를 창작하였다. 김극기는 사신의 임무를 띠고 강릉에 갔다가 승경에 취해「江陵八景」연작시를 남겼는데, 이 시가 한국팔경시의 효시이다.[55] 관동팔경도 강릉의 경승을 시작으로 이른 시기에 만들어지게 되는 것이다. 관동팔경은 16~17세기 초 문인들의 인식 속에서 정형화되었다.[56]

조선후기에는 관동팔경을 필두로 전국의 각 지역마다 팔경이 만들어

---

55) 안장리,『한국의 팔경문학』, 집문당, 2002, 46~51쪽.
56) 관동팔경의 정형화 과정과 장소는 이상균, 앞의 논문(2013), 27~33쪽 참조.

지게 된다. 삼척지역에도 陟州八景이 만들어지고 척주팔경 중 하나인 무
릉계에는 별도의 팔경이 만들어진다. 1610~1611년 삼척부사를 지낸 閔
仁伯(1552~1626)은 "삼척 죽서루의 경승이 관동팔경 중 최고이며 재차
논의하는 것이 무의미하여 다시 화폭을 보았고 … 중대산[무릉계]은 산
수의 경치가 기묘하여 사람들이 소금강이라 칭한다."고 칭송하였다.[57]

지금의 동해시 지역을 대상으로 하여 조선후기에 만들어지는 팔경은
洪秉德(1780~?)의 紅桃八景, 崔潤祥(1810~1853)의 삼화·武溪八景이 있
다. 그리고 일제강점기 이후에 崔秉熙(1905~1986)가 만든 紅桃八景, 무
명씨의 飛川八景이 있다.[58] 특히 최윤상은 1884년 봄 무릉계에 무릉정
을 건립하고 주위에 복숭아나무 만여 그루를 심어 무릉도원의 정취를 만
들었을 만큼 무릉계를 애호했던 인물이다.[59] 최윤상은 무릉정에서 독서
하며 伯夷를 숭상하고, 陶淵明을 읊조리며 공부의 정취로 삼았다.[60] 최
윤상이 정한 삼화팔경은 龍湫飛爆·虎岩漁火·武陵花柳 등 현재 삼화동
과 무릉계와 관련된 장소이다. 그러나 최윤상은 무릉계의 아름다운 경치
를 감상하며, 아래와 같이 武溪팔경을 별도로 정하고 시를 남긴다.

　① 玉峰霽色 : 비 개인 후 옥봉의 풍경
　　烟雨前宵鎖北峰　　　전날 밤 보슬비로 北山 문 잠겼더니
　　朝來洗出似芙蓉　　　아침 되자 씻고 나온 부용 같네
　　幽人睡起開窓早　　　은일자 잠에서 깨어 일찍 창을 열고
　　收攬晴光幾盪胸　　　맑은 저 빛 거머쥐고 몇 번이나 가슴 씻었을꼬

　② 榜峴春耕 : 방현의 봄 밭갈이
　　望杏瞻蒲春事稠　　　살구 보고 부들 보니 봄 일 바쁘겠구나

---

57) 『苔泉集』 권5, 遊賞 「三陟竹西樓」. "三陟竹西樓之勝 爲關東八景之最 無庸更議 曾
　　看畫幅 …中略… 有中臺山 山水奇勝 人稱小金剛".
58) 삼화동파수회, 『파수안향토지』, 2015, 139~142쪽.
59) 무릉정은 중대사 옛터 남쪽에 있었으나 산불에 소실되었다.
60) 김정경 편저·배재홍 옮김, 앞의 책, 107쪽.

縱橫白水散平疇　　가로 세로 맑은 물 평평한 두둑에 흩어지네
觀耕最是田家樂　　밭갈이 보노라니 이것이 농가의 최고 낙이지
預占黃雲十頃秋　　가을 너른 들판의 풍년이 미리 점쳐지네

③ 汀沙落雁 : 모래톱의 기러기
汀沙鋪雪水縈回　　눈 덮인 모래톱에 제자리 맴도는 물
落雁雙雙一陣開　　기러기 떼 쌍쌍이 내려앉아 한 데 진을 폈네
最愛夜深霜月白　　제일 좋아하는 깊은 밤 서리 달은 하얗고
枕邊淸叫數聲來　　베갯머리에 맑은 울음소리 들려오네

④ 石逕歸僧 : 돌길로 돌아가는 승려
荷笠飜飜帶夕暉　　석양 빛 맞으며 펄럭이는 삿갓이여
雲崖何處啓禪扉　　구름벼랑 끝 어느 곳에 禪門 열려 가는지
遙知石逕孤筇響　　멀리서도 알겠노라 돌길 짚는 외로운 죽장 소리
驚起林間宿鳥飛　　숲속에 잠든 새 놀라서 깨어 날아오르네.

⑤ 浮溪漁火 : 계곡에서 떠오르는 고기잡이 불빛
設網投竿此夜多　　그물치고 낚시 드리우는 것 이 밤에 부쩍 늘어
搖搖漁火暎江波　　흔들흔들 고깃배 등불 강 물결에 비치누나
煙消日出渾無迹　　안개 걷히고 날 밝자 흐릿하게 자취는 없어지고
竹裡家家曬綠蓑　　대밭 속 집집마다 푸른 도롱이 말리는 구나

⑥ 金谷炊烟 : 금곡의 밥 짓는 연기
綠竹靑蔥井畔連　　푸르디푸른 綠竹은 밭가에 이어있고
前臨漁渚傍平田　　앞은 고기 잡는 강이요 뒤는 평평한 밭이네
烹銀炊玉家家興　　집집마다 물고기 삶고 밥 지으니
散盡東西一抹烟　　동서로 흩어져 없어지는 한 가닥 연기

⑦ 前江風帆 : 앞강의 돛단배
淸川一派海門通　　맑은 내 한 갈래 바다의 문으로 통하고
賈客帆檣倚便風　　상인의 돛배 하나 순풍에 의지했네
此景最宜亭上看　　이 경치 마땅히 최고라 정자에 올라 바라보니
營丘水墨畫江東　　營丘[61]가 수묵으로 강동을 그려 놓은 듯

----

61) 중국 五代 송나라 초기의 화가인 李成을 가리킨다. 선조가 당나라 황실의 종친으
　　로 섬서성 사람인데 청주에 살다가 산동성 영구에 정착하였다. 이성을 가리킬 때

⑧ 獨山雪松 : 독산의 눈 덮인 소나무

山名爲獨已超群　　산 이름을 獨이라 한 것도 여럿 가운데 뛰어난데
況有長松勢入雲　　하물며 구름 뚫을 듯 기세의 장송이 있네
黛色三冬元自秀　　검푸른 색 겨울에 더욱 빼어나니
風聲十里更堪聞　　십 리의 바람 소리 다시 들을만하네[62]

　그런데 무계팔경은 李植이 공주 금강 상류의 日遊亭에 정한 십경과
그 제영 내용까지 거의 동일하다.[63] 최윤상은 이식의 일유정십경을 차
용하여 무계팔경을 정하였을 뿐 아니라 제영까지 차용한 것으로 보인다.
　조선시대에 정형화된 팔경은 단순히 명승지 여덟 곳을 가리키는 것을
넘어서 경승의 대명사로써의 의미를 갖으며, 지역 자연경관의 정수를 말
한다. 그러므로 무릉계는 조선시대 팔경문화의 전통 속에서 지역의 가장
아름다운 경관을 품은 곳으로 정평이 나있었다고 할 수 있다.
　팔경은 경승이라는 수려한 자연현상에 비중을 두고 있는 반면, 구곡
은 경승에 설정된다는 보편성도 가지고 있으나 사상적 의미가 강하게 배
어있는 공간의 의미가 강하다. 이황과 이이를 중심으로 성리학이 심화되
는 16세기에 이르면 조선에 수용된 주자의 무이구곡 영향으로 사대부들
에 의해 많은 구곡원림이 설정되고 경영되었다. 성리학을 신봉했던 사대
부들은 학문사상은 물론, 생활방식까지 주자를 전범으로 삼으려 했다. 「武
夷櫂歌」가 내포한 사상을 이해하려 하거나, 그 시를 차운하여 주자의 학
문적 성향을 따르려 했다. 주자의 생각과 행동 중 무이구곡은 가장 이상
적인 자연경영과 삶의 방식이었고, 자연에서 성리학적 이상세계를 구현
하는 것이었다. 중국 무이산 실경은 성리학자들이 상시 가고 싶어 하는

영구라고 쓴다.
62) 삼화동파수회, 앞의 책, 141~142쪽의 원문과 해석본을 참고하여 문맥이 어색한 부
　　분은 일부 필자가 재번역 하였다.
63) 『澤堂續集』 권5, 詩 「日遊亭十景 並後序」. 이식은 일유정십경을 莎峯霽色·斗郊春
　　耕·汀沙落雁·石逕歸僧·蘇文古城·彌勒曉鍾·右浮瀛漁火·金灘炊煙·前江風帆·獨山
　　雪松으로 정하고 제영했다.

동경의 대상이었으나, 직접 유람하기에는 너무도 멀었다. 대신 무이산과 무이구곡을 자세히 기록한 『武夷志』를 탐독하거나 「무이구곡도」를 완상하였고, 자신들이 직접 구곡을 설정하여 경영하기도 한다.

조선시대에 만들어진 구곡이 몇 곳인지는 기존 연구내용들 마다 조금씩 상이하다. 조선시대 구곡원림은 약 140개소에 달하고, 존재가 확인된 것이 약 90개소[64] 또는 70개소라는 수치도 있다.[65] 구곡을 만든 사람과 장소가 비교적 소상히 일별되어 있는 울산대곡박물관 『자연에서 찾은 이상향 구곡문화－특별전 도록』의 「조선의 구곡일람」에는 87곳의 구곡을 일별하고 있다. 강원도는 김수증의 곡운구곡(화천), 설정자 미상의 藍田구곡(철원·인제), 金昌翕의 太華오곡(철원 갈말)이 있는 것으로 기록하고 있다.[66] 그러나 실제로 각 지방에는 이 외에도 셀 수 없을 만큼 많은 구곡들이 존재한다. 동해에도 무릉구곡이 설정되어 있으나 또한 여기에 포함되어 있지 않다.

成大中(1732~1809)은 화양구곡 중 제9곡인 巴串의 물과 돌을 보면서 삼척의 武夷溪와 비견할 만 하다고 하였다.[67] 이 무이계는 무릉계를 칭하는 것이다. 성대중은 무릉계를 무이계로 고쳐 불렀다. 성대중이 무릉계를 찾은 것은 1783년부터 이듬해까지 흥해군수로 재직할 때로 보인다. 성대중이 무릉계를 무이계로 칭하긴 했으나 구곡을 직접 설정하지는 않았다. 무릉구곡은 앞서 살펴보았듯이 무계팔경을 만든 최윤상이 정하였다. 姜舜元이 쓴 무릉정의 기문이 다음과 같이 남아있는데, 여기 최윤상이 무릉구곡을 정한 경위가 잘 드러나 있다.

---

64) 김문기, 「퇴계구곡과 퇴계구곡시 연구, 『퇴계학과 한국문화』 42, 2008, 242쪽.
65) 경상북도·경북대퇴계연구소, 『경북의 구곡문화』, 2008, 간행사 참조.
66) 울산대곡박물관, 『자연에서 찾은 이상향 구곡문화－특별전 도록』, 2010, 128~130쪽.
67) 『青城集』 권7, 記 「華陽洞記」. "獨於巴串 昏眼頓明 淸流白石 豁然可意 三陟武夷溪 差可擬也".

무릉정은 척주 청옥산 산 속에 있다. 이 정자는 곧 최공이 독서하는 곳으로 만 그루의 복숭아나무를 심어 숲을 이루었으니, 산골의 경치가 무릉도원과 비슷하다. 이 정자 이름을 무릉정이라 하였다. 산 좌우 눈앞의 삼라만상은 경치가 아름다운데 각기 명칭이 붙어 있으니 이것이 이 정자의 구곡이다. 우연히 晦翁 주회가 지은 「무이구곡」 가운데 '漁郞更覓桃源路 除是人間別有天'[68] 이라는 구절을 읊다가 문득 검은 마음이 사람으로부터 사라질 날이 멀지 않았다는 것을 깨달았으니, 공은 산수를 즐김에 진수를 얻었다고 할 수 있다. 예날 이문순공(이황)이 「도산십이곡」을 지었고, 이문성공(이이)이 「석담구곡」을 지었으며, 송문정공(송시열)이 「화양구곡」을 지었는데, 공이 학문을 함에 오로지 세 선생의 이루어놓은 본보기를 따랐으니 그 학문의 純正을 또한 알 수 있다.[69]

최윤상이 정한 무릉구곡은 1곡 猛虎巖, 2곡 臥龍湫, 3곡 鶴巢臺, 4곡 雲影橋, 5곡 訪花溪, 6곡 隨柳川, 7곡 涵月池, 8곡 落霞潭, 9곡 詠歸灘이다. 그가 지은 「무릉구곡가」는 다음과 같다.

序曲 武陵盤石
武陵亭上仰仙靈   무릉정에 올라 신령스런 선경을 바라보니
岩下寒流曲曲淸   바위아래 시원한 물결 굽이굽이 맑아라
箇裡眞源誰溯得   그 속 진원을 누가 거슬러 올라 찾으리오만
付余歌棹數三聲   내 뱃노래 서너 곡 읊어보네

一曲 猛虎巖
一曲溪沈繫我船   일곡이라 물 깊은 곳 배를 매어놓으니
岩高猛虎俯臨川   바위 높은 곳에서 맹호가 웅크려 냇가를 보네
溯流漸上淸虛裡   물을 거슬러 점점 오르니 맑고 공허한 속내가
可笑塵尒九點煙   가히 속세를 작은 九點煙[70]으로 비웃을만하네

_____

68) '어랑은 도원의 길을 다시금 찾았다만, 오직 인간 세상 속에 별천지가 있는 것을' 이라는 뜻으로 도연명의 「도화원기」에 나오는 내용이다.
69) 배재홍, 앞의 책, 100~101쪽에서 재인용.
70) 중국의 九州를 아홉 점의 연기로 여겨 말한 것이다. 唐나라 李賀의 「夢天詩」에 "멀리 중국을 바라보니 아홉 점의 연기라네[遙望齊州九點煙]"라고 한 구절을 인용

二曲 臥龍湫

二曲溪環萬疊峯	이곡이라 계곡이 만첩 봉우리 둘러
臥龍湫下步從容	와룡추 아래로 조용히 흘러 가네
江湖遠處看牛斗	강호를 멀리한 곳에서 牛斗星71) 바라보니
銀漢遙應接九重	은하수는 아득히 깊은 곳에서 비치네

三曲 鶴巢臺

三曲淸冷泛我船	삼곡이라 맑고 맑아 배를 띄우니
臺空鶴去已多年	대는 비어있고 학은 떠난 지 이미 여러 해
登高府瞰塵間事	높이 올라 숙이고 내려다보니 세상일 티끌 같아
逝者如斯堪自憐	가는 것이 하늘의 이치와 같으니 가련하도다

四曲 雲影橋

四曲深幽鎖翠岩	사곡이라 그윽이 깊은 곳 푸른 빛 두른 암벽
岩間雲影畵氍毿	암벽 사이 구름 그림자 毛布를 그린 것 같네
一橋延袤橫千丈	다리하나 천장을 가로 질러 뻗어있는 듯
誰敢憑許俯碧潭	누가 감히 기대어 부른 연못 굽어볼까

五曲 訪花溪

五曲山中漸入深	오곡이라 산중으로 점점 깊이 들어가면
訪花溪上繞平林	방화계 위 평지에 수풀이 둘러있네
澄淸不息源尤遠	맑은 물 쉴 새 없이 흘러 더욱 아득하니
却就玄虛洗我心	문득 나아가 玄虛72) 한 내 마음 씻어 보리라

六曲 隨柳川

六曲前頭翠作灣	육곡이라 앞머리 푸름이 물굽이 지어낸 듯
依門楊柳晝尙關	버드나무 문 의지하려니 대낮에도 닫혔어라
主人所樂求仁智	주인이 즐기고 구하는 바는 仁智인데
誰識心機着處閒	누가 내 마음 아는지 딛는 곳마다 한가해라

七曲 涵月池

七曲涵池月潛灘	칠곡이라 달이 못에 가라앉고 여울에 잠겼는데

한 것이다. 천하가 한 점의 연기와 같이 작게 보인다는 뜻이다.
71) 28수에 속한 별자리 중 하나로 견우성이다.
72) 道佛의 허무의 학을 일컫는 말로 노장학을 가리킬 때 많이 쓰는 말이다.

風煙耩許老夫看　　바람이 안개를 걷어 늙은이 보길 허락하네
是非夢遠身無事　　시비는 꿈같이 요원하나 이 몸 아무 일 없는데
上下天光照膽寒　　상하로 하늘빛이 간담을 서늘히 비추는구나

八曲　落霞潭
八曲風烟使我開　　팔곡이라 바람과 연무가 나로 하여금 개인 듯
落霞潭下水濚回　　낙하담 아래는 휘돌아 나가는 물이로세
閒中每揭蓬窓看　　한가함 가운데 매양 봉창 들어 바라보니
明暗無常自去來　　아침저녁으로 무상함이 저절로 오고가네

九曲　詠歸灘
九曲詠歸眼豁然　　구곡이라 시 읊고 돌아오려니 눈이 활짝 트이고
灘頭煙歇見平川　　여울머리 안개 걷히니 들내가 보이는 도다
耶知攀木緣崖處　　나무를 부여잡고 벼랑 오르는 곳 알겠다만
抛得寄觀咫尺天　　버리는 것 터득하니 지척에서 하늘을 보겠네[73]

　　최윤상은 무릉정에서 독서하며, 이황·이이·송시열과 같은 당대 성현을 본받아 무릉계에서 구곡원림을 경영한 것이다. 무릉계를 하나의 도체로 인식하고, 자신의 학문을 궁구하며 이상세계를 꿈꾸었다. 무릉구곡은 최윤상의 사후에도 지역사람들에 의해 회자되었다. 조선말기의 문인인 尹審求·趙重穆 등이 무릉구곡에 시를 남겼고, 尹用求(1853~1939)·閔宗植(1861~1917) 등은 가사를 남기기도 했다.[74]
　　조선의 사대부들은 무이구곡에 시가를 붙였을 뿐만 아니라 다양한 구곡도를 그리며 구곡문화를 만들어 갔다. 주자의 「무이구곡도」를 그려 무이산을 상상하기도 했고, 선학들이 경영하였던 구곡을 그림으로 남겼다. 「무흘구곡도」·「고산구곡도」·「곡운구곡도」·「화양구곡도」 등이 대표적이다. 최윤상의 무릉구곡을 그린 「무릉구곡도」도 현존하고 있다. 이 「무

---

73) 삼화동파수회, 앞의 책, 142~144쪽의 원문과 해석본을 참고하여 문맥이 어색한 부분은 일부 필자가 재번역 하였다.
74) 무릉구곡 시와 가사는 배재홍, 앞의 책, 100~101·114~117쪽을 참조.

릉구곡도」는 앞서 살핀바와 같이 금란정의 현판을 쓴 인물인 심지황이 그렸다.

무릉구곡은 최윤상이 정하고 경영한 이후 지역 유림들이 그 의미를 담아 시가를 짓고, 이를 기념하기 위해 그림으로 남기고 있는 것이다. 즉 무릉계는 성리학적 도가 구현되는 도학적 의미의 공간으로도 각인되었던 것이다. 무릉계는 팔경화를 통해 지역을 대표하는 경관의 장소적 의미를 넘어, 구곡까지 설정됨으로써 성리가 구현되는 도학의 장소로도 의미가 부여되고 있었던 것이다.

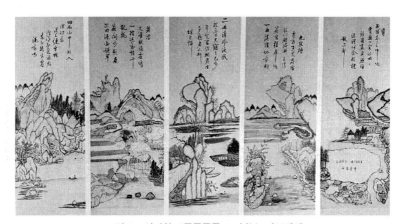

<그림 2> 심지황, 「무릉구곡도」 부분, 지본채색,
개인소장(동해문화원 홈페이지 게재사진)

5. 맺음말

무릉계는 자연과 인문의 복합공간으로 역사·경관·학술적 가치가 뛰어난 곳이다. 별유천지라 불릴 정도로 수려한 비경을 지니고 있어 수많은 사람들이 유람했고, 이들이 남긴 시문과 각자, 팔경과 구곡 등 인문사적이 풍부하게 남아있다.

무릉계는 두타산 무명의 한 골짜기였다. 삼척부사 김효원의 유람을 통해 본격적인 문화공간으로 탈바꿈하기 시작한다. 김효원이 '무릉계'라는 명칭을 처음 붙인 후 사람들이 무릉계라 부르기 시작했다. 이후 허목·채제공 등 당대 명사들이 유람함으로써 명성을 얻게 된다. 무릉계는 유람객들의 입을 통해 세간에 회자되었고, 많은 사람들을 불러 모았다. 지역민들뿐만 아니라 지역을 찾는 외부 인사들도 애호하는 유람명소로 각광받았고, 유람명소로 더욱 고착화 되어 간다. 이러한 과정을 통해 무릉계는 선계·강학처의 의미가 부여된 문화공간으로 재탄생한다. 그 명성은 조선 말기에도 수그러들지 않았고, 현재까지도 유람명소로 각광받고 있다. 무릉계가 명승으로 탄생하게 되는 큰 문화사적 요인 중 하나는 유람이었다.

무릉계는 유람과 더불어 많은 시문이 창작되고, 현지에는 다녀간 사람의 흔적이 제명된 각자로 남아 있다. 무릉계를 유람한 사람은 유람을 일시적 행락으로 끝내지 않고 시문으로 남겼다. 이 시문에는 무릉계가 주는 심미적인 문화적 餘香이 표현되어 있었고, 이러한 과정 속에서 무릉계의 이미지가 형성되어가고 그 명성이 알려진다. 즉 무릉계를 제재로 한 시문은 무릉계를 유람하지 않아도 그 의미와 명성을 알릴 수 있는 전거가 되었다. 무릉계에 새겨진 각자는 현장에서 무릉계의 명성을 직접 보여주며, 사람들로 인해 이 자연 공간이 어떻게 변모해 가는지를 대변해주고 있다. 시문이나 각자 등은 오늘날 무릉계의 인문사적으로 남아 무릉계의 문화사적 의미와 그 명성을 더욱 각인 시켜주고 있다. 특히 이번의 각자 조사를 통해 겸재 정선이 무릉계에 다녀간 것을 확증할 수 있었다.

무릉계는 조선에서 유행한 양대 명승문화였던 팔경과 구곡의 영향을 받은 장소이기도 하다. 일찍이 척주팔경의 하나로 지목되었고, 지역 유림에 의해 무릉계 만을 대상으로 한 별도의 무계팔경이 만들어진다. 무릉계는 지역에서 가장 아름다운 경관을 품은 자연경관의 정수로 인정받게 된다. 여기에 더하여 구곡까지 설정됨으로써 경관의 장소적 의미를 넘어 성리가 구현되는 도학의 장소로도 의미가 부여되었다.

무릉계는 수려한 자연경관과 함께 그에 걸 맞는 문화적 층위가 두텁게 자리하고 있었다. 이러한 문화적 층위는 문화사적 배경과 그 흔적의 집적으로 이루어 졌고, 이를 통해 무릉계라는 자연공간은 하나의 명승으로 탄생하게 되는 것이다.

제3편
유람전통으로 촉진된 문화의 의미와 가치

제1장 地誌의 遊覽詩 수록과 의미
－『關東誌』를 중심으로－

1. 머리말

조선의 지식인들은 산천 등 자연에 대한 정보섭렵 욕구를 강하게 가지고 있었다. 당시 지식인들이 자연을 보다 체계적으로 기록하고 알고 싶어 하는 이해도의 증대 양상은 地誌[1]편찬 방식에도 반영된다. 『三國史記』지리지에는 산천에 대한 정보가 수록되어 있지 않다. 『高麗史』지리지에도 별도의 山川條를 편재하지 않고 郡縣 설명의 말미에 대표적 산 이름과 祭祀 정도만 기술하였다. 조선시대에 들어서면서 편찬되는 관·사찬 지지에 산천조가 별도로 편재되기 시작한다. 조선후기에 편찬된 『輿地圖書』에는 이전 지지에 누락되었던 산이 추가되고 산에 대한 정보도 더 상세해 진다. 자연에 대한 정보의 누적과 관심은 조선후기 『山經表』나 『東國文獻備考』의 「山水考」와 같은 山譜類의 편찬을 통해 국토의 산지구성을 전국적이고 체계적으로 정리하는 것에서도 나타나고, 『清凉誌』·『頭流全志』 등 개별 山誌의 편찬으로도 이어진다.[2]

이러한 산천에 대한 관심의 증대는 지지나 다른 사람이 작성한 山水遊記 등을 보는 것에 이어 자신이 직접 찾아 유람에 나서기도 하는 것이다. 유람은 임진왜란과 병자호란이 끝난 17세기 후반에 들어서면서 주목

---

1) 본 글에서 사용한 '地誌'의 범위는 관·사찬 지리지·山誌 등이다.
2) 최원석, 「한국의 산 연구전통에 대한 유형별 고찰」, 『역사민속학』 36, 2011, 226~240쪽.

되는 문화행위로 부각되었다. 유람이 유행하면서 수많은 유람기록이 창작되기도 하였다.3) 유람의 여정을 담은 대표적인 기록으로는 산문형식의 산수유기와 遊覽詩,4) 그리고 회화인 기행사경도가 있다. 이 기록들 중 본 글에서 주목하고자 하는 것은 지지에 수록되어지는 유람시이다. 『東國輿地勝覽』(이하 '『여람』')을 필두로 조선후기에 활발히 편찬되는 읍지·산지 등 지지에는 전례 없이 시가 대폭 수록되어 진다. 그리고 여기 수록되는 시 대부분은 寄題5)보다 유람시가 차지한다.

  조선시대 지지를 '人文地理'의 성격으로 논하는 것은 인문지리학6)에서 말하는 경제·인구·취락·문화·정치·역사 등 인문현상을 복합적으로 살필 수 있다는데 있겠으나, 가장 큰 이유는 文·史의 내용을 담고 있기 때문이다. 지지는 중국이나 한국의 史書에 '志'라고 하는 편목으로 수록되어 왔고, 별도의 독립된 지지로 편찬되어도 사서로 분류해 왔다. 전통적으로 한국의 지지는 讀史의 성격을 강하게 지니고 있다는 것에는 이론이 없다. 그런데 조선의 문사들이 文의 핵심으로 여겨왔던 시가 조선후기에 편찬되는 지지에 대거 수록된다. 이로 인해 지지에 인문적 기술이 대폭 확대되고 있다. 조선초기에는 없던 지지편찬의 새로운 양상이었다. 시가 수록됨으로써 조선후기의 지지는 인문적 기술이 더욱 풍부해진 인문지리서의 형태를 갖추게 된다는 점이다. 인문지리를 논할 때 수록 분량으로만 보더라도 시를 주목하지 않을 수 없는 것이다. 그런데 아직

---

3) 조선시대 유람문화의 확산과 유람기록의 창작은 이상균의 『조선시대 유람문화사 연구』(경인문화사, 2014)를 참조.
4) 본 글에서 사용한 '유람시'의 범주는 작자가 직접 유람한 경물을 영탄대상으로 읊은 시이다.
5) 시제가 되는 곳을 직접 맞닥뜨리지 않고, 다른 사람의 요청 등에 의해 제영하여 부치는 것.
6) 인문지리학의 사전적 정의는 자연지리학과 양립하여 지표의 인문현상을 지역적 관점에서 바라보는 지리학의 한 분야로 경제·인구·촌락·문화·정치·역사지리학 등으로 나뉜다(『학문명백과』, 형설출판사).

까지 지지에 시가 수록되는 구체적 원인을 밝힌 연구는 전무하다고 할 수 있다.

그동안 지지에 시가 수록되는 이유를 王化를 칭송하고, 백성 교화에 활용, 개찬 세력의 인물들을 지지에 수록하기 위한 방편,[7] 인문지리적인 이해도의 증대 양상이 지지에 반영된 점 등[8] 개략적인 설명에 그치고 있다. 또한 조선후기 활발히 편찬되는 읍지편찬의 목적을 지방통치 자료의 활용, 지역의 역사자료 축적, 재지세력의 현양, 지역교화 등의 측면에서 보고 있으나,[9] 수록된 시가 읍지편찬 목적에 어떻게 부합되는지에 대해서는 설명하지 않고 있다. 지금까지 연구된 원인만을 가지고 지지편찬의 새로운 양상으로 나타나는 시의 수록 의미를 한정짓기에는 부족한 부분이 있다. 즉 다른 측면의 구체적 원인을 찾아볼 필요성이 있는 것이다. 유람시의 지지수록 원인을 규명하는 것은 창작된 유람시가 지지를 통해 활발히 활용된다는 점과 인문적 기술이 더욱 풍부해진 인문지리서의 형태를 갖추는데 중요한 요소였다는 측면의 문화사적 의미를 밝히는 것이다.

이러한 문제의식에 천착하여 조선후기 지지에 시의 수록양이 많아지고 대부분이 유람시라는 점에 주목, 지지에 유람시가 수록되는 원인을 밝혀 그 문화사적 의미를 부여해 보고자 한다. 이 같은 연구를 통해 조선시대 인문지리의 개념을 설명하는데 있어 유람시가 차지하는 비중과 유람시가 지지편찬의 목적에 부합되는 중요한 文藝資料였다는 점 등의 문화사적 의미를 밝힐 수 있을 것이다.

---

7) 서인원, 「『동국여지승람』 편찬경위와 정치적 상황」, 『실학사상연구』 10·11, 1999 ; 정의성, 「신증동국여지승람의 항목체제와 '제영'에 대한 고찰」, 『한국문헌정보학회지』 31권 4호, 1997.
8) 최원석, 앞의 논문.
9) 양보경, 「조선시대 읍지의 체제와 특징」, 『인문과학논집』 4, 1997 ; 김현영, 「한국사에서의 '지방사' - 조선시대 읍지편찬에 나타난 지역인식을 중심으로」, 『안동학연구』 3, 2004.

2. 地誌의 詩 수록 배경

각 지방의 지리적 현상을 분류하여 기록한 지지에 시가 수록되는 것
은 지지에 인문학적 요소가 확대되는 것을 의미한다. 처음으로 시가 수
록되어 편찬되는 지지는 『여람』이다. 『여람』의 편찬과정에서 이전 지지
에는 없던 題詠條를 편제하여 시를 대거 수록하고, 산천·형승·누정조에
도 시를 첨입하고 있다. 『여람』의 편찬과정을 살펴보면 지지에 시가 수
록되게 되는 배경을 간략하게나마 파악할 수 있다.

『여람』은 1481년(성종 12)에 盧思愼(1427~1498)·梁誠之(1415~1482)
등이 편찬한 지리지이다. 성종은 1479년(성종 10)에 양성지 등이 찬진한
『八道地理誌』에 徐居正의 『東文選』 등에 수록된 문사들의 시를 첨입하
여 각 도의 지리와 풍속 등을 정리하도록 명했고,10) 1481년 시가 수록된
『여람』 50권이 완성되었다. 『여람』의 편찬배경은 기존 지지에 없던 시
를 첨가하려는 의도가 강하게 반영된 것이라 해도 과언이 아니다. 체제
는 南宋 祝穆의 『方輿勝覽』11)을 참고하였다. 후대 정조는 『여람』이 『방
여승람』을 본받은 것이기 때문에 명승고적의 詩·賦·序·記를 매우 많이
찾아서 싣고 있어 산천의 도로와 거리, 關阨 등에 대한 기록은 오히려
소략하다고 비판하였다.12)

이후 1485년(성종 16) 金宗直 등이 『大明一統志』 체제에 맞추어 다시

---

10) 『신증동국여지승람』 권수, 序(徐居正).
11) 『방여승람』은 南宋의 강역을 대상으로 한 지리서로 건치연혁·강역·道里·田賦·戶
口 등 다른 지리서에서 자세하게 다룬 것은 간략하게 기록하고, 명승고적에 대해
서는 자세하게 다루었다. 특히 詩·賦·序·記는 세세하게 수록하고 있어서 登臨題
詠을 위해서 엮은 지지임을 알 수 있다.
12) 『弘齋全書』 권 184권, 羣書標記 6, 命撰 2,「海東輿地通載六十卷」. "我朝地理書 徐
居正之輿地勝覽 倣於祝穆之方輿勝覽 故形勝古蹟 詩賦序記 搜載甚繁 而山川道里
關阨險要 皆在所略 蓋主登臨題詠而設 不專爲考證地理也".

개찬을 시작하였다. 시를 재정리하는데 주안점을 두고, 수정을 마쳐 1487년(성종 18) 55권으로 간행하였다.13) 김종직은 형승의 위치나 거리 등이 말하는 사람들 마다 다르고, 소산물의 경우 공납의 부담으로 다가올까 숨겨서 말하지 않으므로『여람』을 지속적으로 개정해 나가야 한다고 다시 피력하였다.14) 그러나 이는 표면적인 이유이고, 훈구파의 입장에서 찬술된『여람』을 사림의 입장에서 재정리할 필요성이 있었기 때문으로 보인다. 개찬을 주도한 김종직의 입장에서 훈구세력이 만들어 놓은 인물조의 인물평에 대한 이견이 있을 수 있고, 사림의 글을 많이 싣는 등 사림들의 의견을 반영하려는 의도에서 수정작업의 필요성을 제기하였던 것으로 파악된다.15)

『여람』은 연산군대에 김종직이 戊午士禍로 사사되고 다시 훈구세력인 任士洪(?~1506) 등에 의해 개찬작업이 진행되었다. 산천과 사적의 보충, 제영과 篇章의 삭제를 중심으로 수정이 가해졌다.16) 성종대 개찬을 주도했던 중심인물이 김종직 이었으므로 훈구파의 입장에서 그가 손을 댄 부분을 다시 수정하려 하였고, 여기에 제영이 포함되어 있었다. 1499년(연산군 5) 권수의 변함없이 55권으로 재 간행 되었으나 연산군 말년에 『여람』을 私藏하는 것을 금지해 민간에까지 널리 유포되지 못하였다.17)

그러므로 중종대에『여람』은 다시 개찬작업이 진행되었다. 개찬 이유는 폐조[연산군]에 편찬된 것에 미진함이 있고, 누락된 것을 보충한다는 이유에서였다.18) 그러나 중종반정으로 정권을 잡은 세력들은 연산군대 개찬 책임자와 정치적 입장을 달리하였고, 趙光祖(1482~1519) 등의 급

---

13)『成宗實錄』권200, 18년 2월 庚辰.
14)『成宗實錄』권202, 18년 4월 辛卯.
15) 서인원, 앞의 논문, 417~418쪽.
16)『신증동국여지승람』跋(任士洪).
17)『신증동국여지승람』권수, 序(李荇).
18)『신증동국여지승람』권수, 序(李荇).

진 사림파들이 제거된 己卯士禍 이후의 정치세력들의 입장을 대변하기
위해서였다. 『여람』은 李荇(1478~1534)과 洪彦弼(1476~1549) 등에 의해
다시 수정과 증보를 거쳐 1530년(중종 25) 『신증동국여지승람』(이하 '『신
증』')으로 나시 편찬되었다. 역시 여기서도 시를 다시 취사선택하고 누
락된 것을 상고하고 증보하였다.19)

『신증』 편찬 이후에도 수록된 시가 문제시 되어 수록할 시의 선별이
민감했다는 것을 다음의 내용에서 알 수 있다.

> 근래 여지승람(『신증』을 말함)에 빠진 것이 많아 여지승람을 모방하여 修
> 集할 것을 명하셨다고 합니다. 그 지방의 특산물·명승지·인물·시문 가운데
> 후세에 전할 만한 것은 마땅히 수집하여야 하지만, 이제 수집한 것을 보면 모
> 두 한때 재상의 別墅의 종류인 靑鶴洞 같은 것으로 바로 이행이 기입한 것입
> 니다. 이행은 자기가 감수하면서 자기가 지은 시문을 싣고 중국 사신이 지은
> 것이라 하기도 하고, 南袞이나 李沆이 지은 것이라고 하기도 하고, 자기가 지
> 은 것이라고 하기도 하였습니다. 敎命을 받들어 수찬한 것이어서, 어찌할 수
> 없어 실었다 할지라도 그것이 자기 族係의 것이라면 오히려 잘못이 되는 것
> 인데, 어찌 신하가 된 자가 자기가 한 일을 책에 실어 임금 앞에서 과장하여
> 성감을 어지럽힐 수 있겠습니까? 지금은 太平의 氣像이 있는 것 같지만 후세
> 에서 보면 어찌 위복을 竊弄한 것이 아니겠습니까? 酬唱한 것을 제 마음대로
> 國史에 싣는 것은 바로 名分을 범하는 일입니다. …중략… 임금이 이르기를,
> "조정이 당당하면 사방의 좀도둑은 자연히 없어질 것이다. 여지승람에 옛일
> 을 실을 수는 있으나 자기의 일을 싣는 것은 부당하다."20)

이 기사는 『신증』이 간행된 2년 뒤인 1532년(중종 27) 경연에서 正言
許沆(?~1537)이 『신증』을 찬집하면서 자기의 시문을 실은 이행을 비판
한 것이다. 여기서 주목할 것은 지지인 『신증』을 '國史'로 인식하고 있
다. 중종은 『신증』에 옛 것을 실을 수 있어도 자신의 일을 싣는 것은

---

19) 『신증동국여지승람』 跋(洪彦弼).
20) 『中宗實錄』 권72, 27년 1월 乙卯.

부당한 것이라 하고 있다. 즉, 『여람』은 편찬 이래 史書로 인식되고 있
는 지지였으므로 인물조와 제영조에 자신을 비롯해 자신이 추숭하는 세
력이나 정치적 입장을 같이 하는 인물평과 그 시가 실리는 것을 매우
중요하게 생각하였음을 알 수 있다. 그러므로 인물조와 제영조는 역사적
변혁에 의한 영향을 많이 받아 개수가 가장 크게 이루어지는 부분이 되
었다. 특히 『여람』의 인물조에 실린 인물들은 주로 훈구파의 鉅族과 名
族들이 대거 수록된다.[21]

  『여람』은 개찬과정을 거치면서 여러 인물들의 시 또한 첨삭이 가해지
고 있는 것이다. 그러므로 『여람』의 초기편찬은 훈구세력들에 의해 시
작되었지만, 지속적인 개찬작업을 거쳐 『신증』 제영조에는 서거정·成俔
(1439~1504)·李宜茂(1449~1507) 등 훈구인물과 김종직·洪貴達(1438~
1504)·金馹孫(1464~1498)·曺偉(1454~1503) 등 사림의 시가 함께 수록
되어 진다. 『신증』에 실려 있는 시는 약 1,355편에 달한다.[22]

  『여람』(『신증』포함)에 시를 수록하게 되는 이유는 서거정의 서문과
홍언필의 발문에서 찾을 수 있다.

>   題詠을 마지막에 두어 物像을 읊조리며 王化를 노래하여 칭송함은 실로
> 詩와 文에서 벗어나지 않기 때문입니다.[23]

>   성묘께서 앞서 시작하시고 전하께서 후에 계승하셨으니 文을 숭상하여 교
> 화를 일으켜 세상을 다스리고 백성을 가르치는 방법이 道가 아님이 없으며,
> 하수가 근원과 하류가 있음과 같이 서로 처음이 되고 끝이 되었으니 또한 성
> 대하지 아니하옵니까. 여지승람 한 질은 비록 道를 기록한 글은 아니라 할지
> 라도 한 번 책을 열면 우리 동방 강역의 구역과 古今에 흥하고 폐했던 자취가

---

21) 이태진, 「15세기 후반의 鉅族과 명족의식－『동국여지승람』 인물조 분석을 통하여」,
   『한국사론』 3, 1976.
22) 정의성, 앞의 논문, 25쪽.
23) 『신증동국여지승람』 권수, 序(徐居正).

모두 환하게 눈앞에 있으니 실로 주 나라 職方氏의 규모로서 도가 거기에 있는 것이니 어찌 도움이 있지 않다고 하겠습니까. 또한 선대의 뜻을 추모하고 계승하는 일의 한 가지 일입니다.[24]

시와 문으로 왕화를 칭송하고, 백성을 교화시키려면 文을 중시해야 한다는 것이다. 이는 치자인 왕의 권위와 위엄을 드러내는 방편으로 시가 중요시되고 있음을 볼 수 있다. 그럼으로 김종직이『여람』증보 때에 비중을 둔 것은『동문선』으로부터 첨입된 시의 정리였다.『여람』의 시가 題詠으로 정리되었는데『대명일통지』에는 없는 항목이었다. 실제『신증』에는 태조의 공덕과 한양천도를 찬양하고 유학을 근본으로 한 文敎를 찬양하는 시들이 다수 수록되어 있다.[25] 시가 백성들을 교화시키는데 필요하다는 인식은 李珥가 주장한 다음의 내용에서도 볼 수 있다.

시문은 기억하여 암송하는 학습과 詞章의 학문에 있지 않고, 교화를 밝혀 민풍을 진작시킴에 있는 것이다.[26]

『여람』의 초기 편찬에 시가 실리게 되는 배경은 왕화를 칭송하고, 백성 교화의 방편으로 선택한 것이었으나, 개찬과정을 거치면서 개찬 세력의 입장을 반영하는 목적으로 시가 활용되고 첨삭되었음도 알 수 있다.

국가주도로 편찬된『신증』이 간행된 이후 16세기 후반부터는 지방단위의 士林과 수령을 중심으로 한 읍지편찬이 활발해 진다. 그 이유는 지역의식의 자각에 따른 역사지리 자료의 축적, 지방통치 자료의 활용, 양란이후 향촌질서의 재편, 재지세력의 현양, 군사방어의 강화와 대비, 지역 교화 등 여러 가지 측면에서의 활용의도가 있었다.『여람』에 지역의

---

24)『신증동국여지승람』跋(洪彦弼).
25) 정의성, 앞의 논문, 27~28쪽.
26)『栗谷全書』拾遺 권3, 雜著「文武策」.

내용이 소략하므로 읍지를 통해 좀 더 자세히 편찬하고자 하였다.[27) 이때 편찬되는 읍지들의 기본체제는 『여람』을 따르고 있다. 『여람』은 조선후기부터 본격적으로 만들어지는 읍지 편찬체제의 모범이 되었다.

　이러한 읍지들을 모아서 『신증』의 내용을 조선후기의 실정에 맞게 재편성하여 만든 전국지리지가 영조대에 편찬되는 『興地圖書』이다. 그러나 『여지도서』에는 제영조가 편제되지 않는다. 그러나 읍지에는 제영조가 편성됨과 더불어 산천·형승·고적·누정조에도 시가 수록되고 양 또한 방대해 진다.

　더욱이 읍지가 편찬되는 시기는 『신증』을 편찬할 당시보다 당대 명유들의 시문이 누적되어 있었고, 읍지에 수록되는 시문의 내용과 분량 또한 『신증』보다 더욱 많아 질 수밖에 없다. 또한 『관동지』[28) 사례를 통해 살펴보겠지만, 수록되는 시문 대부분을 유람시가 차지하고 있다.

3. 『관동지』 수록 유람시 분석

　『관동지』 편찬당시 강원도의 행정편제는 현재 기준으로 강원도 전체, 경기도 일부, 경상북도 일부, 북강원도 일부를 포함한 26개 府·牧·郡·縣이다. 『관동지』의 최초 편찬과 간행 시기는 명확히 알 수 없으나 先生案에 수록된 수령들의 도임시기를 통하여 1822~1826년 사이 각 읍에서 읍지를 만들어 감영으로 보내고, 감영에서 成冊하여 1829~1831년 사이 간행한 것으로 추정된다.[29)

---

27) 양보경, 앞의 논문, 10쪽.
28) 본 글에서 분석대상으로 삼은 『관동지』는 국립중앙도서관 소장본을 원본으로 하여 강원도에서 국역한 『국역관동지』(2007년)를 참고하였다. 이하 『관동지』는 이 국역본을 참고하였음을 밝혀두며 국역연도와 간행처 등의 별도 각주를 달지 않았다.

　유람시 수록의 분석대상을 『관동지』로 선택한 것은 조선시대 사대부
들 사이에서 성행한 유람의 대상지로 금강산과 관동팔경이 가장 각광받
았고,[30] 이들이 유람하면서 창작한 유람시가 많이 수록되어 있기 때문
이다.

　『관동지』의 편목은 대체적으로 『여지도서』체제를 따르고 있다. 다만,
일부 읍지들이 『여지도서』에 없는 제영조를 편제하고 있다. 원주·영월·
평창·홍천·춘천·낭천·이천·김화·울진·고성·간성 등 11개 읍지에 제영
조가 별도로 편제되어 있고, 양구·인제·평강·안협·금성·양양·흡곡 등 7
개 읍지에는 수록된 시가 한편도 없다. 나머지 읍지들은 산천·형승·고
적·공해·누정조 등에 시를 첨입해 놓았다. 먼저 『관동지』의 시 수록 현
황을 정리해 보면 <표 1>과 같이 나타난다.

<표 1> 『관동지』의 시 수록 현황[31]

지　역	편제항목	총편수	詠嘆대상	유람시
총계	-	849		602
原州牧	소계	51		40
	形勝	1	치악산	2
	古蹟	2	酒泉石	2
	公廨	7	객관·親民堂	
	樓亭	24	부평각·빙허루·집승당·청음정·청허루·추월대·취병정	22
	壇廟	7	충열사·칠봉서원	7
	寺刹	7	각림사·문수사·법천사·상원사·홍법사	6
	山川	3	驪潭·치악산	3

---

29) 유재춘, 「『관동지』의 편찬경위와 사료적 가치」, 『국역관동지』 上, 강원도, 2007,
　　31쪽.
30) 이상균, 앞의 책, 27~48쪽.
31) 지역 순서는 『관동지』에 수록되어 있는 순서로 하였다.

지 역	편제항목	총편수	詠嘆대상	유람시
寧越府	소계	102		67
	樓亭	2	금강정	2
	題詠	84	관아·관풍헌·금강정·낙화암·산수풍광·장릉· 청령포	58
	附錄	16	자규루·청령포	7
平昌郡	소계	25		25
	題詠	25	산수풍광	25
旌善郡	소계	10		7
	山川	1	風穴	1
	風俗	3	풍속	
	樓亭	6	봉서루·의풍정	6
橫城縣	소계	2		1
	古蹟	1	三陟巖	1
	人物	1	국가에 대한 절의	
洪川郡	소계	39		33
	題詠	39	泛波亭	33
春川府	소계	99		67
	山川	4	孤山臺·白鷺洲·청평산	4
	佛宇	1	문수사	1
	古蹟	2	사탄향·삼악산성	2
	人物	1	은거의식	
	題詠	91	문소각·소양정	60
浪川縣	소계	7		0
	題詠	7	객사·산수풍광	
鐵 原 都護府	소계	14		6
	公廨	7	객사	
	樓亭	7	고석정·진동루	6
伊川府	소계	5		1
	山川	1	양음산	1
	題詠	4	관아·산수풍광	

지 역	편제항목	총편수	詠嘆대상	유람시
淮 陽 都護府	소계	4		4
	山川	3	금장곡·일출봉	3
	佛宇	1	보덕굴	1
金化顯	소계	16		1
	形勝	1	산수풍광	
	古蹟	1	栢洞	1
	題詠	14	관아·충열사	
三陟府	소계	17		16
	形勝	1	오십천	1
	山川	7	능파대·오십천·태백산	7
	樓亭	9	죽서루	8
平海郡	소계	46		40
	古蹟	3	해월헌	3
	樓亭	43	망양정·산수풍광·오월루·월송정	37
蔚珍顯	소계	20		11
	題詠	20	관아·망양정	11
江陵府	소계	147		84
	樓亭	13	경포대·오죽헌·어제각·호해정	5
	臨瀛誌 (詩文)	134	관아·객사·경포대·경호당·남대청·대관령·매학정·명선각·산수풍광·어풍루·오봉서원·오죽헌·운금루·유선사·한송정·해운정·향호정·허이대·호해정	79
高城郡	소계	136		126
	題詠	136	감호당·관아·대호정·망악정·사선정·칠송정·해산정	126
杆城郡	소계	101		65
	題詠	101	관아·농향정·능파대·망경대·명파역·무진정·영랑호·열산관·유향정·청간정·화진포	65
通川郡	소계	8		8
	關阨	1	옹천	1
	形勝	2	금란굴	2
	樓亭	5	청허루·총석정·환선정	5

『신증』에 수록되어 있는 시는 총 1,355편이고, 이중 강원도편의 수록
시는 173편으로 조사되었다. 경상·충청·전라도에 이어 전국에서 4번째
로 많은 수를 차지한다.[32] 『신증』이 간행 된지 약 300년 후에 편찬되는
『관동지』에 수록된 시의 수는 849편이다. 『신증』 보다 약 5배 이상 증
가한 수치이다. 수록된 시가 쓰여 진 시기적 범위는 고려후기~조선후기
이다. 고려후기 문신인 趙冲(1171~1220)의 시부터 춘천부사 李寅溥가[33]
1823년 쓴 시까지 수록되어 있다. 작자 수는 총380명이다.[34] 작자 층은
관찰사와 수령, 유람 온 사대부 등이 대부분을 차지하고 있다. 숙종과
정조의 御製, 중국사신과 승려들이 지은 시도 일부 수록되어 있다. 특히
849편의 시 중 유람시의 수가 전체 약 71%인 602편에 달한다.

이처럼 조선후기 편찬되는 지지에 수록되는 시 대부분을 유람시가 차
지하고 있는 것은 조선중기 이후 유람시가 활발하게 창작되었음을 대변
해 주는 것이기도 하다. 유람시 창작이 활발해지는 이유는 조선시대 문
사들이 유람을 통해 시를 창작하고자 하는 동기에서 찾아 볼 수 있다.
조선의 대표적 館閣文人으로 이름을 떨친 서거정이 지은 「觀光錄序」에
서 그 이유를 잘 엿볼 수 있다.

> 내가 일찍이 옛사람이 사마자장을 논평한 것을 보니, "사마자장이 호탕한
> 기운으로 천하의 좋은 경치를 모두 유람하였기 때문에 문장의 변화가 무궁하
> 다." …중략… "내가 삼가 속으로 의문을 품기를, 문장이라는 것은 氣며 時運
> 이다." …중략… "어찌 명승을 유람했다고 해서 갑자기 그 기를 변화시킬 수
> 있겠는가" …중략… 그런데 지금 세 군자의 『관광록』을 보니, 서울에서 연경
> 까지 왕복 8·9천 리를 다녀오면서 눈으로 보고 마음에 느낀 것을 모두 시로
> 표현하였다. …중략… 여러 문체를 모두 갖추어 갈수록 더욱 기이하다. 이러
> 한 것을 보고 나서, 나는 옛사람이 사마자장을 논평한 것이 거짓이 아니며 내

---

32) 정의성, 앞의 논문, 25~26쪽.
33) 1822년(순조 22) 8월부터 1823년 4월까지 춘천부사에 재임했다.
34) 읍지 간에 중복된 동일 인물을 1명으로 파악한 수치이다.

소견이 잘못임을 알게 되었다.[35)]

서거정은 사마천의 문장변화가 출중한 것이 천하를 유람하였기 때문이라는 옛 사람들의 논평을 부성하였었다. 그런데 成俔(1439~1504) 등이 명나라 使行 길에 동료들과 수창한 시를 모아 편찬한 『관광록』을 보고, 유람이 시인의 창작력을 더욱 기이하게 만든 것으로 이해하고 있다.

서거정 본인도 일찍이 조선 국토를 유람하면서 유람시를 다수 창작하였다.[36)] 서거정의 유람시는 『四佳詩集』에 '興地勝覽'이라는 별도의 표제로 수록되었다.[37)] 李裕元도 "사람에게는 長壽와 문장과 산수에 대한 욕심이 있는데, 산수에 대한 욕심이 가장 충족시키기 어렵다."하고, 명산대천에 문장이 있는데 오직 사마천만이 유람을 잘 활용하였다고 하였다.[38)]

1542년(중종 37) 魚得江(1479~1550)은 金時習과 사마천이 유람을 통해 문기를 크게 배양한 예를 들고, 젊고 시문에 뛰어난 사람을 뽑아 각 지방을 유람시켜 문기를 배양시킬 것을 상소하기도 하였다.[39)] 문사들은 수려한 문장을 창작할 때 도움이 될 수 있는 문기와 호연지기를 기르기 위해 산수 유람을 하였다. 김시습은 평생 전국을 주유하며 『遊關西錄』·『遊關東錄』·『遊湖南錄』·『遊金鰲錄』 등 이른바 '『四遊錄』'이라고 하는 유람시 집성본을 남기기도 했다.

산수라는 주제는 시를 창작함에 있어 天機와 감흥을 불러일으키는 주

---

35) 『四佳集』 권4, 序 「觀光錄序」. "予嘗見古人評司馬子長者曰 子長以踈宕之氣 極天下之大觀 故文章變化無窮 …中略… 安能因所觀覽 而遽變其氣乎 …中略… 今見三君子觀光錄 自漢都曁燕山 往還八九千里 觸於目 感於心者 一皆發於詩 …中略… 備全衆體 愈出愈奇 然後知古人論子長者不誣 而居正之所見者非也".

36) 백연태, 「서거정의 유람시 고찰」, 『인문과학연구』 30권2호, 2003, 123쪽.

37) 『四佳詩集補遺』 권3, 詩類 「興地勝覽」.

38) 『林下筆記』 권37, 蓬萊秘書 「蓬萊秘書序」. "人生世間久視寄命者 皆慾之使也世間之慾 可以充至於文章至慾未易充也 谿山之慾 尤未易充也 谿山指在名山大川文章亦在乎名山大川 而名山大川 唯史馬子長 能盡之矣".

39) 『中宗實錄』 권98, 37년 7월 乙亥.

요 소재였다.40) 그러므로 조선의 문사들은 作詩라는 문예취향을 즐기기
위해 산수 유람을 적극적으로 하고자 했다. 산수 유람을 통해 느낀 감흥
을 문장으로 담아내거나 진경을 화폭에 담아오고자 했다.41) 이러한 문
예양상을 '紀遊文藝'라 칭하기도 한다. 기유문예는 산수유기·遊覽詩·기
행사경도 등 산수를 유람하고 느낀 감회를 담아낸 모든 문예행위를 통칭
한다. 이 같은 현상은 조선후기 문인들의 문예특색으로 자리 잡았는데,
金昌協·金昌翕과 李秉淵 등으로 이어지는 소위 農淵그룹에 의해 적극적
으로 전개되었고 촉진되었다.42) 당시의 문인들은 山水美에 대한 발견과
산수·詠物詩를 창작하는 등 산수에 대한 문예적 표현이 매우 적극적이
었다. 유람을 하면서 보고 느낀 경물을 대상으로 수많은 시를 習作하여
남기고 있다.43)

　문사들에 의해 창작된 유람시는 조선시대 편찬되는 지지의 산천·명
승·누정·고적·제영항목 등 다양한 편목에 수록된다. 지지의 편찬 자체
가 지역을 소개하는 기록이었으므로 여기에 실리는 시들은 영탄의 대상
이 되는 지역의 경물을 직접 유람하고 지은 것들이 많다. 그러므로 寄題
보다 유람시가 대부분을 차지한다. 『관동지』의 지역별로 수록된 시의
총 편수와 유람시의 편수를 비교해 보면 <도표 1>과 같다.

　강릉이 가장 많은 시를 수록하고 있고, 고성·영월·간성·춘천 순으로
편수가 많이 나타난다. 이는 강원 영동지방에 해당되는 강릉·고성·간성
은 관동팔경과 금강산을 유람하는 문사들이 많았기 때문이다.

---

40) 고연희, 「김창흡·이병연의 산수시와 정선의 산수화 비교 고찰」, 『한국한문학연구』
　　20, 1997, 305~306쪽.
41) 김은정, 「東陽尉 申翊聖의 駙馬로서의 삶과 문화활동」, 『열상고전연구』 26, 2007,
　　252쪽.
42) 이종호, 「17~18세기 기유문예의 두 양상—농연그룹의 문예활동을 중심으로—」, 『한
　　문학논집』 30, 2010, 106~107쪽.
43) 이상균, 「조선시대 사대부의 유람 양상」, 『정신문화연구』 34권4호, 2011, 45~47쪽.

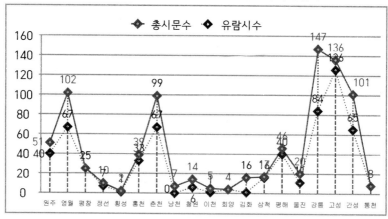

<도표 1> 『관동지』의 지역별 수록시의 총 편수와 유람시

또한 춘천은 도성과 근거리에 있어 소양정을 유람했던 문사들의 시, 영월은 장릉과 관련 장소를 대상으로 한 시가 많이 수록되어 있는 요인이 있다. 즉, 관동팔경과 금강산 등 산수 유람의 유행이 그 지역을 대상으로 하는 시문창작 수의 증가에 큰 영향을 주었음을 시사해 준다. 편제 항목별로 시문의 총 편수와 유람시를 비교해 보면 <도표 2>와 같이 나타난다.

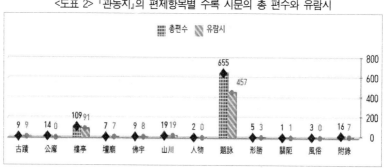

<도표 2> 『관동지』의 편제항목별 수록 시문의 총 편수와 유람시

『신증』에 수록된 시는 대부분 제영조에 편제되어 있는데 반해,『관동지』에서는 제영조에 국한하지 않고 여러 항목에 시가 다양하게 수록·활용되고 있음을 볼 수 있다. 다양한 편목에 시를 수록하여 지역의 특징을 소개하고 있는 것이다. 특히 누정조에 수록되는 시의 양이 두드러지게 많아지고, 이 시들 대부분이 유람시이다. 제영조를 비롯,『관동지』에 수록된 시의 영탄 대상은 주로 지역에서 이름난 경치를 가지고 있는 명승과 누정이 대부분을 차지하고 있다. 문사들이 유람의 대상으로 삼았던 자연경물은 대체적으로 산천이었고, 여기에 더하여 누정은 유람의 거점으로서 역할을 하였다.

즉, 지역의 명승과 누정 등을 찾는 유람이 활발해지면서 다녀간 문사들을 통해 유람시 창작이 활발하게 이루어지고, 지역에 그 시들이 전승되어 지지에 수록되는 시 대부분을 차지하고 있는 것이다.

4. 地誌의 유람시 수록 원인

조선의 문사들에 의해 창작된 유람시는 조선후기 편찬되는 지지의 산천·명승·누정·고적 등을 소개하는 내용에 참고 되고, '제영'이라는 별도 항목에 편제되어진다. 지지의 편찬 자체가 그 지역의 역사·물산·문물 등을 소개하는 기록이었으므로 여기에 실리는 시들은 시제가 되는 경물을 직접 보고 지은 유람시들이 많다.

특히 조선시대 지지의 성격을 '人文地理'로 논하는 이유는 지지에 역사와 문학 등의 인문적인 내용이 포함된 것을 가장 큰 요인으로 들고 있다. 지지는 전통적으로 중국이나 한국의 史書에 志라고 하는 편목으로 수록되어 왔고, 별도의 지지로 편찬되어도 사서로 분류해 왔다. 즉 讀史의 성격을 강하게 반영하고 있다. 홍언필이 쓴『여람』의 발문에도 지지

의 내용을 통해 동방 강역의 구역과 古今에 흥하고 폐했던 자취 등 역사
를 한눈에 파악 할 수 있다는 편찬의도를 담고 있다.[44] 그리고 조선의
국왕과 관료들도『신증』을 단순히 지리지로 보지 않고 國史로 인식하고
있다는 점이다.[45] 조선후기 실학자인 李德懋(1741~1793)는 交友인 李書
九(1754~1825)에게 보낸 편지에서 "지지도 史流와 같은 것이니 글을 쓸
때 신중을 기할 것"을 당부하고 있다.[46] 실학자인 崔漢綺(1803~1877)
또한 "지리학을 논함에 있어 지지를 풍토와 산물 및 고금의 사실을 기록
한 역사서"라 평하고 있다.[47]

1789년 정조가 內閣에서 치른 親試의 試題가 地理策이었는데, 여기서
정약용의 답안이 정조가 직접 열람하여 처리한 御批에서 首位를 차지했
다. 정약용은 이 답안에서 지리서를 편찬함에 있어 고금의 연혁 등 역사
는 상세히 기록하고, 인물과 제영시는 엄격하게 가려서 수록해야 한다는
의견을 개진하였다.[48] 지지에는 역사기록을 강화해야 하며, 반대로 인물
과 시가 무분별하게 수록되는 것을 비판한 내용으로 당시 지지편찬의 정
황을 알 수 있는 대목이다. 그럼에도 불구하고 조선후기 지지에는 역사
와 더불어 시가 대거 수록됨으로써 인문적 기술 분량이 대폭 확대되었다
는 사실이다.

이처럼 지지에 시가 대폭 수록되는 이유를 서두에서 밝혔듯이『여람』
편찬에서 보이는 지역교화 등의 측면이라는 점으로 설명하기에는 부족
한 부분이 있다. 시가 지지에 수록되는 다른 이유들이 나타난다는 점이

---

44)『신증동국여지승람』跋(洪彦弼).
45)『中宗實錄』권72, 27년 1월 乙卯.
46)『青莊館全書』雅亭遺稿 권6, 文「與李洛瑞[書九]書」. "輿地係于史流 須十分審愼
    是企".
47)『氣測體義』「推物錄」권6, 推物測事 '地志學'. "地志者 載錄風土物産 古今事實者也".
48)『茶山詩文集』권8, 對策「地理策」. "纂成一書 疆域彼此之分 旌其絲髮 沿革古今之制
    詳其事實 於山則紀其脈絡 於水則別其源派 於古事則凡戰伐攻守之跡 最宜該載 而孝
    烈人物 非卓絶純正爲一世所共知者 槪從刪略 至於題咏之詩 去百存一 以嚴規例".

다. 그 중의 하나가 시를 통해 국가의 역사를 살펴 볼 수 있다는 점에서
사서로 분류되는 지지에 수록하여 史實을 보충하는 것이다. 이이는 시를
통해 역사를 살필 수 있다고 다음과 같이 주장한다.

> 시는 文辭로 표현한 詠嘆이 淫洪한 것으로 가장 빼어나다. 아! 말은 소리의
> 精한 것이요, 문사는 말의 精한 것이니 시는 문사에서 빼어난 것이다. 즉, 시가
> 세상에서 중하게 된 것을 가히 알 수 있게 된다. 이런고로 성인이 경전을 지을
> 때도 시를 제일로 두어 이로써 世道의 성쇠와 國運의 治亂을 볼 수 있다.[49]

시가 문사에서 가장 빼어나고, 시를 통해 국운의 治亂 등의 역사적
내용을 살필 수 있기 때문에 세상에서 중요하게 된 것이라 밝히고 있다.
현전하지는 않지만 1819년 洪義浩(1758~1826)는 조선의 산천과 인물·
풍토 등을 기술한 지지인『靑邱詩誌』를 편찬하였다.[50] 홍의호는 山誌에
관심이 많아 전국을 주유하면서 유람시를 남겼고,『청구시지』를 유람시
로 편찬한 것이다. 1850년 洪敬謨(1774~1851)도 평안도 江東縣[現 평양]
의 지지인『吳洲詩誌』를 편찬하였다. 제목에서 보듯이 모두 시로 지지
를 편찬하였다.『오주시지』에 수록된 시는 모두 작자가 1849년 강동현
을 직접 유람하면서 쓴 유람시다. 홍경모는 지지편찬에 적극적이어서

---

49) 『栗谷全書』拾遺 권3, 序「人物世彙序」. "詩者 文辭之詠嘆淫洪而最秀者也 嗚呼 言
    者 聲之精者也 文辭者 言之精者也 詩者 文辭之秀者也 則詩之所以重於世者 斯可見
    矣 是故 聖人之述經也 詩居其一 而于以見世道之盛衰 國運之治亂".
50) 『淵泉集』권27, 墓碣銘「族曾大父禮曹判書公墓碣銘」. "又有靑邱詩誌若干卷 以韻
    語 述東國山川人物風土之詳 歷歷如指掌 古人所未有也 並藏于家".『靑邱詩誌』는
    편찬연도와 현존 여부가 불분명한 것으로 알려져 왔다(김인규,「澹寧 洪義浩「丹
    邱雜詠」研究」, 성균관대학교 석사학위논문, 2007, 1~2쪽). 그러나 홍의호가 1820
    년『고성군지』의 서문을 쓰면서 전년에『청구시지』4책을 저술하였다고 밝히고
    있어 이 책의 편찬연도가 1819년임을 알 수 있다(『관동지』권12(『고성군지』),「高
    城郡誌序」. "余不佞竊 嘗抱酈道元鄭德仲 水經山志之癖而 東國之人當先從東國始
    故往年著靑邱詩誌四冊 藏諸巾衍矣 …中略… 上之二十年庚辰季秋上浣澹寧洪義浩
    養仲書于丹邱之懷錦樓中"). 丹邱는 강원도 원주시 단구동이다.

1844년 光州府尹으로 봉직했을 때 『重訂南漢志』를 편찬하기도 했고, 지지를 역사서와 동일시하게 생각하였다. 『오주시지』는 지역의 연혁·공해·고적 등 읍지의 체제를 갖추면서 내용을 모두 유람시로 기술한 것이다.51) 사서의 부류인 지지를 시로 쓴 이유는 그가 자신의 시문집을 '集'이라하지 않고 '史'를 넣어 『叢史』라고 한 이유를 밝힌 다음의 내용에 잘 드러난다.

> 성인의 도는 六經에 갖추어 있고, 육경의 용도는 史에 맞으니 史는 곧 經이다. 詩書는 史로써 經을 한 것이고, 춘추는 經을 근본으로 史를 편수한 것이다. …중략… 孟子에 '詩가 없어진 연후 춘추가 지어졌다.'라고 하니 춘추이전의 시는 모두 國史다. …중략… 그러나 시의 뜻은 史에 근본하지 않을 수 없고 또한 經에 근원하지 않을 수 없다. …중략… 어떤 사람이 내게 묻기를 史는 나라의 일을 기록하는 글인데 그대의 시·문·잡저를 集이라 하지 않고 史라고 부르니 외람되지 않는가? …중략… 무릇 시는 史의 근본이고 文은 史의 體이다. 무릇 三代로부터 문장을 배우는 자는 詩書를 선인의 說을 근본으로 서술하여 춘추의 문장 뜻을 본받으니 천고의 흥망성쇠와 감탄비분이 모두 시문으로 발하였다. …중략… 지금 천백 년에 이르는 동안 그 사람은 비록 죽었으나 시와 문은 아직도 남아있어 금궤석실의 글과 더불어 日月처럼 나란히 걸려 있으니 시문이 가히 史를 잇는 것 또한 마땅하다고 하겠다.52)

여기서 홍경모는 '經史一致'와 '詩史一致', 즉 '文史一致'를 주장하고

---

51) 이군선, 「시로 쓴 지방지 吳洲詩誌」, 『동방한문학』 26, 2004, 443~445쪽.

52) 『叢史』 7冊, 「冠巖叢史序」. "聖人之道 備於六經 六經之用 善於史 史則經也 詩書以史爲經 春秋因經脩史 …中略… 孟子曰 詩亡然後 春秋作 春秋以前之詩 皆國史也 …中略… 然詩之義 不能不本乎史 亦不能不源於經也 …中略… 有問於余曰 史者 有國紀事之書也 子之詩文雜著 不曰集 不曰史 不已濫乎 …中略… 夫詩者 史之本也 文者 史之體也 自夫三代以降 學文章者 祖述乎詩書 意章乎春秋 凡千古之興亡盛衰 感歎悲憤 皆以詩文而發之 …中略… 訖于今千百年 其人雖亡 詩與文猶存 與金櫃石室之書 幷懸日月 詩文之可以續史也 亦宜"(원문과 번역문은 이군선의 「관암 홍경모의 시문과 그 성격」(성균관대학교 박사학위논문, 2003) 61~64쪽에서 발췌하여 전제).

있다. 시를 통해 역사를 살필 수 있어 시가 史를 이을 수 있는 것이라 주장한다. 선인들은 시를 통해 역사를 표출하였고, 시가 역사를 이을 수 있다고 하였다. 이 같은 맥락에서 홍경모 본인이 사서로 분류하는 지지를 시로 편찬한 것이다. 그리고 자신의 시문집의 이름에 '集'을 붙이지 않고 '史'를 붙이고 있고, 도성의 牛耳洞을 유람하면서 쓴 유람시 139수를 모아 '志'라는 제목을 붙여「耳溪巖捿志」라 하였다.53) 이밖에도 조선 후기 편찬되는 지지들은 지역의 역사를 설명하는 고적조에 시를 수록하여 내용을 보충하고 있다.

『관동지』의 경우『춘천읍지』고적조 三岳山古城을 李胄(?~1504)의 시를 통해 소개하고,『평해군지』고적조 海月軒을 李恒福(1556~1618)·申欽(1566~1628)·李廷龜의 시를 통해 보충하고 있는 사례들을 볼 수 있다. 지지의 내용은 산천을 포함한 지역의 역사와 유래를 소개하는 내용이 많은 부분을 차지하고 있다. 지지를 통해 지역의 역사를 잘 알리는 방편으로 작자가 직접 답사하거나 유람을 통해서 보고 지은 유람시가 중요한 요소로 작용하고 있다는 점이다.

조선시대에는 경물을 표현하는 寫景의 방편으로 시가 가장 중요한 요소로 활용되고 있다. 강원도관찰사 李光俊(1531~1609)이 금강산을 유람하고 쓴 卷帖에 최립은 다음과 같은 서문을 써 주었다.

　　勝景을 꼽아 감상하며 품평할 즈음에 서로 응답하는 소리가 울려 퍼지는 가운데, 부자간의 돈독한 관계를 다시금 확인하기에 이르렀고, 泓崝蕭瑟의 경지를 펼치는 가운데, 낮 빛이 자연스러워 지고 뜻이 즐겁게 되기에 이르렀다. 이러한 광경을 만약 한 폭의 그림으로 그려 넣기만 해도 그야말로 신선 一家의 형상이라 할 것이니, 어찌 기걸 차다 하지 않을 수 있겠는가.54)

---

53)『冠巖全書』冊12, 引「耳溪巖捿志引」.
54)『簡易集』권3, 序「遊金剛山卷序」. "品題之際 唯諾如響 父子之間 賞知自足 使泓崝蕭瑟之境 爲怡顔悅志之具 但約而入之丹靑 便是神仙一家之形象 豈不偉哉".

이광준이 금강산을 유람하고 쓴 시가 '泓崢蕭瑟'의 경지, 즉 빼어난 금강산의 경치를 멋들어지게 시로 형상화 한 것을 칭찬한 것이다. 더욱이 이것을 한 폭의 그림으로 그린다면 기가 막힐 것이라고 말한다. 시를 통해 유람하면서 본 경물을 세밀하게 형상화 한 것을 극찬하고 있다. 일찍이 고려의 이규보는 『白雲小說』에서 崔致遠이 지은 "곤륜산이 동으로 뻗어 다섯 산이 푸르고, 星宿海가 북으로 흘러 한 물이 누르다."는 시구를 보고 唐나라의 문인 顧雲이 "이 시구는 바로 하나의 輿地誌다."라고 평한 점을 소개하고 있다.55) 산의 형상을 말한 시가 지지와 같다는 말이다. 그만큼 시가 산을 잘 표현하고 있다는 뜻이다. 서거정의 유람시가 『四佳詩集』에 '輿地勝覽'이라는 별도의 표제로 수록된56) 이유도 같은 맥락이다.

조선후기 실경산수화가 발달하면서 경물을 사경하는데 그림이 많이 활용되었지만, 시는 그 이전부터 사경의 수단으로 활용되어 왔다. 이병연은 정선의 「達城遠眺圖」 발문에 "詩家의 사경과 畵家의 사경이 유사하나."라고 하였다.57) 시와 그림이 사물을 묘사하는 의미가 비슷하다는 것이고, 元景夏(1698~1761)는 "이병연의 시와 정선의 그림을 얻어 명산을 臥遊하니 진실로 고인이 부럽지 않다."고 하였다.58) 이는 정선의 금강산 그림에 이병연이 제화시를 부친 화첩을 보고 한 말인데, 시와 그림이 금강산의 형상을 잘 나타내고 있다는 뜻을 내포하고 있다. 기행사경도를 많이 그렸던 강세황은 본인이 금강산을 유람하고 작성한 「遊金剛山記」에서 다음과 같이 말하고 있다.

---

55) 『東國李相國集』 부록, 「白雲小說」. "有試一聯曰 崑崙東走五山碧 星宿北流一水黃 同年顧雲曰 此句卽一輿地誌也".
56) 『四佳詩集補遺』 권3, 詩類 「輿地勝覽」.
57) 국립춘천박물관, 『우리의 땅, 우리의 진경 展』, 2002, 271쪽에서 재인용.
58) 『蒼霞集』 권7, 序 「送士浩時中往遊楓嶽序」. "盖嘗得於淵翁之詩 鄭敾之畵 …中略… 臥遊名山 眞不羨古人也".

산을 유람하는 자들은 시를 지었는데, 혹은 어느 봉우리, 계곡, 사찰, 암자 등으로 시제를 삼아 각기 한 편씩 지어 여행 일기와 같이 만든다. 그러나 마치 旅程日錄 같아 '일만이천봉'·'玉雪錦障'이란 구절은 천편일률적이라 눈으로 볼 수 없는 지경이다. 이러한 시를 읽고 이 산을 보지 못한 사람으로 하여금 산중에 있는 듯 느끼게 할 수 있겠는가?[59]

이 글은 김홍도의 금강산 그림을 평하면서 가장 실물과 근접하게 그려냈다는 것을 강조하고, 회화가 글보다 와유체험을 할 수 있는 가장 좋은 자료라고 역설하고 있는 내용이다. 반면, 많은 사람들이 유람하며 본 산수를 시로 형상화 하고 있다는 것을 알 수 있다. 조선시대는 산수를 표현하는데 시가 십분 활용되었고, 직접 유람하고 썼을 때에 좀 더 명확한 표현이 가능하였다. 더욱이 조선후기 시단을 주도했던 農淵그룹은 시에 산수의 형상뿐만 아니라 天機와 현장에서 일어나는 감흥까지 담아야 한다는 의식이 있었다. 김창협은 "시란 성정에 의한 것이라 천기에 깊이 통찰하여야만 잘 쓸 수 있고",[60] "시를 짓는 데는 성정을 옮겨 펼치고 사물을 포용하며, 감흥이 느끼는 바에 따르면 무엇이든 가하다."[61]고 하여 사물의 성정과 감흥을 함께 나타내는 시가 좋은 시라 하고 있다. 그리고 천기와 감흥을 만들어주는 소재를 산수에서 찾고, 산수 유람을 하며 유람시를 창작하였다.[62]

조선시대 문사들에게 시는 산수를 묘사하고, 그것이 담고 있는 의미 또한 부각시키는 문예작품으로 인식되고 있다. 문사들의 유람시가 지지에

---

59) 『豹菴遺稿』권4, 序「遊金剛山記」. "余謂遊山者 輒有詩 或一峰一壑 一寺一菴 拈以 爲題 各有一篇 有若行程日錄 萬二千峰玉雪錦障之句 萬口雷同 不堪寓目 試讀此等 詩 其能使未見此山者 如身在此山中杳乎".
60) 『農巖集』권25, 題跋「松潭集跋」. "余謂詩者 性情之物也 惟深於天機者能之".
61) 『農巖集』권34, 雜識「外篇」. "夫詩之作 貴在抒寫性情 牢籠事物 隨所感觸 無乎 不可".
62) 고연희, 「김창흡·이병연의 산수시와 정선의 산수화 비교 고찰」, 『한국한문학연구』 20, 1997, 305~308쪽.

대폭 수록되는 것은 이를 통해 지역의 특징을 다양한 기록을 활용하여 좀
더 풍부하게 소개하고자 했던 의도가 있었다. 1633년 張維(1587~1638)가
『杆城郡誌』 서문에서 밝힌 바와 같이 읍지 덕분에 지역의 聲名과 문물
이 사방에 알려질 수 있게 되는 것이다.63) 1820년 金啓溫(1773~1823)은
『豊巖邑誌』 서문에서 유람처로 유명한 금강산을 비롯한 이름난 명승지
가 널려있는 곳의 읍지를 만들면서 題咏記述의 문장과 楣額柱帖의 세세
한 부분까지 남김없이 수록하여 읍지가 더욱 성대해 졌다고 하였다.64)
더하여 『靑邱詩誌』를 편찬한 홍의호도 『高城郡誌』 서문에서 경치가 조
선에서 제일인 고을의 읍지를 편찬하면서 형승·누정·제영이 자세히 수
록되고, 특히 시를 많이 찾아 수록함을 칭찬하고 있다. 그리고 서문 말미
에 아래와 같이 기록하여 읍지를 통해 고성 산수의 빼어남이 드러났음을
축하하고 있다.

> 州縣에 각각 誌가 있는 것은 유사가 그 직분을 맡은 것이고 명산에 별도
> 의 지가 있는 것은 문인이 그 유람한 것을 서술한 것이다. …중략… 지금 이
> 고성일군의 지가 완성되니 두 가지를 거의 얻게 되었는데 윤후로 풍류와 정
> 적을 발전시키고 호산의 백리 사이에 거듭 비추게 하여 내가 한 잔의 술을
> 보내어 고성의 산수를 축하하고자한다.65)

『고성군지』는 읍지의 체제와 산지의 내용을 다 충족시킨다고 평가하
였다. 『고성군지』의 주요 편찬목적 중 수려한 경관이 세상에 널리 알려
질 것에 비중을 두고 있고, 시를 상세히 수록한 것을 주목하였다. 『관동
지』의 26개 읍지 중 『고성군지』는 1820년 편찬된 것을 사용하였는데 수

---

63) 『관동지』 권13(『水城誌』), 「杆城志序」. ‘水城’은 강원도 杆城의 옛 지명이다.

64) 『관동지』 권12(『고성군지』), 「豊巖邑誌序」. ‘豊巖’은 강원도 高城의 옛 지명이다.

65) 『관동지』 권12(『고성군지』), 「高城郡誌序」. "州縣之各有志 則有司之修其職也 名
山之別有志 則文人之述其遊也 …中略… 今茲高城一郡之志成而 二者庶幾得 兼將
使尹侯之風流政績 疊映于湖山百里之間而 余欲飛一盞爲高城山水賀也".

록된 유람시의 수가 가장 많다. 수록된 총 136편의 시 가운데 126편이 유람시이다. 유람시는 산수의 형상을 체계적으로 소개하고자 하는 지지 편찬의 목적에 부합되는 중요한 문예자료였다.

유람시의 수록은 지역을 풍부하게 홍보하는 동시에 지역문화에 대한 자긍심의 표출이었다. 인물조를 통해 지역의 현달한 인물들을 직접적으로 소개했지만, 지역을 영탄의 대상으로 삼은 유람시를 수록하여 유명한 인물들이 다녀가고 시를 통해 찬양한 지역임을 소개하고자 했다.

특히 문사들은 유람장소로 각광 받던 명승지나 누정을 찾아 그곳의 유람이 불러일으키는 감회를 담은 시를 지었다. 그리고 지역에서는 名士들의 시를 선별하여 누정에 현판으로 새겨 걸어두거나 지지에 수록하였다. 1388년 河得孚가 경상도 梁州[現:양산시] 수령으로 있으면서 양주를 진작시켰다. 그리고 이직 후에 자신과 지인들이 양주에서 지은 시를 양주 城樓에 현판으로 걸어두고 양주의 영광으로 삼고자 했다. 이에 權近은 성루에 제영한 인물들이 모두 현달하게 되었음을 밝히면서 서문을 쓰고 次韻해 주었다.[66] 이는 자신의 업적을 기리려는 의도도 있지만, 이 시들을 통해 여러 현달한 인물들이 애착을 가지고 지역문화를 발전시켜 왔다는 것을 후대에 알리는 것이다.

貞淑翁主와 혼인하여 선조의 駙馬로 東陽尉에 봉해졌던 申翊聖은 1631년 관동지역을 유람하고 유람시를 남겼는데, 지역사람들이 많이 외워 전하였다.[67] 1614년 鄭蘊(1569~1641)은 영창대군의 처형이 부당하다는 상소를 올려 광해군의 분노를 사 제주도 大靜縣[현:서귀포시]에 유배되었다. 이후 李源祚(1792~1872)가 『大靜邑誌』를 정리할 때 정온의 율시 한 수와 발문 한 편을 찢어진 글 속에서 찾아내어 수록하고 그 절의

---

66) 『陽村集』 권7, 詩類 「南行錄」 "梁州城樓詩 幷序".
67) 『淸陰集』 권26, 碑銘 「東陽尉申公神道碑銘幷序」. "公乞暇往浴高城之湯泉 遍遊關東諸名山而歸 所經題詠流播人多傳誦".

를 드러내었다. 그리고 대정현 유허지에 비석을 세워 표시하기도 하였
다.68) 유명한 인물들이 다녀가면서 남겨놓은 시를 외우고, 그 시를 찾아
읍지에 수록하고 있는 것이다.

지지는 유람할 곳의 사전정보를 습득하는데 활용되었으므로, 지지에
유람시를 수록하여 지역의 유람정보를 소개하였다. 주로 선대의 산수유
기를 참고하기도 했지만,69) 지지를 통해 기본정보를 파악했다. 산천조에
수록되어 있는 산수의 형상과 유람시를 통해 누가 어느 곳을 유람하고
어떤 감흥을 느끼고 갔는지를 사전에 파악하였다. 1548년 李滉은 丹陽
수령으로 재직할 때 흉년과 기근으로 지역 유람이 여의치 못하자 『여지
승람』과 전대의 기록을 참고한 후 기민 구제 차 지역을 다니면서 본 산
수를 기록하였다.70) 曺好益(1545~1609)은 煙霞之癖이 있어 유람을 매우
좋아하였는데, 1585년 妙香山을 유람하고 오자마자 지인 金叔厚를 만나
또 유람할 곳을 물었다. 이때 김숙후는 지지를 참고하여 香楓山을 추천
하고, 같은 해 6월 조호익과 유람하였다.71) 전국을 유람한 許穆도 1672
년 尹鑴가 금강산을 유람하러 가면서 방문하자 유람에 참고하도록 讀地
誌를 써주기도 했다.72) 1873년 제주도로 유배간 崔益鉉(1833~1906)은
읍지를 보고 한라산이 천하의 명승인데 유람한 이가 아주 적음을 이상하
게 여기고, 주민들을 통해 한라산은 5월에도 눈이 잘 녹지 않는 등 험준
하기 때문이라는 연유가 있음을 파악하였다. 그리고 1875년 유배에서
풀려나자마자 사전에 습득한 정보에 따라 계획을 세워 한라산을 유람하
였다.73)

---

68) 『桐溪集』續集 권3, 附錄「大靜遺墟碑(李源祚)」.
69) 이상균, 「조선시대 유람의 유행에 따른 문화촉진 양상」, 『대동문화연구』30, 2012.
70) 『退溪集』권42, 記「丹陽山水可遊者續記」.
71) 『芝山集』권5, 雜著「遊香楓山錄」.
72) 『記言』권28 하편, 山水記「太白山記」. "壬子八月 希仲將遊楓嶽 …中略… 作讀
地誌".
73) 『勉菴集』권20, 記「遊漢挐山記」.

특히 지지에 수록된 유람시는 지지에서 유람정보를 습득하는데 중요한 비중을 차지하고 있다. 그러므로 유람처로 각광 받는 지역의 지지에는 유람시를 풍부하게 수록하고 있다. 김계온은 『고성군지』의 서문을 쓰면서 금강산이 있는 고성과 주변을 세 번 유람하면서 가는 곳 마다 읍지를 구해서 유심히 살펴보았으나 매번 고증하기에 부족한 것이 많았다고 회고한다. 그러면서 이번 읍지편찬에 형승·도로의 상세함과 특히 시를 풍부하게 수록한 것을 고무적으로 여기고 있다. 동국의 산수 중 으뜸으로 치는 금강산이 있는 곳의 읍지가 소략하여 참고할만한 것이 없던 차에 읍지가 새로 편찬된 것을 축하했다. 자신의 경험에 비추어 향후 유람객들이 읍지를 통해 지역의 세세한 내용까지 알 수 있을 것이라는 기대감을 나타내면서 풍부하게 수록된 시를 주목하고 있다.[74]

앞서 살핀 홍의호의 『고성군지』 서문에서 "명산에 별도의 지가 있는 것은 문인이 그 유람한 것을 서술한 것이다."라고 하였다.[75] 이는 당시 개별 산지의 편찬이 이루어지고, 산지가 대부분 유람기록을 수록하고 있는 것을 말하는 것이다. 자연을 체계적으로 이해하고 기술하고자 하는 인문지리적인 이해도의 증대 양상은 지지에 반영되고, 유람처로 주목받던 명산들에 대한 별도의 산지 편찬으로 이어진다. 자연에 대한 관심의 증대는 그 곳을 직접보고자 하는 유람을 통해서 실천된다고 볼 수 있다. 그러므로 홍의호의 말처럼 유람처로 주목된 명산의 산지는 유람한 사람의 기록이 많이 참고 되었다. 조선후기 편찬된 대표적인 산지인 『淸凉誌』·『吾家山誌』·『頭流全志』는 지지의 형식으로 편찬된다. 내용은 기존 지지의 내용과 산수유기·유람시를 풍부하게 수록하였다. 유람시와 같은 자연에 대한 인문학적 정보는 당시 지식인층의 국토에 대한 정보섭렵 욕구

---

74) 『관동지』 권12(『고성군지』), 「豊巖邑誌序」.
75) 『관동지』 권12(『고성군지』), 「高城郡誌序」. "州縣之各有志 則有司之修其職也 名山之別有志 則文人之述其遊也".

에 부응하는 것이기도 했고,[76) 이를 참고하여 자신이 직접 유람에 나서 선인들의 감흥을 느껴보기도 하는 것이다.

5. 맺음말 : 문화사적 의미

지금까지 조선시대 지지에 시가 수록되어지는 배경과 그 중에서도 조선후기 편찬된 지지에 유람시 수록이 대폭 증가하는 원인을 살펴보았다. 전국의 지지를 전부 살피지는 못했으나『관동지』의 사례로 볼 때 시의 수록양은『신증』보다 5배 이상 상회하는 수치를 보이고 있고, 유람시가 70%이상을 차지하고 있다. 이처럼 많은 양의 유람시가 지지에 수록되어지는 원인을 정리한 문화사적 의미를 다음과 같이 요약 할 수 있다.

첫째, 지지에 유람시를 수록하여 史實을 보충하였다. '文史一致'의 측면에서 문사들은 文에서 가장 중요하게 여기던 시를 통해 역사를 살필 수 있다는 '詩史一致' 의식을 가지고 있었고, 사서로 인식한 지지에 시를 수록하였다. 특히 현장을 직접 본 현장감 있는 유람시를 적극 수록하였다.

둘째, 유람시 수록은 지역문화에 대한 자긍심의 표출이었다. 인물조를 통해 지역의 현달한 인물들을 직접적으로 소개했지만, 지역을 영탄의 대상으로 삼은 유람시를 수록하여 유명한 인물들이 다녀가고 시를 통해 찬양한 지역임을 소개하고자 했다.

셋째, 유람시 수록을 통해 지역 산수의 특징을 풍부하게 나타냈다. 지지의 중요 편찬목적 중 하나는 지역의 산천과 형승을 소개하는 것이다. 시는 산수를 묘사하고, 그것이 담고 있는 의미 또한 부각시키는 문예작

---

76) 전병철,「『청량지』를 통해 본 퇴계 이황과 청량산」,『청량산산지』, 도서출판이회, 2008 ; 최원석,「산지의 개념과 지리산의 산지」,『문화역사지리』23권2호, 2011.

품이었다. 유람시를 통해 지역의 산수가 불러일으키는 감흥 등 그 특징
을 다양하게 소개하고자 했던 의도가 있었다.

넷째, 유람시를 통해 지역의 유람정보를 소개하였다. 지지는 사전 유
람정보를 습득하는 기초자료였다. 산천조에 기록되어 있는 산수의 형상
과 수록된 유람시를 통해 누가 어느 곳을 주로 유람하고 어떤 감흥을
느끼고 갔는지를 사전에 파악하였다. 이는 당시 유행했던 유람의 욕구에
부응했던 것이기도 하다.

종합하여 보면 조선후기 지지에 유람시가 대폭 수록되는 것은 그 이전
지지편찬 양상과는 다른 가장 큰 변화였다. 文의 제일인 시가 수록됨으로
써 지지는 인문적 기술이 더욱 풍부해진 인문지리서의 형태를 갖추게 되
는 것이다. 유람시는 지지의 讀史적 측면을 보충하고, 지역을 다양하게
소개하고자한 지지 편찬목적에 부합되는 문예물로 적극 활용되었다.

제2장 유람으로 고착화된 金剛山名의 역사적 淵源과 의미

1. 머리말

　현재 금강산[1]은 계절별로 그 명칭이 회자된다. 봄에는 '금강', 여름에는 '蓬萊', 가을에는 '楓嶽', 겨울에는 '皆骨'이라는 것이다.[2] 혹은 백과사전류에 "『東國輿地勝覽』에 금강·개골·涅槃·楓嶽·怾怛[3]의 다섯 가지 이름을 들고 있다. 이 가운데 금강과 열반은 불교의 용어라 하고, 이 밖의 이름은 금강산이 사계절의 변화에 따라 그 경색이 달라져 판이한 정취를 주기 때문에 계절에 따른 명칭이 있다고 하였다."고[4] 설명해 놓고 있다. 그러나 『동국여지승람:신증동국여지승람』에는 금강산의 다섯 가지 이름을 열거할 뿐이지 사계절의 정취에 따른 명칭을 구분해 놓지는 않았다. 『동국여지승람』 지역별 山川條에 금강산을 소개하고 있는 군현은 杆城郡·高城郡·淮陽都護府이다. 간성군과 고성군의 금강산 소개에는 고을과의 거리만 기록하고 "회양도호부 편에 자세하다."라고 간략히 적고 있다.[5] 회양도호부에 금강산의 이칭 등을 적고는 있으나, 금강산의

계절별 명칭에 대한 언급은 없다.6)

계절에 따라 부여된 금강산의 명칭이 확인되는 것은 李學逵(1770~ 1835)와 李裕元(1814~1888)의 기록이다. 이학규는 "봄에는 봉래, 여름에 는 금강, 가을에는 풍악, 겨울에는 개골로 불렸다."고 하였다.7) 이유원은 「蓬萊秘書」에서8) 越松亭을 소개한 후 「金剛楓葉記」를 기록하는데, "금 강산은 봄에는 기달이라 하고, 여름에는 봉래라 하고, 가을에는 풍악이 라 하고, 겨울에는 개골이라 하는데, 그중에서 풍악이란 이름이 가장 뛰 어나니, 그것은 그 화려함을 취했기 때문이다."고 설명하였다.9) 이마저 도 이유원은 봄은 기달이라 하고 있다. 이학규와 이유원이 계절별로 제 시한 명칭도 다르다. 이들은 본인이 직접 계절에 따른 금강산의 명칭을 명명한 것이 아니라 세간에 회자되고 있는 것을 적은 것이다. 그러므로 이학규와 이유원이 이 기록을 쓰기 전부터 금강산은 계절에 따라 다른 명칭으로 불려졌던 것이다. 현재 문헌상으로 확인되는 것은 이학규와 이 유원의 것이 처음이다.

금강산은 신라와 고려를 거치면서 불교적 명성을 얻었을 뿐만 아니라 경승 자체로도 국내에서 가장 수려한 지역이었다. 조선시대에 오면 儒者 들이 금강산에 산재한 불교의식을 폄하하기도 했으나, 조선의 오랜 역사 와 문화가 축척된 보고로 생각하고 생애에 꼭 한번 돌아보아야 할 곳으 로 인식하여 너도나도 유람을 결행했다.10) 또한 유자들은 금강산의 여

---

6) 『신증동국여지승람』 권47, 강원도, 회양도호부, 산천조, 금강산.
7) 『洛下生集』 冊十九, 「卻是齋集」. "金剛隨時異名春曰蓬萊夏曰金剛秋曰楓嶽冬 日 皆骨許景瞻請余演其說作四時頌如左".
8) 「蓬萊秘書」는 이유원이 1865년 금강산과 관동팔경을 두루 유람한 후 엮은 책이 다. 주요 경승의 緣起를 기록하고, 선현들의 문집에서 금강산과 관련된 수려한 시 문을 각 승경에 부록하였다. 근대 이전 금강산에 관한 가장 방대하고 체계적인 저 술의 하나이다.
9) 『林下筆記』 권37, 蓬萊秘書 「越松亭」. "金剛楓葉記曰 金剛春曰怾怛 夏曰蓬萊 秋 曰楓岳 冬曰皆骨 楓岳爲最 取其麗也".
10) 금강산 유람의 성행은 이상균의 「조선시대 유람문화연구」(강원대학교박사학위논

러 명칭이 있었음에도 불구하고 불교식 이름인 금강이라는 이름이 굳어져 그 명칭을 그대로 사용하고 있고, 산수유기의 題名에도 금강으로 쓰고 있다. 금강산 유람의 유행은 세간에 금강산의 명칭을 더욱 알리는 계기가 되었고, 금강산의 명칭을 금강으로 더욱 고착화 시켰다.

금강산은 전통적 유람명소로서 현대에도 그 지명도가 매우 높은 곳이다. 그러나 금강산의 유명세에 비해 명칭들이 내포하고 있는 연원과 의미에 대한 고찰이 부족한 실정이다. 통상 금강산으로 부르며, 그 이칭은 계절에 따른 용어로 여과 없이 수용하여 통용되고 있다. 그동안 금강산 명칭 유래에 대한 연구의 시도는 있어왔다.11) 적은 연구 성과이나 금강산의 명칭과 변화를 이해하는데 매우 중요한 연구라 할 수 있다. 다만, 금강의 명칭에 치중되어 있고, 이칭을 밝히는데 있어서도 제시된 사료가 부족하여 고찰이 소략하다. 특히 霜嶽과 봉래에 대해서는 구체적으로 고증된 바가 없다

따라서 본 글에서는 선행 연구를 바탕으로『三國史記』·『三國遺事』·『高麗史』·『高麗史節要』등의 연대기적 사료와 조선시대 文集類에 나타난 금강산 관련 명칭의 용례를 분석하여, 그 역사적 연원과 사용 시기, 그리고 각 명칭을 사용하게 되는 의미 등을 종합적으로 고찰해 보고자 한다. 주제가 포괄적이긴 하지만 각 학문분야의 금강산 연구에 있어 그 명칭들의 역사적 연원과 의미를 밝히는 연구는 반드시 선결되어야 할 필요성이 있다. 이러한 연구의 시도는 금강산 명칭에 대한 개념 정립을 위한 초보적인 것으로 향후 보완·발전 시켜야할 과제를 안고 있지만, 금강산이 가지는 문화사적 의미를 보다 구체적으로 조명하는데 일조할 수 있을 것이다.

문, 2013)를 참조.
11) 金鐸, 「금강산의 유래와 종교적 의미」,『동양고전연구』1, 993 ; 박은순, 「금강산 이름의 유래와 변천」,『금강산도 연구』, 일지사, 1997 ; 김창현, 「고려시대 금강산과 그 불교신앙」,『지역과 역사』31, 2012.

2. 國家公名 : '霜嶽'

『삼국사기』祭祀條의 小祀 가장 첫머리에 강원도 고성군에 위치한 산
인 상악이 실려 있다.[12] 이 상악은 금강산을 지칭하는 것이다.[13] 『삼국
사기』와 『삼국유사』에는 금강산을 금강이라 지칭한 용례는 없고 상악·
개골·풍악 세 용례만 나타난다.[14] 현존하는 문헌으로 확인되는 금강산
의 가장 오래된 명칭은 상악·개골·풍악이 되는 것이다. 이 세 명칭 중
상악은 名山大川祭의 소사, 개골은 麻衣太子가 신라의 고려 귀부를 반대
하여 개골산에 은거했다는 내용, 풍악은 眞平王(재위 579~632)대 融天
師가 지은 것으로 전하는 「彗星歌」에 나온다.

상악의 용례는 한국에서 소사를 지냈던 연원을 통해 사용 시기를 추
적해 볼 수 있다. 『삼국사기』제사조에는 宣德王(재위 780~785)이후,[15]

---

12) 『삼국사기』권32, 雜志, 祭祀. "小祀 霜岳(高城郡)".
13) 금강산 연구관련 논문 중 『삼국사기』의 상악이 현재까지 우리에게 알려지지 않은
금강산의 다른 이름이라고 처음 밝힌 것은 金鐸(앞의 논문, 1993)의 논문이다. 이
후 박은순(앞의 논문, 1997), 김창현(앞의 논문, 2012), 양승이(「금강산 관련 문학
작품에 나타난 유가적 사유 연구」, 고려대학교박사학위논문, 2011)의 논문 등에도
재확인되지만, 논문 모두 상악을 구체적으로 고증하지는 않았고, 『삼국사기』에 나
오는 금강산의 다른 이름이라는 간략한 사실 확인에만 그쳤다. 그리고 金鐸은 논
문에서 『삼국사기』가 편찬된 1145년 당시에도 상악이라는 이름으로 불렀다는 사
실을 확인할 수 있다고 했다. 그러나 『삼국사기』에 기록된 상악의 명칭이 책 편찬
당시에도 사용되었다고 단정 지을 수는 없다. 『삼국사기』에 기록된 상악은 『삼국
사기』를 편찬하기 위해 참고하였던 전대의 사서에 나온 명칭을 그대로 옮기거나
삼국시대 당시에 썼던 명칭을 그대로 수록할 수도 있기 때문이다. 또한 『삼국사기』
에 처음 상악이 등장한 이래 원 저작내용이 고려시대에 쓰여 진 것으로 파악되는
문집들과 『삼국유사』등에는 상악이라는 명칭이 나오지 않으므로 과연 1145년까
지 상악이라는 명칭이 사용되었을 지 여부는 확실치 않다.
14) 『삼국사기』와 『삼국유사』에 나타난 용례의 출전은 <표 2>를 참조.
15) 『삼국사기』권32, 雜志, 祭祀. "至第三十七代宣德王 立社稷壇 又見於祀典 皆[祭]境
內山川 而不及天地者".

安鼎福(1712~1791)의 『東史綱目』에 의하면 宣德王 4년(783)에 社稷壇
을 세우고 명산대천에 제사지내는 禮典을 만들었다고 하였다.16) 하마다
고사쿠[浜田耕策]는 명산대천 所在名은 삼국통일 이후부터 경덕왕 16년
(757) 전국 규모의 州·郡·縣 개칭까지와 그 이후의 것으로 나누어지는
데, 이것은 신라 祀典의 변천과정이 투영되었기 때문이라 하였다.17) 이
로 볼 때 상악은 경덕왕 이전부터 사용되어진 용어로 보인다. 「혜성가」
는 진평왕대이고 마의태자 얘기는 통일신라 말이므로 용례가 기록된 내
용적 측면으로만 보면 풍악·상악·개골 순으로 그 명칭의 연원이 오래된
것으로 볼 수 있다. 그러나 『삼국사기』와 『삼국유사』는 고려시대에 편
찬되었으므로 내용의 명사 등이 삼국시대의 것을 그대로 사용했다 볼 수
없다는 점에서 용례의 선후관계를 단정 지을 수는 없다. 다만, 이 용례
중 상악이 중요한 것은 『삼국사기』에 國行으로 산천제를 지냈던 '嶽'의
명칭으로 기록되었다는 점이다. 상악은 국가에서 공식적으로 사용했던
'공명'인 것이다. 금강산을 상악으로 지칭하는 용례는 『삼국사기』에 최
초 수록된 이후 보이지 않다가, 조선후기에 다시 등장하기 시작한다. 조
선시대 문헌에서 확인되는 상악의 용례를 정리하면 <표 1>과 같다.

<표 1> 조선시대 상악의 용례

出　典		山名使用例	作者
『牛川集』	卷1, 詩「白雲洞」	石泉多古響 霜岳見眞容 應接 還無暇 遲留到日中	鄭　玉 (1694~1760)
『東史綱目』	第五上, 癸亥四年春正月	小祀 霜岳在高城郡今同 雪岳 在迸城郡今杆城	安鼎福 (1712~1791)
『頤齋遺藁』	卷5, 詩「李熙川聖濂來訪 …後略…」	早聞霜嶽冠東華 …中略… 註) 新羅史祀典霜嶽　卽今之楓嶽 而麗史興覽俱莫有省者	黃胤錫 (1729~1791)

16) 『東史綱目』第五上, 宣德王 癸亥四年春正月.
17) 濱田耕策, 「新羅の祀典と名山大川の祭祀」, 『呴末集』 4, 1984, 157쪽.

出 典		山名使用例	作者
『冠巖全書』	17冊, 記「海嶽記」一, 山水記 '金剛山'	山之名有六 曰怛怛曰金剛曰楓嶽曰蓬萊曰皆骨曰霜岳 … 中略 … 故曰皆骨 曰霜嶽也"	洪敬謨 (1774~1851)
『雲石遺稿』	卷10, 雜著「霜嶽辨」	今按三國史祭祀志 新羅小祀 載霜嶽 …中略… 而霜嶽序於 雪嶽之上	趙寅永 (1782~1850)
『阮堂全集』	書牘 與權彝齋[二十一]	山中故事 如霜嶽故實 降香遺迹 一無所傳	金正喜 (1786~1856)
『嘉梧藁略』	冊四, 詩「奉先寺遇雨」	霜岳雪岳雲岳滯 聖寺德寺巖寺苦	李裕元 (1814~1884)
	冊三, 詩「秋懷詩八十二首」	我登霜嶽巓 移展涉滄海	
	冊三, 詩「寒溪瀑三百六十七言」	霜嶽雪嶽門戶關 衆瀑羅列八隅間	
『古歡堂收艸詩稿』	卷2, 發强餘草「茸長寺和紹雲詠古」	可憐霜岳老麻衣	姜瑋 (1820~1884)
『省齋集』	卷22,「往復雜稿」'與同志告別 辛巳十一月'	迢遞入望者 惟霜岳雪岳二山	柳重教 (1832~1894)
「金剛山記」	本文	或云金富軾新羅史 稱霜嶽載之祀典	趙成夏 (1845~1881)
	「遊金剛日表」	金剛者何古霜嶽也	
	朴道彬 跋文「書霜嶽集後」	小荷吏部遊 霜嶽還聞之者	
『大東地志』	江原道 高城郡 壇壝條	霜岳:新羅祀典 係高城郡以名山 載小祀	金正浩 (1804~1866)

상악이라는 명칭은 조선후기에 다시 등장한다. 조선시대 금강산을 상악이라고 처음 표현했던 인물은 鄭玉(1694~1760)으로 확인된다. 정옥은 「白雲洞」이라는 시를 次韻하면서 "석천에 옛 향이 많고, 상악의 참모습 보니 응접하여 돌아올 겨를 없어 오래 머물다 한낮이 되었네"라고 읊었다.[18] 여기서 백운동은 설악산 골짜기이긴 하나, 차운한 시에 설악산과 연접한 고성의 금강산을 넣어 읊으면서 상악이라고 지칭했다. 黃胤錫(1729~1791)은 李聖濂이 인척과 함께 찾아와 금강산 유람 후 지은 『東遊錄』을 보여주

---

18) 『牛川集』 권1, 詩「白雲洞」. "石泉多古響 霜岳見眞容 應接還無暇 遲留到日中".

자 여기에 차운해준 시에서 금강산을 상악이라 썼다. 그리고 註를 달아 상악은『新羅史』祀典, 즉『삼국사기』에 나온다고 설명한다.[19]

　황윤석과 같이 조선시대 사대부들이 금강산의 이름을 상악으로 고증한 출전은 대부분『삼국사기』이다. 현재까지도 조선시대 이전 기록 중 금강산의 이칭이 상악임을 확인할 수 있는 문헌은『삼국사기』가 유일하다. 金正喜(1786~1856)가 知己인 權敦仁(1783~1859)이 금강산에 간다는 소식을 듣고 보낸 書牘을 보면, 상악의 전거로 삼을만한 것은 하나도 전하는 것이 없고 楡岾寺를 창건하게 되는 盧偆의 고사,[20] 즉 불교적 설화만 산중에 가득하여 구역질이 난다고 토로한다.[21] 김정희는 금강산이 불교적 설화로 점철되어 있는 것을 매우 싫어했다. 더불어 금강산이 허황된 불설에 가려 원이름인 상악을 고증할만한 전거가 失傳된 것을 못마땅하게 생각하고 있었다. 그러므로 금강산을 유람하고자 하는 권돈인에게 보내는 이 서독에도 금강이라는 명칭을 단 한 번도 쓰지 않고 산이름을 상악이라고만 썼다. 김정희의 말처럼 조선시대에는 불교식 이름인 금강이라는 명칭이 더욱 굳어져 상악이라는 명칭을 아는 자도 흔치않았고, 그나마 상악을 고증할 수 있는 기록도『삼국사기』뿐이었다. 더욱이『삼국사기』에 상악이 기록되어 있는지, 이 상악이 금강산의 이름인지를 아는 사람들도 적었다.

---

19)『頤齋遺藁』권5, 詩「李熙川聖濂來訪 …中略… 聊步其韻」. "早聞霜嶽冠東華 …中略… 註)新羅史祀典霜嶽 卽今之楓嶽".
20) 고려 때 문인인 閔漬가 유점사에 대하여 쓴 記文에 "53인의 부처가 月支國에서 무쇠종을 타고 바다를 건너 安昌縣 포구에 닿아 내렸는데 현감 노준이 그 소식을 듣고 그들을 찾아 나선 끝에 산속에서 들려오는 종소리를 따라 들어가니 여러 부처가 못가의 느릅나무에 종을 걸어놓고 앉아 있으므로 그들에게 예배하고 돌아와 왕에게 아뢴 다음, 그 자리에 절을 창건하고 유점사라 이름 했다."고 한 것을 이른 말이다(『新增東國輿地勝覽』卷45, 江原道 高城郡 佛宇條).
21)『阮堂全集』書牘 與權彝齋[二十一]. "山中故事 如霜嶽故實 降香遺迹 一無所傳 有所稱盧偆一款 包絡山川 令人欲嘔".

상악이라는 명칭이 생긴 이유는 조선후기 문신 洪敬謨(1774~1851)의 기록에서 가장먼저 찾아 볼 수 있다. 홍경모는 「海嶽記」를 쓰면서 금강산 6개 명칭을 기달·금강·풍악·봉래·개골·상악이라 상고한다. 상악이라 부르는 이유는 "산에 스민 물이 응결되어 아지랑이를 만들어내 상시 눈처럼 흰 색을 띠기 때문"이라고 설명했다.[22] 산이 상시 띠고 있는 모습 때문에 상악으로 불리게 되었다는 것이다. 홍경모의 설명보다 더욱 구체적으로 상악을 설명한 사람은 趙寅永(1782~1850)이다. 조인영은 각종 문헌들을 참고하여 「霜嶽辨」을 지었다. 고성군의 상악이 금강산의 옛 이름이라며 구체적으로 고증하고, 그 명칭이 생긴 이유를 설명했다. 「상악변」은 지금까지 밝혀진 문헌 중에서 상악을 가장 상세하게 고증한 유일한 글이므로 전문을 소개해 본다.

『문헌비고』 여지고에 회양의 금강산을 일컬어 그 이름이 다섯이니 금강·개골·열반·풍악·기달이라 했다. 산봉우리 모든 돌의 색이 회며, 또 돌의 이끼가 무성하고 늘 구름과 아지랑이에 잠기고 엉겨 눈 색과 같다. 산 이름을 개골이라 한 것은 이 때문이다. 이렇게 말한 것이 나는 심히 의심된다. 돌을 뼈라 하는 것은 옳지만 눈 색으로써 이름을 붙인다면 뜻하는 것이 없는 것이다. 김부식의 『삼국사』 신라 敬順王紀에 왕자가 개골산에 들어갔다는 것이나, 이규보의 「왕륜사장육금상기」에도 또한 개골산이라 이른즉, 개골이란 이름은 신라와 고려 때부터 절로 불려진 것이다. 풍악이라 이른 것은 산에 단풍이 많은 까닭으로 이름 한 것이기에 예부터 징험이 없다. 추강 남효온의 기록에 이르길, 산 이름이 여섯이 있는데, 다섯은 문헌비고의 것과 합치된다. 그중 하나가 중향성인데, 무릇 중향성과 금강·열반·지달은 모두 내전에서 나온 것이라 진짜 이름이 아니다. 그러나 고려 때에도 또한 금강이라 칭하였다. 그러므로 가정 이곡이 지은 「유금강산기」가 있고, 정인지의 『고려사』 지리지 장양군에 금강산이 있다고 했다. 장양은 지금은 회양부에 속해 있다. 호정 하륜의 「送

---

22) 『冠巖全書』 17冊, 記「海嶽記」一 山水記 '金剛山'. "山之名有六 曰恠怚曰金剛曰楓嶽曰蓬萊曰皆骨曰霜岳 …中略… 峯巒皆石色白 且石茸茸 常爲雲嵐所浸凝如雪色 故曰皆骨 曰霜嶽也".

僧序」에 이르길, 그 산을 칭해 '금강'이라 한 것은 곧 대장경의 설을 빌린 것
인데, 經說에 금강산은 동쪽 바다 가운데 있는데, 팔만유순 일만이천 담무갈
이 그 속에 상주한다고 한 즉, 풍악도 아님을 이르는 것이다. 예산 최해 역시
고려 말 사람이다. 「송승서」에 말하기를 속칭 풍악은 스님들이 말하는 금강산
이라 하였는데, 이를 가지고 추론하면 산은 일정한 이름이 없는지 오래다. 지
금『三國史』祭祀志를 살펴보니 신라의 小祀에 상악이 실려 있는데, 註에 고
성군에 있다고 했다. 다음에 설악이 실려 있는데, 주에 수성군에 있다고 했다.
수성은 지금의 간성이고 그[수성] 속현인 익령현은 지금 나뉘어져 양양부가
되었다. 즉 양양의 설악은 곧 수성의 설악인 것이다. 상악은 비록 상고할 만한
것이 없으나 지금 풍악의 內山이 회양에 속해있고 外山은 고성에 속해있으니,
즉 상악은 풍악의 옛 이름이 확연한 것을 의심할 여지가 없다. 또 설악의 돌
색을 살펴보면 모두 희기가 눈과 같아 이름 한 것인데, 풍악이 '霜'으로서 산의
이름이 되어있는바 설악으로 명명하게 된 좋은 예다. 또 하물며 여러 전적
을 살펴도 설악 위의 서열이 상악으로 그 숭상됨이 심히 높고 커 설악과 구분
되어야 마땅하다. 지금 고성군의 경내에 혹 이에 당할만한 다른 산이 있는가.
다만 뒷사람이 옛 역사를 널리 고찰하지 못하고, 속칭해서 풍악이라 하거나,
설을 빌려다가 금강이라 하는 것은 진실로 서투르고 모르는 것이다.23)

---

23)『雲石遺稿』권10, 雜著「霜嶽辨」. "文獻備考輿地考 淮陽金剛山 其名有五 曰金剛
皆骨涅槃楓嶽怾怛 峰巒皆石色白 且石苔茸茸 常爲雲嵐所浸 凝如雪色 山名皆骨 以
此也 此言也 余甚疑之 石謂之骨 可也 以雪色而得此名 似無意 而金富軾三國史 新
羅敬順王紀 言王子歸皆骨山 李奎報王輪寺丈六金像記 亦曰皆骨山 則皆骨之名 自
羅麗然也 楓嶽云者 以其山多楓故名 古無證 南秋江孝溫錄曰 山名有六 其五與備考
合 其一爲衆香城 凡衆香城 金剛涅槃怾怛 皆出內典 非眞名也 然而麗時亦稱金剛 故
稼亭李穀 有遊金剛山記 鄭麟趾高麗史地理志 長楊郡 有金剛山云 長楊今屬淮陽府
河浩亭崙送僧序曰 其稱金剛山 卽假藏經之說 經說金剛山 在東海中 八萬由旬一萬
二千曇無竭 常住其中 則非楓嶽之謂矣 猊山崔瀣 亦麗季人 送僧序曰 俗稱楓嶽 僧徒
謂之金剛山 以此推之 山之無定名也久矣 今按三國史祭祀志 新羅小祀載霜嶽 註曰
高城郡 次載雪嶽 註曰 逆城郡 逆城今杆城 而其屬縣翼嶺 今分爲襄陽府 則襄陽之雪
嶽 卽逆城之雪嶽也 霜嶽 雖無可考 今楓嶽之內山 屬之淮陽 外山屬之高城 則霜嶽
之爲楓嶽舊名 確然無疑 又按雪嶽石色 皆白如雪故名 楓嶽之以霜名嶽 卽雪嶽命名之
義例也 且況望秩 重典也 而霜嶽序於雪嶽之上 則其崇深高大 宜與雪嶽等耳 今高城
郡境內 或有他山之可以當此者耶 但後人未能博考古史 以俗稱而曰楓嶽 以假說而曰
金剛 良亦貿貿矣".

234 조선시대 遊覽의 재발견

조인영은 상악을 고증하기 위해 李奎報·李穀·崔瀣·何崙·南孝溫 등의 글을 참고하였다. 그리고 『삼국사기』에 소사를 지내던 산 중 고성군의 상악에 이어 수성군의 설악이 함께 기록되어 있음을 주목하였다. 상악 고증을 위해 그 옆에 있는 설악을 빗대었다. 설악산은 금강산과 바로 연접해 있고, 과거에도 금강산의 형세와 지류를 설명할 때 금강산의 지류로 설명되어 지곤 했기 때문에[24] 가장 적절한 비교대상으로 삼을 만하다. 수성군의 설악이 당시 양양부의 설악임이 확실하고, 풍악산의 외산이 고성에 속해있으므로 상악은 다른 설명과 고증이 필요 없이 『삼국사기』 기록 한줄 만으로도 금강산의 옛 명칭임이 확실하다고 주장하고 있다. 또한 설악산도 돌로 말미암아 흰색을 띠고 있지만 금강산이 이미 상악이라는 명칭을 쓰고 있어 설악이라 썼고, 서열상도 설악보다 상악이 위라는 것이다. 사람들이 옛 역사를 고증하지 못하여 산 이름이 풍악·금강 등으로 사용되고 있다 비판하고, 상악으로 써야한다고 강변했다.

조인영은 김정희와 함께 金石文을 수집하고 그 연구에 몰두했던 인물이다. 특히 김정희와 함께 진흥왕 巡狩碑를 발견한 인물이기도 하다. 조인영과 김정희는 학문적 관심의 궤를 같이하는 사람들이었다. 둘 다 금강산을 상악이라 불러야 한다는 동일 의견을 개진하고 있는 것이다. 조선시대에는 이들과 같이 금강이라는 불교식 명칭에 불쾌감을 가지고 있는 사대부들이 많았다. 일찍이 남효온도 「遊金剛山記」에서 금강이라는 명칭이 쓰인지 오래라 어쩔 수 없이 그 명칭을 그대로 따르고 있지만 금강산의 불교적 전승을 허황되고 망령된 것으로 신랄한 비판을 가했다.[25] <표 1>에서 보는 바와 같이 김정희와 조인영 외에도 금강 대신 상악으로 쓰는 학자들이 여럿 있다. 이유원과 柳重敎(1832~1894) 또한 시문에서 금강산을 상악으로 표현하고 있다.[26] 이들 시문에 금강이라

---

24) 『秋江集』 권5, 記 「遊金剛山記」. "略如金剛本岳者曰雪岳".
25) 『秋江集』 권5, 記 「遊金剛山記」.

표현한 내용도 자주 있는데, 설악과 함께 금강산을 나열할 때 상악으로
쓰고 있다. 조인영이 상악을 설명하기 위해 설악을 빗대었던 것과 같은
맥락으로 보인다. 姜瑋(1820~1884)가 경주 유람 중 茸長寺[27]를 보고 읊
은 시의 내용 중 마의태자를 상고하는 부분에서 금강산을 상악으로 쓰고
있다.[28] 『삼국사기』나 『삼국유사』에서 마의태자 고사를 기록할 때는 보
통 개골이라 표현하는데, 강위는 상악으로 표현하고 있다.[29]

금강산을 상악이라 불러야 한다고 구체적 이유를 밝힌 학자는 또 있
었다. 조선말기 문인 趙成夏(1845~1881)이다. 조성하는 1865년 43일간
금강산과 관동팔경 일대를 유람하고 「金剛山記」를 남겼는데 그 첫 머리
에서 금강산 이름을 고증하고, 상악이라 써야 한다는 소회를 다음과 같
이 밝히고 있다.

> 금강산은 일명 개골이라 하고, 일명 풍악이라 한다. 또 기달이라 부르는데
> 호란 때 붙여진 것이다. 혹은 김부식의 『신라사』에 상악이라 일컫고 祀典에
> 실어 놓았는데, 해마다 香祝을 내려 다스렸다 한다. 산 머리가 서리같이 흰
> 고로 이름 한 것이다. 우리말에 霜을 서리라 하고 山을 뫼라 하는데, 色相이
> 심히 생긴 그대로다. 正史의 고증이 승려의 사특한 설보다 낫고 이것이 가히
> 믿을 만하니 마땅히 이름은 상악이라 불러야 한다.[30]

조성하의 「금강산기」 말미에는 鄭元容(1783~1873)·尹定鉉(1793~1874)·

---

26) 『嘉梧藁略』 冊3, 詩 「秋懷詩 八十二首」·「寒溪瀑三百六十七言」. "霜岳雪岳雲岳
滯"·"我登霜嶽巓" ; 『嘉梧藁略』 冊4, 詩 「奉先寺遇雨」. "霜岳雪岳雲岳滯" ; 『省齋
集』 권22, 「往復雜稿」 '與同志告別 辛巳十一月'. "惟霜岳雪岳二山".
27) 경상북도 경주시 내남면 용장리에 소재한 사찰이다. 터가 남아있고 석불좌상, 삼
층석탑, 마애여래좌상 등의 불교문화재들이 있다.
28) 『古歡堂收艸詩稿』 권2, 發弭餘草 「茸長寺和紹雲詠古」. "可憐霜岳老麻衣".
29) 『삼국사기』와 『삼국유사』의 개골 용례는 <표 2>를 참조.
30) 「金剛山記」. "金剛山 一名皆骨 一名楓嶽 又曰怾怛 胡亂立命 或云金富軾新羅史稱
霜嶽載之祀典 歲降香祝釐 盖山白如霜故名之也 國語霜曰鋤里山曰薆 色相甚眞 證
以正史勝於浮屠邪說 此爲可信 當名之曰霜嶽".

朴道彬(1828~?)·閔奎鎬(1836~1878)의 跋文이 있는데, 박도빈도 「書霜嶽集後」라 쓰고 있다. 발문을 쓴 박도빈은 제명을 상악이라 쓰고 있는네, 정작 조성하 자신은 상악이라 불러야 한다고 하면서 산수유기 제명을 「금강산기」로 쓰고 있다. 그 일면의 이유는 남효온이 밝힌 것과 같다고 볼 수 있다. 금강이라는 산명이 고착화 되어있어서 어쩔 수없이 제명을 금강으로 붙인 것이다. 더구나 상악이 금강산의 명칭인줄 알고 있는 사람이 드물었던 것이다. 그러므로 제명을 「상악기」라고 쓰면 사람들이 금강산을 소재로 한 글이라는 것을 쉽게 알지 못할 것을 고려했던 것으로 보인다.

  그렇다면 상악이라는 명칭이 『삼국사기』 이후 오랜 시간 사용되지 않다가 조선후기 사람들 사이에서 다시 고증되고, 명명의 필요성이 제기된 이유를 생각해 볼 필요가 있다. 조선시대는 유람문화가 성행하는데, 금강산이 유람명소로 으뜸이었다. 또한 조선시대에도 금강산의 불교적 색채는 옅어지지 않았고, 오히려 유람의 명소로 사람들의 입에 많이 회자되는 만큼 산에 얽힌 불교의 神異한 이야기는 더 많이 전파된다. 명칭은 단연 금강이 가장 많이 통칭되고 있었다. 당시 금강산의 주요 유람객은 유자들이었다. 대다수의 유자들은 금강산을 유람하면서 산에 얽혀 있는 불교적 설화를 승려들이 지어낸 허황된 이야기로 비판했다. 이러한 비판은 유자들이 쓴 산수유기에서 금강산명의 유래를 설명하거나 승려들에게 들은 불교적 설화를 기술 할 때 단골처럼 등장한다.31) 그럼에도 남효온과 같이 어쩔 수 없이 금강이라 사용하는 경우도 있었고, 산명의 대안으로 개골·풍악을 사용하기도 했다. 불세계의 공간으로 고착화된 산명에 대한 비판의 움직임 속에서 유자들은 『삼국사기』의 고증을 통해 상

---

31) 금강산의 불교적 의미에 대한 조선시대 유자의 비판적 시각은 박은정의 「금강산의 의미변화와 유자의 시선」(『동방한문학』 67, 2016)에 자세히 다루어져 있으므로 상세한 논의는 생략한다.

악이라는 명칭이 역사적으로 공증되어 있음을 밝히고, 이 이름을 사용해야 한다고 강변하거나 또는 자신의 시문에 금강 대신 상악을 사용하는 것이다. 즉 불교식 이름인 금강에 대한 사대부들의 오랜 비판 속에서 그동안 묻혀 있었던 상악이라는 명칭이 재 거론되고 금강산의 원 명칭으로 고증되고 있는 것이다. 하지만 금강산의 명칭을 상악으로 써야한다는 조선후기 몇몇 사람들의 주장에도 불구하고 그 명칭은 현재까지 사장되고 있다.

3. 形勝 : '楓嶽·皆骨'

남효온은 「유금강산기」에서 금강산의 명칭을 다음과 같이 설명하고 있다.

> 산 이름이 여섯 개이다. 개골·풍악· 涅槃이라 하는 것은 方言이다. 枳怛·금강이라 하는 것은 『華嚴經』에서 나왔고, 衆香城이라는 것은 『摩訶般若經』에서 나왔으니, 신라 法興王 이후의 명칭이다.[32]

남효온은 금강산의 여섯 가지 이름 중 개골·풍악·열반은 방언이라고 했다. 이중 열반도 산스크리트어 니르바나(nirvāṇa)의 音譯으로 불교식 용어이나 왜 방언이라고 했는지는 알 수 없다. 불교식 이름이 나오게 된 출전을 『화엄경』과 『마하반야경』으로 밝혀놓은 것으로 보아 불경에서 열반이 금강산의 이칭으로 불렸을 만한 전거를 찾지 못했기 때문으로 보

---

32) 『秋江集』 권5, 記 「遊金剛山記」. "山名有六 一曰皆骨 一曰楓岳 一曰涅槃者 方言也 一曰枳怛 一曰金剛者 出華嚴經 一曰衆香城者 出摩訶般若經 新羅法興王以後所稱也".

인다. 불교와 관련된 지달·금강·중향성은 한국에 불교가 공인된 신라 법
흥왕(재위 514~540) 이후에 나온 것이라 하고 있다. 그러므로 불교가 수
용되기 이전에는 이와 같은 명칭이 있을 수 없다는 설명이다. 남효온의
설명내로라면 앞서 살핀 상악과 더불어 개골과 풍악이 불교가 들어오기
전 금강산을 일컬을 때 사용하던 고유 명칭이 되는 것이다. 실제『삼국
사기』와『삼국유사』를 살펴보면 불교적 명칭은 보이지 않고, 풍악과 개
골만이 나타난다.[33]

<표 2> 삼국~통일신라시대 개골·풍악의 용례

出　典		山名使用例	비고
『三國史記』	卷12, 新羅本紀12, 敬順王	王子哭泣辭王 徑歸皆骨山 倚巖爲屋 麻衣草食 以終其身	皆骨
『三國遺事』	卷2, 紀異2, 金傳大王	太子哭泣辭王 徑往皆骨山 麻衣草食	皆骨
	卷5, 感通7, 融天師彗星歌	第七寶同郞等三花之徒 欲遊楓岳 有彗星犯心大星	楓岳
	卷5, 避隱8, 包山二聖	嘗聞 楓岳亦有斯名 乃知古之隱倫之士 例多逸韻如此	楓岳

　　앞서 상악의 용례를 살피는 과정에서 제시한 바와 같이『삼국사기』와
『삼국유사』가 고려시대에 편찬되었다는 점에서, 수록된 용어가 삼국시
대의 용어를 그대로 반영했는가는 제고해볼 여지도 있지만, 이 두 史書
모두 금강산을 지칭할 때 금강이라는 용어 자체를 사용하지 않았다. 남
효온의 주장처럼 금강산의 원 한국 고유 방언은 풍악과 개골인 것으로

---

33)『삼국사기』와『삼국유사』에 '金剛山'으로 기록되어 있는 산명이 나타나기는 한
　다. 그러나 이 금강산은 현재 경상북도 영천시의 금강산을 일컫는 것이지, 강원도
　금강산을 일컫는 것은 아니다. 또한『삼국유사』권4, 義解5,「關東楓岳鉢淵藪石記」
　가 있으나 이 기는 眞表의 藏骨塔碑의 내용이다. 이 장골탑비는 1119년에 세워진
　것이므로, 여기에 있는 풍악의 용례는 고려시대에 쓰여 진 것이 확실하므로 삼국
　시대의 용례에서 제외하였다.

확인된다.

개골과 풍악은 고려후기가 되면 금강의 명칭에 묻혀 거의 사용되지 않았던 것으로 보인다. 『고려사』·『고려사절요』, 금강산과 관련하여 원 저작 내용이 고려시대에 작성된 것으로 확인되는 기록들을 살펴보면 금 강이라 쓰는 용례가 약 25건인 것에 반해,[34] 풍악과 개골의 용례는 <표 3>과 같이 약 10건 정도가 나타난다.

<표 3> 고려시대 개골·풍악 용례

出典		山名使用例	비고
『高麗史』	卷123, 列傳36, 嬖幸1, 朱印遠	又吾歸自開骨山 道見民扶老[35]	開骨
	卷123, 列傳42, 叛逆1, 崔忠獻	祝髮 潛入皆骨山 寄書于母	皆骨
『高麗史節要』	卷17, 高宗安孝大王4, 辛亥38(1251)	祝髮 潛入皆骨山 寄書于母	皆骨
	卷22, 忠烈王4, 辛丑 27(1301)	又吾 歸自歸骨山 見民扶老携 幼[36]	骨山
「關東楓岳山淵藪 □□□眞表律師 □骨藏□銘」	(許興植, 『韓國金石全文 -中世 下』, 1984, 925면 수록)[비 건립 1119년]	蓋楓嶽山者 亦名皆骨山也 曇無 竭菩薩而爲山主	皆骨, 楓岳
「圓眞國師碑銘」	<朝鮮佛敎月報> 11권 (1912)[비 건립 1224년]	泰和八年戊辰 命住皆骨山楡岾寺, 嘗寓楓岳普德窟 有異夢及是而驗	皆骨, 楓岳
「王輪寺丈六金像 靈驗收拾記」	『東國李相國集』 卷25, 記	當入皆骨山 自焚而化	皆骨
『破閑集』	下卷	兀然皆骨獨孤潔 應笑肉山都大肥	皆骨
『補閑集』	上卷	楓嶽皆骨立無土 因名爲皆骨, 韋偃當年葬號山 變爲皆骨倚天寒	皆骨, 楓岳
「送僧禪智遊金剛 山序」	『拙藁千百』 卷1, 序	俗號楓岳 僧徒謂之金剛山	楓岳

---

34) '금강'의 고려시대 용례는 <표 4>를 참조.
35) 宦者 李信이 "開骨山에 갔다 돌아오는 길에서 늙은이를 부축하고 어린애를 업고 東界로 가는 백성들이 끊임없음을 보았다. 물어보니 모두 다 주 안렴사의 학정을 피해 간다고 말하였다."라고 주인원의 학정을 고한 내용이 있는데, 여기서 '開骨'

<표 3>의 기록 중 진표의 「장골탑비명」, 「원진국사탑비명」, 「왕륜사 장육금상영험수습기」는 승려의 탑비 등을 기록하는 것임에도 불교식 이름인 금강은 사용하지 않고 풍악과 개골만 사용했다. 崔滋(1188~1260)의 『보한집』에는 금강산에 대해 다음과 같이 기록하고 있다.

> 풍악은 모두 뼈로 이루어져 흙이라곤 없어, 이로 인해 개골이라 한다. 담무갈보살 진신이 거처하는 곳이라 해서 居하는 승려들이 비록 행하는 것이 크게 없으나 도를 깨닫는다.[37]

최자 또한 담무갈보살의 진신이 머물고 있다는 불설을 인용하면서도 금강이라는 명칭을 사용하지 않았다. 최자는 무인정권기에 주로 활동하던 인물이다. 금강이라는 산명이 처음 보이는 것은 閔漬(1248~1326)의 「金剛山楡岾寺事蹟記」이다.[38] 민지의 기록 다음으로 崔瀣(1287~1340)의 『拙藁千百』에 금강이라는 용어가 나타난다.[39] 이를 보면 최자의 몰년인 1260년 전까지는 금강의 명칭은 사용되지 않고 풍악과 개골의 명칭만 사용된 것으로 보이며, 민지와 최해의 활동시기에 금강의 명칭이 통용되기 시작하는 것으로 파악된다. 이 두 명칭 중에서도 개골이 더 많이 사용되었음을 알 수 있다.

조선시대 지리지나 문집류 등 官·私撰 기록에는 크게 금강·봉래·풍악·개골 이 4가지 용례가 사용되고 있다. 그러나 조선시대의 기록 자료가 매우 방대하고 그 용례가 셀 수 없을 정도로 많아 일별하기란 물리적

을 '皆骨'로 사용하지는 않았으나 금강산을 말하는 것이 분명하므로 용례에 포함시켰다.
36) 『고려사』 환자 이신의 내용과 같다. 여기서는 '骨山'으로 사용하였으나 내용상 금강산을 말하는 것이므로 용례에 포함시켰다.
37) 『補閑集』 上卷. "楓嶽皆骨立無土 因名爲皆骨 曇無竭菩薩眞身所住 居僧有無行亦成道".
38) 아세아문화사 영인, 『한국사지총서-「유점사본말사지」』, 1977, 47~48쪽.
39) 『拙藁千百』 권1, 序 「送僧禪智遊金剛山序」.

으로 불가하다. 다만, 조선시대에 창작된 금강산 산수유기의 제명 사용
례를 분석해 보면 산명의 사용빈도 파악이 가능하다. 조선 초부터 1910
년까지 금강산을 유람하고 창작된 산수유기는 약 149편에 달한다.40) 이
중 금강산이 소재해 있는 지역[關東]·유람방향[東遊·行·征, 東海, 海
山]·특정장소[叢石·九龍淵·毗盧峯] 등을 제명으로 쓰는 산수유기 54편
을 제외하면 95편의 산수유기가 금강산 관련 명칭의 제명을 사용하는데,
그 사용례를 보면 <도표 1>과 같다.

<도표 1> 조선시대 금강산 산수유기 題名 사용례(편수)

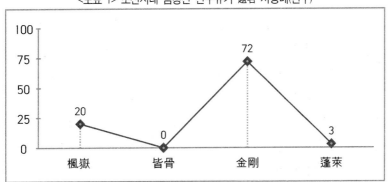

여기서 보면 금강·풍악·봉래 순으로 제명이 많이 사용되었고, 개골이
라는 제명은 전혀 나타나지 않는다. 조선시대에 들어오면 풍악을 제명으
로 사용하는 빈도가 현저히 떨어지고 개골은 아예 제명으로 사용되지 않
는다. 이는 고려후기 유행하던 금강의 명칭이 조선시대에 더욱 보편화되
었음을 알 수 있는 수치이다. 개골과 풍악은 조선시대 文士들의 시문 내

---

40) 149편의 목록은 필자가 조사한 것과(이상균, 앞의 논문, 2013, 부록참조) 경상대학
   교 경남문화연구원 한국학토대연구지원사업단에서 필자에게 제공한 목록 중 생몰
   년이나 유람시기가 파악되지 않아 산수유기 작성 시기가 불분명 한 것을 제외한
   것이다. 이 149편의 산수유기는 금강산만을 유람하거나, 금강산을 포함하여 해금
   강·관동팔경 등 주변지역을 함께 유람한 산수유기가 포함된 수치이다.

용에 간간히 등장하고 있으나, 시문 등의 대표 제명으로 잘 사용되어지지 않는다. 이는 금강의 명칭에 가려 개골과 풍악 명칭의 인지도가 감소되었다는 것이다.

그러면 풍악·개골이라는 산명이 왜 생겼는지에 대해 알아볼 필요가 있다. 풍악은 '단풍나무 산', 개골은 '돌 산' 이라는 의미를 가지고 있다. 가을에는 단풍이 물들어 풍악이라 하고, 겨울이 되어 나뭇잎이 지고 나면 암석만이 앙상한 뼈처럼 드러나므로 개골이라 했다는 현대의 통용설도 아주 틀린 것은 아니다. 계절의 특성상 가을 단풍이 금강산을 더욱 풍악처럼 보이게 하고, 겨울에는 녹음이 시들어 암석들이 잘 보이므로 개골의 명칭이 더욱 어울리기 때문이다. 다만, 이 두 가지의 명칭이 계절적 특징이 반영되어 불려 졌다는 것을 입증 할 수 있는 기록은 없다. 앞서 살핀 이유원의 「봉래비서」에서 가을과 겨울에 그리 부른다는 단편적인 기록이 있을 뿐이다. <표 3>의 『보한집』에서는 산의 생긴 모습이 돌로 이루어져 있기 때문에 개골이라는 명칭이 붙여진 것이라 했다. 풍악·개골 두 명칭과 관련해서는 裴龍吉(1556~1609)과 洪汝河(1620~1674)의 다음 기록이 주목된다.

> 금강산의 이름은 여섯이다. 개골·풍악이라 한 것은 산의 실제 모습을 보고 이름을 붙인 것이고, 금강·기달·열반·중향성이라 한 것은 불가에서 나온 이름들이다. 나는 불서를 보지 못하여 비록 민지의 記와 추강[남효온]의 논의가 있다고 해도 그들의 설이 무엇을 말하는지 알지 못한다.[41]

우리나라의 동해 가에 산이 있는데 봉우리가 1만 2천이며, 전체가 모두

---

41) 『琴易堂集』 권5, 記 「金剛山記」. "金剛山在關東古獩貊之境 其蜿蟺扶輿之氣 起自白頭山 南延千餘里 至於海上 磅礴而鬱積 上摩靑冥 下壓鴻厖 爲峯一萬二千 環山有五邑 東曰通川 高城 杆城 西曰淮陽 金城 山名有六 曰皆骨 曰楓岳 以山之實而得名 曰金剛 曰怛 曰涅盤 曰衆香城 出於佛家者流 余未見佛書 雖有閔漬之記 秋江之論 未知其說云何".

흰 돌이고 한 줌의 흙도 없으며, 멀리서 바라보면 빛나는 하나의 큰 괴석이기 때문에 이름을 개골이라 한다. 돌 사이에는 잡목이 자라지 못하고 오로지 단풍나무만이 가장 무성하기 때문에 또 풍악이라고도 하니, 논하는 자들은 천하 명산의 제일로 칭한다.[42]

배용길은 풍악과 개골의 명칭은 산의 실제 생긴 모습에서 연유한 것이라 했다. 그리고 나머지 명칭은 불가에서 나온 이름이라 한다. 홍여하는 배용길보다 좀 더 구체적으로 개골과 풍악이라는 명칭이 붙은 연유를 설명하고 있다. 산이 대부분 돌로 이루어져 멀리서 보면 하나의 큰 돌처럼 보이므로 개골이라 하고, 개골과 같은 돌산에는 다른 나무들이 잘 자라지 못하고 단풍나무만이 무성히 자라기 때문에 풍악이라 한다는 것이다. 그리고 『海東樂府』에 麻衣太子를 기리는 「倚巖屋」이라는 시에서도 "아침에 태자의 신분을 버리고, 저녁에 금강산으로 들어갔네, 금강산은 모두가 돌산이라, 바위에 걸쳐서 한 칸 집을 지었네"라고 하였다. 산명을 금강으로 쓰면서 그 형상이 모두가 돌, 즉 개골이라고 표현하고 있다.[43] 앞서 살펴본 홍경모의 「海嶽記」에도 단풍나무가 많아 풍악, 돌로 이루어져 개골이라 한다고 적고 있다.[44] 특히 이유원은 「蓬萊秘書」에서 개골이라는 명칭이 생기게 된 연유가 산이 풍기는 가장 특징적인 형승에서 나왔음을 소상히 적고 있다.

    금강산 1만 2천봉은 순전히 돌 봉우리, 돌 골짜기, 돌 내이다. 봉우리, 멧부리, 골짜기, 샘, 못, 폭포가 흰 돌로 맺혀 만들어지지 않은 것이 없다. 그러

---

42) 『木齋集』 권6, 記 「遊楓嶽記 丁酉九」. "國之東海上 有山焉 爲峯者一萬二千 通體皆白石 無一撮土 望之塊然一大怪石也 故名曰皆骨 石間不生雜樹 唯楓樹最盛 故又曰楓嶽 譚者稱天下名山第一".

43) 『星湖全集』 권7, 海東樂府 「倚巖屋」. "朝辭泲雷肆 暮走金剛山 金剛山皆骨 倚巖屋一間".

44) 『冠巖全書』 17冊, 記 「海嶽記」一 山水記 '金剛山'. "山多楓故謂之楓嶽 峯巒皆石色白 且石茸茸 常爲雲嵐所浸凝如雪色 故曰皆骨".

므로 산을 일명 '皆骨'이라 하는데, 산에 한 치의 흙도 없음을 말한 것이다. 만 길 산꼭대기와 백 길 못에 이르기까지 한 개의 돌이니, 이것은 천하에 없는 것이다.45)

산의 봉우리에서 부터 못·연못 등 모든 것이 돌로 이루어졌고, 한 치의 흙도 없어 산자체가 하나의 큰 돌처럼 보이기 때문에 개골이라는 명칭이 생겼다고 한다. 그리고 이러한 모습은 천하에 둘도 없는 것으로 적고 있다. 홍경모·홍여하의 기록과 일맥상통하는 내용이다.

개골·풍악이라는 명칭은 금강산의 가을·겨울 등 특정 계절에 나타나는 형상에 따라 각각 붙여진 이름이 아니다. 불교가 수용되기 이전부터 한국 고유의 산명으로 불리어 왔고, 돌산으로 이루어져 있는 지세와 단풍나무가 많이 자라고 있는 모습 등 계절을 불문하고 산 자체에서 풍기는 가장 특징적인 지세나 풍경인 形勝으로 붙여진 이름인 것이다. 금강산은 봉래나 금강 등의 상징적 이름 이전에 산 자체가 가지고 있는 형승의 특징에 따라 개골·풍악으로 불렸던 것이며, 이 명칭은 산이 가지고 있는 가장 자연스러운 본연의 모습을 표연한 것이다.

계절에 따른 금강산의 명칭을 사용한 예는 앞서 살핀 19세기 이학규와 이유원의 기록에서 처음 보인다. 후술하겠으나 이 시기가 되면 금강이란 명칭은 불교적 색채에 의해 불린 것이 아니라 금강산을 칭하는 보편적인 명칭이 된다. 또한 19세기가 되면 금강산은 계층고하를 막론하고 많은 사람들이 유람하게 된다. 이러한 현상들 속에서 금강산의 명칭들이 종교적 의미보다 사계절을 의미하는 이름으로 변모되어간 것이 아닌가46) 추정해 볼 수 있다.

---

45) 『林下筆記』 권37, 蓬萊秘書 「金剛山緣起」. "金剛山萬二千峯 純是石峯石洞石川 峯巒洞府水泉淵瀑 無非白石結作 故山一名皆骨 言山無寸土也 乃至萬仞之嶺 百丈之潭 是一石 此天下所無".
46) 양승이, 앞의 논문, 4쪽.

4. 佛世界 : '金剛'

문헌상 금강산의 용례가 처음 등장하는 것은 민지의 「金剛山楡岾寺事蹟記」이다. 그리고 1350년 만들어져 일본 法隆寺에 보관되어 있다고 전하는 長安寺銳의 명문에서 확인된다.[47] 민지의 유점사 사적기가 언제 작성되었는지는 알 수 없으나 민지의 몰년이 1326년이고, 앞서 살핀 바와 같이 최자의 몰년인 1260년 전까지 금강의 용례가 사용되지 않은 것으로 파악되므로 현존 기록상 금강의 용례가 처음 사용되기 시작하는 것은 1260~1326년으로 압축해 볼 수 있다. 이 두 기록과 『고려사』·『고려사절요』, 원 저작내용이 고려시대의 것으로 확인되는 기록들에서 금강으로 사용한 용례는 <표 4>와 같다.

<표 4> 고려시대의 금강 용례

出典		山名使用例
「金剛山楡岾寺事蹟記」	閔漬 讚(『한국사지총서―「유점사본말사지」』, 1977, 47~48면 수록)	金剛山者 其名有五
「長安寺銳」	傳 日本 法隆寺所藏(1350), (허흥식, 『한국금석전문』중세 하, 1984, 1187면 수록)	金剛山長安寺捨施主方㮣兒赤至正庚寅年冬造
『高麗史』	卷32, 世家32, 忠烈王5, 甲辰30(1304)	內僚宋均齋金剛山圖如元宰樞
	卷37, 世家37, 忠穆王5, 丁亥3(1347)	丁亥 元放院使高龍普于 金剛山
	卷39, 世家39, 恭愍王2, 丙申5(1356)	金剛山諸寺歲歲再降香勞
	卷41, 世家41, 恭愍王4, 己酉18(1369)	平壤巡金剛山駐駕忠州
	卷53, 志7,五行1, 水	漂沒官廨民戶及金剛山諸寺
	卷55, 志7,五行3, 土	七年 六月 丁酉 金剛山石頹
	卷58, 志12,地理3, 交州道	高麗更今名來屬有金剛山

---

47) 金鐸, 앞의 논문, 231~232쪽. 현존 기록상 가장 이른 시기에 등장하는 금강산의 명칭이 민지의 「금강산유점사사적기」와 장안사완의 명문이라는 것은 이 논문에서 참고하였음을 밝혀 둔다.

出　典		山名使用例
	卷77, 志31, 百官2	支應金剛山楡岾寺置之
	卷110, 列傳23, 金台鉉	於是台鉉挈家東遊金剛山
	卷111, 列傳24, 廉悌臣	帝命降香金剛山
	卷122, 列傳35, 宦者, 高龍普	帝放于金剛山尋召還後復還國
	卷122, 列傳35, 宦者, 李淑	淑將往金剛山
	卷130, 列傳43, 叛逆4, 趙彝	服藥後膳方金剛山石茸六十斤
	卷132, 列傳45, 叛逆6, 辛旽	仁器髮放于金剛山實庇之
『高麗史節要』	卷18, 元宗順孝大王1, 戊辰9(1268)	金剛山石茸
	卷22, 忠烈王4, 甲辰30(1304)	賫金剛山圖如元
	卷25, 忠穆王, 丁亥3(1347)	元放院使高龍普于金剛山
	卷26, 恭愍王1, 丙申5(1356)	金剛山諸寺 歲再降香
	卷28, 恭愍王3, 己酉18(1369)	予亦將幸平壤巡金剛山 駐駕忠州
「送僧禪智遊金剛山序」	『拙藁千百』卷1, 序 외 다수	俗號楓岳 僧徒謂之金剛山
「金剛山」詩	『謹齋集』卷1, 詩	金剛山
「東遊記」	『稼亭集』卷5, 記 외 다수	金剛山
「遊名山送老景…下略」	『牧隱詩藁』卷22, 詩 외 다수	吾今也欲遊金剛山

※ 금강의 용례가 중복되어 나오는 경우 1건으로 산정하였다.

이 저작들은 모두 조선시대에 편찬 또는 製冊되었다는 점에서 수록된 사실의 선후관계를 떠나서 금강의 용례가 당시 사용한 것인지는 알 수 없다. 이미 조선시대에 오게 되면 금강이라는 명칭이 통용되었기 때문에 더욱 그러하다. 그러나 최해의『졸고천백』, 안축의 시「금강산」, 이곡의「동유기」등 고려후기에 활동했던 인물들의 기록에 금강이라는 용어가 보편적으로 사용되고 있으므로 14세기 후반부터는 금강이라는 명칭이 보편화 되어 있었던 점이 확인된다.

그러면 금강이라는 명칭이 보편화되기 시작한 이유를 살펴볼 필요가 있다. 주지하다 시피 금강이라는 명칭은『화엄경』에 담무갈보살이 住處

하면서 일만이천 또는 천이백 眷屬들과 함께 항상 설법하고 있는 산이라는 내용에서 나왔다.[48] 이『화엄경』에 나오는 枳怛이 금강산이다. 澄觀은『華嚴經疏』에서 지달을 涌出로 설명한다. 법기보살이 용출하는 존재여서 법기보살이 머무는 곳도 용출의 뜻을 지닌 지달로 설정되었던 것이다. 담무갈은 法을 起[涌出]하는 보살로 용출의 뜻을 지닌 지달산에 거처한다고 설명된다. 起[涌出]하는 특성이 금강에 비유되면서 지달산이 금강산으로 의역되었다고 볼 수 있고, 한국의 금강산 외형이 수많은 바위가 용출한 형태를 지녀 지달산 내지 금강산으로 인식된 것이다.[49] 그리고 담무갈이 중향성의 왕으로 般若를 설한 적이 있으므로 금강산을 중향성이라 칭하기도 한다. 다 같은 불교적 맥락의 명칭이다. 불교식 이름이 보편화되게 된 이유는 금강산이 불교성지로 주목되어져 왔기 때문이다. 고려전기까지만 하더라도 불교신앙의 성지로 두드러진 순례 대상으로 주목 받던 곳은 五臺山이었다. 그러나 1199년 금강산에 眞表의 유적지로「진표율사장골탑비」가 세워지고 元간섭기에 오대산을 대신하여 금강산이 최동단의 성지로 주목되었다.[50]

진표의 탑비명에 풍악산이나 개골산은 담무갈의 주처인 기달로 언급되어 있다.[51] 또한『보한집』에 고려 명종 때 인물인 李純祐(?~1196)[52]

---

48) 東晉의 佛馱跋陀羅가 번역한 60권본『화엄경』의「大方廣佛華嚴經諸菩薩住處品」제27에는 "四大海中 有菩薩住處名枳怛 過去諸菩薩常於中住 彼現有菩薩 名曇無竭 有萬二天菩薩眷屬 常爲說法"라고 되어 있고, 唐의 實叉難陀가 번역한 80권본『화엄경』의「大方廣佛華嚴經諸菩薩住處品」제32에는 "海中有處 名金剛山 從昔已來 諸菩薩衆 於中止住 現有菩薩 名曰法起 與其眷屬 諸菩薩衆 千二百人俱 常在其中 而演說法"이라고 되어 있다.

49) 담무갈이 주처하고 있다는 불교적 함의를 지닌 금강산은 지달산이 의역된 것으로도 본다. 지달과 금강은 같은 뜻이다. 이와 관련된 자세한 사항은 김창현, 앞의 논문, 206~207쪽을 참조.

50) 허흥식,「指空의 遊歷과 定着」,『伽山學報』창간호, 1991, 92~95쪽.

51)「關東楓岳山淵藪□□□眞表律師□骨藏□銘」(許興植,『韓國金石全文—中世 下』, 아세아문화사, 1984, 925쪽). "蓋楓嶽山者 亦名皆骨山也 曇無竭菩薩而爲山主□□

가 개골산을 지나며 시를 남기자 金禮卿이 차운하고, 다시 이순우가 칭
찬하자 김예경이 '無竭眞身住此山 幻將枯骨掛雲端'라 읊었다.[53] 이 기
록들을 통해 12세기 금강산은 담무갈보살이 주처하는 산으로 인식되고
있었음을 알 수 있다. 특히 금강산에 소재한 表訓寺와 長安寺 등의 유명
대찰은 1350년 이전부터 원 황실의 지원으로 대대적 중창이 이루어진다.
원 황제 英宗(재위 1320~1323)이 표훈사에, 1343년 奇皇后가 장안사에,
원의 奎章公 沙刺班이 1336년 普賢菴에 중창 시주한 내용 등이 산견된
다.[54] 최해의 「送僧禪智遊金剛山序」 기록에 보면 "금강산의 암자가 해
마다 백 개씩 불어날 정도였고, 公卿으로부터 서민에 이르기까지 처자들
과 더불어 다투어 가서 예배를 드린다. 겨울철 눈으로 땅이 얼었거나 여
름철 장마로 물이 넘쳐 길이 험할 때를 빼고는 유람 가는 사람들이 길
위에 줄지어 서 있다."[55]라고 했다. 최해의 몰년인 1340년 이전부터 이
미 금강산에 많은 사람들이 禮佛을 목적으로 유람했던 것을 알 수 있다.

원 황실에서 금강산에 관심을 보였고, 원나라 사람의 왕래가 끊이지
않았다. 불교를 신봉했던 원 황실이 금강산 사찰을 빈번히 중창했던 것
은 이미 금강산이 원나라에까지 불교의 성지로 이름이 알려졌기 때문이
다. 그러므로 원 황실에서는 내탕금이나 보시로 황실의 안녕을 기원하기
위해 금강산의 사찰을 중창한 것이다. 이곡은 「刱置金剛都山寺記」에 이
러한 사항을 다음과 같이 기술 하고 있다.

之□□□菩薩以□□□ 四□海中有菩薩住之□悁怛".

52) 이순우는 고려 명종 26년(1196) 최충헌에게 살해당했다(『고려사』 권99, 열전 12,
諸臣, 李純佑).
53) 『補閑集』 上卷. "無竭眞身住此山 幻將枯骨掛雲端". 김예경은 최해의 외조부이다.
54) 이 내용은 김창현 앞의 논문(239~242쪽)에서 상세히 다루었으므로 자세한 논의는
생략한다.
55) 『拙藁千百』 권1, 文 「送僧禪智遊金剛山序」. "山中菴居歲增且百 …中略… 上自公
卿 下至士庶携妻挈 子 爭往禮之 除氷雪沍寒夏潦洿溢 路爲之阻 遊山之徒 絡繹於
道".

해동의 산수는 천하에 이름이 나 있지만, 금강산의 기이한 절경 또한 으뜸
이다. 게다가 불서에 담무갈보살이 거처한다는 설이 있어 세상에서 마침내 人
間淨土라 이른다. 천자의 사신이 향과 폐백을 받들고 길에 이어지는가 하면
사방의 士女들이 천리를 멀다않고 소에 싣고 말에 싣고 등에 지고 머리에 이
고는 佛僧을 공양하려는 자가 서로 줄을 잇고 있다.56)

이곡은 雙城摠官 趙侯가 발원하여 창건한 금강산의 「도산사기」를 써
주면서 당시 금강산이 담무갈보살이 상주하는 불세계로 멀리 원나라에
까지 유명세를 타고 있어 황제의 사신이 지속적으로 다녀가는 곳임을 밝
히고 있다. 이곡은 원나라에 들어가 1332년 征東行省 향시에 수석으로
선발되었고, 다시 殿試에 차석으로 급제하였다. 이 때 지은 對策을 讀卷
官이 보고 감탄하였다. 제상들의 건의로 翰林國史院檢閱官이 되어 그때
부터 원나라 문사들과 교유하였다. 이곡은 1334년 본국으로부터 학교를
진흥시키라는 조서를 받고 귀국하였다.57) 그러므로 이곡은 원나라의 사
정에 매우 밝았던 인물이었다. 원나라 황실의 금강산 중창기록과 최해·
이곡의 기록에서 보듯이 금강산은 14세기 후반 담무갈보살이 상주하는
영험 있는 불세계로 대내·외에 큰 명성을 얻고 있었던 것이다. 그러므로
산 명칭도 금강으로 보편화 되어 사용되는 것이다.

조선시대에 들어오면 금강이라는 불교적 함의의 명칭은 많은 유자들
에게 거부감을 주기도 했다. 하지만 이미 국내·외적으로 금강이란 명칭
으로 확립되어 대부분 금강이라는 명칭을 따랐다. <도표 1>에서 보듯이
조선시대 금강산 유산기 95편 중 제명에 금강이라고 쓰는 것이 72편으
로 다른 여타 명칭보다 월등히 많은 수를 차지하고 있다.

금강산은 원대 이후에도 꾸준히 明나라 등 외국에 까지 불세계로 명

---

56) 『稼亭集』 권3, 記「刱置金剛都山寺記」. "海東山水名於天下 而金剛山之奇絶 又爲
之冠 且以佛書有曇無竭菩薩所住之說 世遂謂人間淨土 天子之使 降香幣絡繹于道
而四方士女 不遠千里 牛載馬駄背負首戴 供養佛僧者踵相躡也".
57) 『고려사』 권109, 열전 22, 諸臣, 李穀.

성을 떨쳤다. 明使나 日使가 조선에 왔을 때도 금강산을 유람하거나 또한 유람해보고 싶어 했다.58) 『태종실록』에 다음과 같은 기사가 있어 많은 중국 사신들이 금강산을 유람하고자 했던 것을 알 수 있다.

> 임금이 말하기를 "중국의 사신이 오면, 꼭 금강산을 보고 싶어 하는데, 그것은 무슨 까닭인가? 俗言에 말하기를 '중국인에게는 高麗에 태어나 친히 금강산을 보는 것이 원이다' 하는 말이 있다고 하는데, 그러한가?"하니, 하륜이 나와서 말하기를 "금강산이 東國에 있다는 말이 『大藏經』에 실려 있으므로 그렇게 말하는 것입니다."하니, 임금이 말하기를 "옳도다." 하였다.59)

『세종실록』지리지에도 금강산은 인간의 정토라 할 만큼 유명하다고 기록하고 있다. "우리나라 산수가 천하에 이름났고, 불서에 담무갈보살이 머무르던 곳이란 말이 있어서 인간의 정토라 이르며, 중국 사람들이 고려국에 나서 친히 금강산 보기를 원한다."고 했다.60) 조선에 파견된 明使는 대부분 太監출신이었고, 이들은 불교를 신봉하였다. 그리고 당시 일본도 불교를 숭상하는 나라였으므로 明使와 日使는 불세계로 이름난 금강산을 꼭 한번 가보고 싶어 했던 것이다. 崔岦도 당시 중국인들에게는 "다음 세상에 고려국에 태어나서 금강산을 직접 보는 인연을 맺고 싶다."라는 소원이 있을 정도였다고 하였다.61) '중국인이 고려에 태어나 친히 금강산을 보는 것이 원이다'라는 俗言은 明나라 朱之蕃도 시에서 사용한바 있다.62) 주지번은 1606년(선조 39) 조선에 사신으로 왔었고,63)

---

58) 외국 사신의 금강산 유람은 이상균의 「조선전기 외국 사신들의 금강산 유람과 그에 따른 폐해 고찰」(『사학연구』 101, 2011)을 참조.

59) 『太宗實錄』 권8, 4년 9월 己未.

60) 『世宗實錄』地理志, 江原道 淮陽都護府 鎭山條.

61) 『簡易集』 권3, 序 「遊金剛山卷序」. "中國人至有結他生親見之願".

62) 『心田稿』 권3, 應求漫錄 「蘭雪詩龕」. "明史朱之蕃詩云 願生高麗國一見金剛山之句".

63) 『宣祖實錄』 권194, 38년 13월 戊辰.

금강산을 직접 가보지는 못했으나 그 명성을 익히 들어 알고 있었다.

금강산은 12세기 담무갈보살이 상주하는 불세계로 인식되기 시작했고, 이러한 인식이 더욱 확산되어 14세기 후반이 되면 고려는 물론 외국에까지 불교성지로 큰 명성을 얻고 있었다. 그리고 이때부터 산의 명칭 또한 풍악과 개골로 불리지 않을 만큼 금강이 보편화되었고, 조선을 거쳐 현재까지 지속적으로 대표적인 산명으로 사용되기에 이르는 것이다.

5. 仙界 : '蓬萊'

봉래는 중국 전설에 나오는 三神山 중 하나다. 삼신산은 『列子』「湯問」편에 나오는 蓬萊·方丈·瀛洲 이다. 渤海 가운데 섬으로 존재해 있으면서 신선이 살고 있다 전한다. 원래 岱興·圓嶠·方壺·瀛洲·蓬萊의 다섯 仙山이 있었는데, 潮水에 밀려 표류하자 天帝가 각각 3마리씩 모두 15마리의 자라로 하여금 이 산들을 떠받치고 있게 하였다고 한다. 뒤에 龍伯國의 거인이 자라 6마리를 낚아 갔으므로 대여와 원교 두 산은 西極으로 떠내려가고, 3개의 산만이 남았다고 한다. 『史記』「封禪書」에는 "삼신산에 仙人과 不死藥이 있다는 方術士의 말을 듣고 秦始皇이나 漢武帝가 직접 동해까지 갔다가 돌아왔다."는 내용이 실려 있다. 중국에서는 시기를 막론하고 삼신산의 전설이 꾸준히 회자되었다.

한국에도 중국의 삼신산을 본떠 금강산을 봉래, 지리산을 방장, 한라산을 영주로 일컬었다. 금강·지리·한라를 삼신산에 빗댄 것도 언제부터 그러했는지 확실치는 않다. 모두 일별할 수 없으나 16세기에 작성된 문헌에 나타나기 시작한다. 車天輅(1556~1615)는 방장을 지리산, 영주를 한라산, 봉래를 금강산이라 했고,[64] 柳夢寅(1559~1623)의 경우 방장을 妙香山, 봉래를 금강산, 영주를 지리산이라고 했다.[65] 李廷龜(1564~1635)

는 방장을 지리산, 봉래를 금강산, 영주를 邊山이라 하고 있다.66) 당시 삼신산을 조선의 산에 빗댈 때 여러 異說들이 존재하였다. 다만 금강산 은 이설 없이 선계의 상징인 봉래로 자리 잡고 있었다. 崔岦(1539~1612) 이나 申命耈(1666~1742)는 삼신산이 없다면 그만이지만 있다면 조선에 있다고 굳게 믿었다.67). 許筠(1569~1618)도 전라도 南原의「沙溪精舍記」 를 쓰면서 삼신산이 조선에 있는 것이 분명하다고 다음과 같이 설명한다.

> 南原은 옛 帶方國으로 옛날에 이르던 方丈·三韓이었다. 秦 나라 시절부터 方士들은 삼신산이 동해 중에 있으며 거기에 신선과 불사약이 있다 했는데, 군주치고 이 말을 달갑게 여기지 않은 이가 없었다. 내가 일찍이『五嶽眞形圖』, 『洞冥記』,『十洲記』를 얻어 고찰해 보니, "삼신산이 동해에 있다."했으나 우 리나라를 빼고는 이곳이 있을 수 없으며, 그 이른바 '방장에 있다.'는 것은 이 미 대방에 있으니, 영주·봉래도 역시 금강산과 묘향산의 밖에서 벗어나지 않 을 것이 분명하다68)

삼신산은 중국과 한국 사람들에게 선계로 회자되었고, 조선시대에 만 들어지는 각종「天下圖」의 동쪽에 빠지지 않고 표시되어 있을 만큼 유

---

64)『大東野乘』,「五山說林草藁」. "說者以爲三神山皆在我國 方丈卽智異山 瀛洲卽 漢挐山 蓬萊卽金剛山也".

65)『於于集後集』권3,「送李潤卿睟光赴安邊都護府序」. "世說東海有三神山 自古方士 者求之不得 或以爲我國皆自卽蓬萊 妙香卽方丈 智異卽瀛洲".

66)『月沙集』권40,「青梅集序」. "嘗聞國中有三神山 楓岳是蓬萊 智異卽方丈 邊山卽瀛 洲" ; 이밖에도『擇里志』,『芝峯類說』,「봉래비서」등에도 나온다.

67)『簡易集』권3, 序「送朴子龍公江原監司序」. "所謂蓬萊瀛洲之屬 世果無有則已 有 則必在於斯焉" ;『南溪集』권3, 錄「頭流日錄」. "世常說 三神山在吾東方 楓岳爲蓬 萊 漢挐爲瀛州 頭流爲方丈 流俗至今相傳 且杜詩方丈三韓外 註方丈山在朝鮮帶方 國之南 蓋自漢唐以來已有此說 天下無三神山則已 有則不于此 而必於吾東方者 無 疑矣".

68)『惺所覆瓿藁』권7, 文部 4, 記「沙溪精舍記」. "南原 古帶方國 而古所謂方丈三韓者 也 自秦時方士言三神山在東海中 有仙人不死藥 世主莫不甘心焉 余嘗取五嶽眞形圖 及洞冥記十洲記而考之 三山之在東海者 捨吾國則無有是處 其所云在方丈者 旣在於 帶方 則瀛洲蓬萊 亦不出於金剛 妙香之外也明矣

명하였다.

그런데 봉래는 금강산을 이칭하는 명사로 자주 사용되지는 않는다. 고려시대에는 이상세계를 상징하는 용례 외에 금강산의 이칭으로 봉래를 쓴 예가 없다. 조선시대에 들어오면서 문인들이 수많은 금강산 시를 남기며 금강산을 봉래로 빗대어 표현하기 시작한다. 문인들의 시에 나타난 봉래의 용례가 매우 방대하여 일별할 수 없으나, 대부분 금강산을 이칭하는 명사가 아니라 선계나 유토피아 등 쉽게 가볼 수 없는 신비로운 세계의 은유적 표현으로 쓴 것이다.

삼신산은 道敎의 상징적 공간으로 표현되기도 한다. 도교는 한국에서 깊이 자리 잡지 못했으나 15세기 失勢한 士人들에 의해 一群의 仙派가 형성되게 되는 가운데, 16세기 修練道敎가 유행하게 된다.[69] 그러므로 이시기 仙家의 행적이나 仙道 수행방법에 대한 鄭礥(1506~1549)의『龍虎秘訣』, 郭再祐(1552~1617)의『養心要訣』, 趙汝籍의『靑鶴集』과 같은 책들이 편찬된다. 간혹 조선시대 도교의 유행과 연관지어 16세기 금강산이 종교적 의미의 도가사상에 근거한 삼신산으로서 새로운 표상성을 획득했다는 주장도 있다.[70] 도교를 신봉하는 사람들이 신선술을 수양하기 위한 공간이나, 신선이 살고 있을만한 공간 중 하나로 금강산을 지명했을 수는 있다. 그러나 금강산이 도교라고 하는 종교적 색채의 공간으로 그 표상성을 확립했다고 일반화 시킬 수 있는 확증적 사료는 드물다. 15~16세기 사람들이 금강산을 선계로 표현한 기록들은 무수히 많지만, 금강산을 봉래로 칭하면서 도교의 공간으로 적시한 기록은 찾아보기 힘들다. 앞서 언급했지만 봉래라는 대부분의 표현은 도교라는 종교적 공간으로서의 금강산 보다는 세속을 초월한 일반적인 유토피아의 공간으로

---

69) 한영우,「청학집 해제」,『癸園史話』, 아세아문화사, 1976, 166쪽 ; 차주환,『한국도교사상연구』, 서울대학교출판부, 1997, 61쪽.

70) 龍野沙代,「金剛山 傳說의 文獻傳承 硏究－宗敎的 表象性을 中心으로－」, 서울대학교박사학위논문, 2013, 123~130쪽.

표현하고 있다는 점이다. 이는 조선시대 사람들이 도교를 신봉해야 할
하나의 종교로 인식하기도 했지만, 대부분의 사람들과 유자들은 도가사
상을 종교가 아니라 학문과 탐미의 대상으로 생각했기 때문이다. 그러므
로 조선시대의 도교는 억압받던 불교보다도 성행하지 못했고, 오히려 유
자들이 연구대상으로 삼는 학문으로 유행하였다. 유자들에게 遊仙詩가
상당수 창작되는 것도[71] 이러한 배경이 있는 것이다. 조선시대 도교와
도가사상은 종교와 학문으로 명백히 구분되어 설명되어야 하고, 금강산
을 봉래라고 한 의미도 이러한 맥락 속에서 이해하고 파악하여야 하는
것이다.

　금강산은 도교와 상관없이 이미 삼국시대부터 선산으로 인식되어왔
다. 가령 동해안과 금강산에서 수련한 신라의 花郞 4명을 '四仙'이라고
칭한 것과, 고려시대 이곡이 "이미 금강산은 예전부터 仙山으로 불려왔
다."고[72] 한 사례에서 찾아 볼 수 있다. 조선시대 금강산 유람자나 금강
산과 관련된 기록을 남긴 대부분의 사람들은 유자들이었다. 이들은 자신
들의 산수유기나 시문 등에서 금강산의 경치를 '洞天'·'洞府'로 칭송하
면서 신선세계로 표현하고 있다. 심지어 사람들 사이에서 금강산을 유람
하는 것은 仙籍에 이름을 올리는 것이라 할 정도였다.[73] 이는 대부분 금
강산의 신비로운 경치에 대한 찬양의 표현이었다. 특히 조선시대에 오면
유자들은 학문적 근거를 유가사상에 두면서 내면으로는 현실적이고 공
리적인 것을 떠나 초현실적이고 환상적 사상을 탐미하는 경향이 두드러
지게 나타난다.[74] 그리고 스스로 '儒仙'이라 자처하며 신선의 삶을 추구
하는 경우도 많았다. 이들 대부분은 도교 신봉자들이 아니었다. 이는 도

---

71) 정민, 「16,7세기 유선시의 자료개관과 출연 동인」, 『한국 도교사상의 이해』, 아세
　　아문화사, 1990.
72) 『稼亭集』 권6, 碑, 「金剛山長安寺重興碑」. "昔東方人未之始知 而指爲仙山".
73) 『白湖全書』 권34, 雜著 「楓岳錄」. "世云遊楓岳者 謂可以登名仙籍".
74) 판수제, 「송순의 도가적 한시 연구」, 『아세아문화연구』 34, 2014, 270쪽.

교라는 종교적 관념에 의해서라기보다는 당시 유자들이 현실에서의 질
곡과 갈등을 극복하고자하는 탈속의 의미를 도가사상에서 찾았다. 당시
유자들에게 산수는 세속을 초월한 이상세계를 꿈꾸게 하는 공간이었다.
산수를 선계로 상징하는 題材나 배경으로 표현한 것이다.

홍여하는 대장부의 바램인 「志願設」을 쓰면서 금강산에 올라 큰 뜻을
펼친 적이 있다고 술회했다. 여기서 "동해의 봉래 풍악산은 진실로 중국
의 시인과 도사들이 유람하기를 바랐지만 그러지 못했던 곳이다."라고[75]
설명하고 있다. 홍여하는 금강산의 이칭으로 풍악산을 사용하고 앞에 봉
래를 첨언하여 금강산을 선계로 상정하고 있다. 尹愭(1741~1826)도 從叔
沈壽錫의 『東遊錄』 서문을 써주면서 "지금 공이 봉래 풍악산을 유람하
여"라[76] 하였다. 홍여하와 마찬가지로 봉래를 금강산의 선계 부여를 위
해 사용하고 있는 것이다.

주지하다 시피 금강산은 고려시대부터 중국에 유명세를 타고 있었으
나 봉래산이라는 명칭으로는 알려지지 않았던 것으로 보인다. 이정구가
明使 熊化에게 보낸 書簡을 보면 금강산을 다음과 같이 설명하고 있다.

> 小邦에는 본래 명산이 많은데 금강산이 으뜸입니다. 이 산은 일명 봉래산
> 이라고도 하며, 杜甫의 시에 "방장산은 삼한 저편에 있다"라고 한 것은 또 다
> 른 이름입니다.[77]

이정구는 웅화가 1609년(광해군 원년) 조선에 사행을 왔을 때 接賓
수행관으로 임명되어 서로 시문을 많이 酬唱했다. 이정구는 웅화에게 수
창한 시문을 엮은 『皇華集』과 자신이 금강산을 유람하며 썼던 시첩을

---

75) 『木齋集』 권6, 記 「遊楓嶽記 丁酉九」. "而東海上蓬萊楓嶽 固中國騷人道流所願遊
而不得者".
76) 『無名子集』 文稿 冊1, 「沈從叔壽錫東遊錄序」. "今公之遊蓬萊楓嶽也".
77) 『月沙集』 권34, 簡帖 「答熊天使化己酉儐接時」. "蓋小邦素多名山 而金剛山爲最 一
名蓬萊山 老杜所謂方丈三韓外者 此其一也 其一名則金剛".

등사해 함께 보내면서 서간을 보냈는데, 여기서 금강산이 봉래산으로 불린다고 부연설명을 해 놓고 있다. 금강산의 명성은 명나라에 익히 알려져 있었다. 그리고 웅화는 삼신산 중 하나가 봉래산이라는 것은 당연히 알고 있었을 것이다. 그런데 이정구는 웅화에게 금강산의 이칭이 봉래산이라 설명해 주고 있다. 여기서 이정구가 삼신산에 나오는 봉래산이 바로 조선의 금강산이라는 의미로 쓴 것인지, 봉래산과 같은 선계로 그렇게 지칭한 것인지의 분명한 의도는 알 수 없다. 다만, 중국 사람들에게 봉래산은 자신들의 나라에 전설로 내려오는 삼심산 중의 하나로만 인식하고 있었고, 조선의 금강산을 봉래산으로 인식하거나 부르지 않았기 때문에 설명해 준 것으로 보인다. 즉 금강산을 봉래산이라 부르는 것은 조선에서만 그리했던 것이다. 그나마도 <도표 1>의 조선시대 금강산 산수유기 제명 사용례에서 보듯이 봉래가 제명으로 사용된 예도 매우 희소하다. <도표 1>에서 제시한 조선시대 산수유기 중 봉래를 제명으로 사용한 예는 <표 5>와 같다.

<표 5> 조선시대 금강산 산수유기 題名 중 봉래 사용례

작 자	생 몰 년	작 품 명	문 집 명	출 처
成海應	1760~1839	「遊蓬萊山日記」	『研經齋全集』	국립중앙도서관
張錫胤	18C~19C	「遊蓬萊」	『肯堂藁』	국립중앙도서관
李裕元	1814~1888	「蓬萊秘書」	『林下筆記』	한국문집총간

또한 조선시대 대부분의 유자들은 금강산을 불세계를 대신하여 도교의 공간으로 인식하거나 또한 그렇게 만들기 위해 봉래로 칭하지 않았다. 朴世堂(1629~1703)은 아래와 같은 시를 지어 봉래와 금강의 명칭을 道家와 불가에서 말하는 臆說로 비판하며 풍악이라 쓰고 있다.

오악과 십주와 삼십육동천이여　　　　　五嶽十洲三十六洞天

풍악이 아득히 창해 동쪽에 있지만 저 셋보다 뛰어나네

楓嶠邈在滄海東獨絶彼三方

도사들은 모두 봉래인가 했고 　　　　　道流俱疑是蓬萊

승려들은 금강이라 전해 왔었지 　　　　浮屠傳信爲金剛

도사와 승려 모두 억설을 따랐으니 　　二者皆從胸臆說

버려두고 우선 묘망함에 부쳐 두노라 　麾之且可付杳茫…後略…78)

黃景源(1709~1787)도「靈源石記」에서 금강산을 도가에서 말하는 봉래산이라 칭하는 것은 잘못된 것이라며 비판을 가하였다. 또한 황경원은 이 글에서 불가의 명칭인 금강산도 사용하지 않고 풍악으로 쓰고 있다. 1744년 이조정랑이 되어 동쪽 사신으로 갔을 때 풍악산에 직접 올라보고, 楊士彦(1517~1584)이 鉢淵 석벽에 새긴 '蓬萊島'를 신랄히 비판했다. 풍악산은 도가에서 말하는 봉래산이 아니므로, 양사언의 '봉래도'는 천하의 웃음거리라고 했다. 그리고 '봉래도'에 반박하기 위해 1753년 안변부사로 부임했을 때, 승려들에게 여러 바위에 풍악산이라 새기도록 함과 동시에 靈源洞에 세워놓게 했다. 그리고 오래된 습속에서 나온 풍악이라는 이름이 있으므로 도가의 봉래로 고칠 필요가 없다고 강변했다.79) 금강산 명칭의 대안으로 봉래가 아니라 풍악을 써야한다는 것이다.

양사언은 회양군수로 있을 때 금강산을 자주 유람하였다. 발연 석벽의 '봉래도'뿐만 아니라 만폭동 금강대에도 '疎桐泠泠風佩淸淸'·'蓬萊楓

---

78)『西溪集』권3, 詩 後北征錄「長安寺 次月沙韻 贈僧美」.

79)『江漢集』권10, 記「靈源石記」. "楓嶽山 在淮陽府東一百六十里 人人皆可得而至焉 然道家以楓嶽山謂之蓬萊 豈信然邪 世稱楓嶽永郞岾 有笙簫聲 隱隱往來 盖永郞東游楓嶽 可千餘年 笙簫聲 至今往來 元碑云指爲仙山 此之謂也 其後府使楊士彦 入鉢淵 刻于石壁曰蓬萊島 亦見其妄也 …中略… 今 上二十有一年 景源以吏曹佐郞 奉使東方 躋毗盧之峰 窺眞珠之淵 臨銅柱而望春城 則楓嶽山 非道家所謂蓬萊也 彼楊氏 刻於石壁者 豈不爲天下笑邪 …中略… 後十年 景源出守安邊府 復入楓嶽 刻諸石曰楓嶽之山 命山僧 立于靈源 盖欲駁楊氏之刻也 自古茲山 多楓樹 其爲號也 雖出於樵童牧豎之相傳 然因其俗 不去故號而已矣 又奚用道家蓬萊而改之邪".

嶽元化洞天'··'萬瀑洞'라는 글을 새겨놓았다.80) 이 글은 매우 유명해져서
후대 사람들의 금강산 산수유기에 이 각자가 반드시 언급되었다. 그리고
이 글씨 옆에 다른 유람자들도 무수히 많은 글을 새겼다. 1631년 申翊聖
(1588~1644)이 금강산을 유람할 때 만폭동의 금강대 돌 위에 새긴 이름
들을 보고 너무 많아 다 적지 못할 지경이었다고 한다.81) 만폭동은 1631
년 이미 유람자들이 새긴 글씨가 무수히 많았음을 알 수 있다. 금강산에
각자를 유행시킨 것은 양사언으로부터 비롯된 것이라 해도 과언이 아니
다. 1738년 금강산을 유람한 朴聖源(1697~1767)의 기록에 의하면 金壽增
(1624~1701)도 만폭동 양사언의 글씨 옆에 八分體로 '天下第一名山'이라
는 각자를 남겼고, 금강문 이후부터는 고금의 시나 글씨들로 인해 완전한
바위가 없었다고 한다. 그리고 특히 양사언의 글씨 뒤에는 유람자들의 글
씨가 더욱 빼곡히 쓰여 있어 후에 오는 자들이 쓸 자리가 없을 정도였다
고 했다. 박성원도 일행들과 함께 금강문에 글을 써서 새겼다.82) 이 양사
언의 글씨는 많은 사람들에 의해 회자되었고, '봉래'라는 석각으로 인해
금강산이 봉래산으로 불리게 되는데 큰 일조를 하였으므로 황경원은 양
사언을 신랄히 비판한 것이다. 그러나 양사언이 금강대에 새긴 '蓬萊楓
嶽元化洞天'에서 보듯이 봉래라고만 쓰지 않고 풍악이라는 명칭을 쓰고
있다. 또한 석각을 하면서 금강이라는 명칭도 쓰지 않았다. 양사언이 자
연을 애호한 풍류객이었고, 儒仙의 면모를 풍기기는 했으나 이는 당시
유자들에게서 쉽게 찾아볼 수 있는 모습이었다. 황경원의 비판처럼 양사
언이 금강산을 도교의 종교적 공간으로 만들기 위해 의도적으로 봉래를
석각한 것은 아니다. 양사언은 금강산의 이칭으로 풍악을 새겨놓았고,
그 앞에 아름다운 선계임을 상징하는 뜻으로 봉래를 새긴 것이다.

---

80) 『林下筆記』 권37, 蓬萊秘書「香爐峯 萬瀑洞 十潭 鶴臺 普德窟」. "石面刻曰 疎桐泠
     泠風佩淸淸 又曰 蓬萊楓嶽元化洞天 又曰 萬瀑洞 皆楊蓬萊筆".
81) 『樂全堂集』, 권7, 記「遊金剛內外山諸記」. "石上所刻名字不可勝記".
82) 김용곤 外 譯, 『조선시대 선비들의 금강산 답사기』, 혜안, 1998, 274~278쪽.

<사진 1> 만폭동 양사언 刻字, 일제강점기사진엽서, DMZ박물관

봉래라는 금강산의 이칭은 도교의 공간으로 표상화하기 위해 전적으로 사용한 것은 아니었다. 대부분 세속을 초월한 선계의 의미로 사용되었다. 금강산을 선계로 상징하기 위한 題材나 배경으로 봉래라는 명칭을 사용한 것이다. 또한 불교식 이름의 비판에 대한 대안도 아니었다. 불세계라는 부정적 이미지에 대한 명칭의 대안으로는 풍악을 주로 사용했다. 그리고 금강산을 이칭하는 대표 고유명사로도 거의 사용되지 않았다. 즉 금강산을 봉래라고 한 것은 주로, 사람들이 이상향으로 생각하는 아름답고 신비로운 공간인 유토피아와 같은 곳임을 은유적으로 상징하기 위한 것이었다.

6. 맺음말

역사적으로 금강산의 명칭은 크게 상악·금강·봉래·풍악·개골로 불렸음이 확인된다. 이 중 상악·풍악·개골은 불교가 수용되기 이전 금강산의 고유 명칭으로 사용되었다. 상악은 『삼국사기』 제사조에 실려 있고, 경덕왕 16년(757) 이전부터 사용되어진다. 『삼국사기』와 조선후기 사대부들의 고승을 통해서 볼 때 가장 처음 '국가공명'으로 사용되었음이 확인된다. 상악은 『삼국사기』 이후 사용되지 않다가 조선후기 유자들 사이에서 다시 고증되기 시작한다. 불교식 이름으로 고착된 금강이란 명칭에 대한 유자들의 오랜 비판 속에서 묻혀 있었던 상악이라는 명칭이 다시금 거론되고 금강산의 원 명칭으로 고증된다. 그럼에도 상악이라는 명칭은 현재까지 사장되고 있다.

개골과 풍악은 고려전기까지 꾸준히 사용되었고, 풍악보다는 개골이라는 명칭이 더 많이 사용되었다. 고려후기 금강이라는 이름이 보편화되면서 두 명칭은 거의 사용되지 않았다. 조선시대에 들어오면 문사들의 시문 내용에 개골과 풍악이라는 명칭은 계속 등장하고 있으나, 금강이라는 명칭에 가려져 시문의 대표 제명으로는 잘 사용되어지지 않는다. 이 두 명칭은 가을·겨울 등 특정 계절에 나타나는 형상에 따라 각각 붙여진 이름이 아니다. 돌산으로 이루어져 있는 지세와 단풍나무가 많이 자라고 있는 모습 등 계절을 불문하고 산 자체에서 풍기는 형승에 따라 붙여진 이름이다. 산이 가지고 있는 가장 자연스러운 본연의 모습을 표현한 명칭이다.

금강은 불교의 수용 이후 『화엄경』에 나오는 담무갈보살이 상주하는 산으로 인식되어 붙여진 이름이다. 12세기부터 금강산은 담무갈보살의 상주처로 인식되었고, 14세기 후반 불교성지로 큰 명성을 얻었다. 그러므로 14세기 후반부터는 산의 명칭 또한 금강으로 보편화되었다. 조선시대에도 금강산은 대내·외로 불세계로 명성을 떨치고 있어 금강이라는 이름은 더욱 확고부동한 위치를 점하였다. 조선의 유자들에게 거부감을 주고 비판의 대상이 되었지만 이미 금강이란 명칭으로 확립되어 대부분 금강이라는 명칭을 수용하고 따랐다.

봉래는 고려시대까지 이상세계 표현을 위한 것 외에 금강산을 이칭하는 명사로 쓰인 예가 없다. 조선시대에 들어오면 문인들이 시문에서 금강산을 봉래로 빗대어 표현하기 시작한다. 봉래라는 금강산의 이칭은 도교의 공간으로 표상화하기 위해 전적으로 사용한 것은 아니었다. 대부분 세속을 초월한 선계의 의미로 사용되었다. 금강산을 선계로 상징하기 위한 소재나 배경으로 봉래라는 명칭을 사용한 것이다. 그리고 불교식 이름의 비판에 대한 대안으로 사용한 것도 아니었다. 불세계라는 부정적 이미지에 대한 명칭의 대안으로는 풍악을 주로 사용했다. 금강산을 이칭하는 대표 명사로도 거의 사용되지 않았다. 즉 금강산을 봉래라고 한 것은 이상향으로 생각하는 아름답고 신비로운 공간인 유토피아와 같은 곳임을 은유적으로 표현하기 위한 것이었다.

제3장 유람문화가 그려낸 紀行寫景圖의 사료적 가치
- 金弘道의 「낙산사도」를 중심으로 -

1. 머리말

낙산사는 2005년 4월 양양산불로 인해 소실되어 2009년 10월에 복원이 완료되었다. 낙산사의 복원은 발굴조사를 통해 나타난 유구의 배치를 기초로 하고, 김홍도가 1788년(정조 12) 어명으로 관동지역을 奉命寫景한 「낙산사도」를 모델로 이루어졌다. 발굴로 드러난 적심석의 위치 등을 토대로 상부 가람배치 모습을 추정한 결과, 김홍도의 「낙산사도」에 그려진 건물배치가 가장 흡사한 것으로 밝혀졌다.

김홍도는 정선과 함께 조선 후기를 대표하는 화원으로 진경산수·풍속·초상·영모·사군자·기록화·불화 등에 이르는 모든 畵材에 능통했던 인물이다. 특히 정조의 후원 속에서 조선적 특성이 두드러진 화풍을 확립하였다. 일찍이 나이 30~40대에 명성이 알려졌고, 당대 명사들로부터 최고의 화가로 극찬 받았다. 특히 풍속화에서 이룬 업적만큼이나 한국 산천의 모습을 사실성의 바탕 위에 담아낸 김홍도의 진경산수는 당시 화단이나 후배 화가들에게 미친 영향이 크다.[1] 김홍도의 화풍은 선배 화가였던 沈師正(1707~1769)·姜世晃(1713~1791)·李隣祥(1710~1760)의 영향을 받았다. 진경산수 화풍은 정선의 영향을 받긴 했으나 독창적인 자기 양식을 세웠다.[2] 김홍도의 「낙산사도」는 조선후기에 유행하였던 진

---

1) 오주석, 「김홍도의 생년과 생애에 관한 소고」, 『공간』, 1995, 2~3쪽.
2) 이동주, 「단원 김홍도-그의 생애와 작품-」, 『우리나라의 옛 그림』, 학고재, 1995,

경산수의 영향을 받아 사실정신에 바탕을 두고 그려진 것이다. 진경산수화 중에서도 자신이 직접 유람하고 경물을 마주하며 그린 기행사경도이다.

　김홍도의 「낙산사도」에 의한 낙산사 복원이 가지는 의미는 단순히 그림에 나타난 형태가 발굴조사 결과의 가람배치 형태와 흡사하다는 것만은 아니다. 기행사경도가 사실성에 가까운 기록화로서 회화사적 가치를 갖는 동시에 역사적 사료로서의 활용 가치를 지니고 있다는 의미이기도 하다. 그러나 그림 속에 나타나 있는 정보를 분석하여 사료화 시키는 작업을 통해 어떤 점이 사실과 가까운지를 입증한 연구는 이루어지지 않고 있다. 이러한 의미에서 김홍도의 「낙산사도」에 의한 낙산사 복원은 그가 그린 기행사경도가 실경에 가깝고, 역사적 사료로 활용할 수 있는 효용성을 지니고 있다는 사례이기도 하다.

　본 글에서는 김홍도가 관동지역 기행사경도를 제작하는 배경과 과정을 살펴보고, 「낙산사도」에 의한 낙산사 복원이라는 實例를 통해 기행사경도의 사실성을 밝혀보고자 한다. 그리고 「낙산사도」가 담고 있는 내용을 분석하여 이 그림이 가지는 사료적 가치와 효용성을 고찰해보고자 한다.

2. 김홍도의 관동지역 奉命寫景

　기행사경도는 실제적으로 본인이 유람을 통해 현장에서 마주한 경승을 그리는 것이므로 사실성과 현장성이 뚜렷한 그림이다. 기행사경도는 조선후기 정선에 의해 정립된 산수화풍인 진경산수에 속하지만, 진경산수보다는 좀 더 현장감 있는 기록성이 강조된다는 일면도 가지고 있다.

164~212쪽.

정선의 진경산수화는 종래의 중국 그림을 臨摹하는 등의 관념 산수에
서 벗어나 조선에 실제로 존재하는 산수를 소재로 한 것이 가장 큰 특징
이다. 또한 자신이 직접 기행사경한 산수를 그렸지만, 단순히 외형묘사
에 그친 寫景으로써의 의미보다는 실경의 회화적 재구성을 통하여 경관
에서 받은 가흥과 정취까지 화폭에 표현했다는데 그 특색이 있다. 이러
한 정선의 화풍은 조선시대 화가들이 추구하고자 했던 傳神寫照의3) 영
향이 반영된 것이라 볼 수 있다. 정선의 진경산수화가 화가들이 직접 여
행을 하면서 그 대상을 화폭에 담아내는 기행사경도를 유행시킨 것은 분
명하다. 그러나 정선의 친구이자 문인화가인 趙榮祏(1688~1761)이 정선
의 기행사경도인 「丘壑帖」에 붙인 跋文에 보면 정선이 영동과 영남의
다른 산을 같은 필법으로 비슷하게 그린 점을 지적하고 있다. 정선의 그
림은 실경의 묘사에 중점을 두기보다 자신의 화풍을 중심으로 그림을 그
리고 있음을 말해준다.

> 내가 본 元伯[정선]이 그린 금강산의 여러 화첩에는 모두 두 자루의 붓끝
> 을 뾰족이 세워서 쓸어내리는 듯 亂柴皴으로 그렸는데, 이 화권 또한 그러하
> 니, 어찌 영동과 영남의 산형이 같을 수 있겠는가?4)

정선의 진경산수화풍은 실경을 표현하는데 모범이 되는 기본적인 화
법이긴 하였지만, 정선 이후 18세기 문인화가인 심사정·이인상·金允謙
(1711~1775)·강세황 등에 의해 좀 더 정경의 사물을 사실적으로 그리는
것을 강조하는 진경산수가 유행하였다. 정선의 화풍은 후대 화원들에 의
해 형식화된 경향을 나타내면서 18세기 말엽에 이르러 비판의 대상이

---

3) 형상의 사실에 기초 하면서 정신까지 표출[傳神論]하는 '以形得似'의 畫論이다. 이
   화론은 중국 인물화의 최고로 불리는 東晋 顧愷之의 초상화 이론에서 나온 것이다.
   이 이론은 조선시대 화가들이 초상화뿐만 아니라 모든 그림에 반영하고자 했다.
4) 『觀我齋稿』 권3, 「丘壑帖跋」. "然余見元伯所爲金剛諸山帖 皆以兩筆竪尖掃去 作亂
   柴皴 是卷亦然 豈嶺東嶺南山形故同歟".

되었다. 김홍도의 스승이자 문인화가였던 강세황이 정선과 심사정의 「금
강산도」를 비교하며 이들의 그림에서 나타난 진경의 한계를 지적한 글
에서 볼 수 있다.

> 이 산이 생긴 이래로 제대로 그려낸 사람이 없다. 근래 정겸재와 심현재가
> 잘 그리기로 유명하고 각각 그린 적이 있다. 정선은 평생 익힌 능숙한 필법으
> 로 마음먹은 바를 거침없이 그려냈는데 바위의 기세나 봉우리를 막론하고 裂
> 麻皴法으로 일관하여 亂寫하였으니 寫眞의 부족함이 있다. 심사정이 정선보
> 다 나은 편이지만 폭넓고 높은 시각이 없다. 내가 그려보고 싶지만 붓이 생소
> 하고 손이 서툴러 그릴 수가 없다.[5]

강세황은 금강산이 생긴 이래로 아직까지 제대로 그려낸 사람이 없다
고 하였다. 정선의 「금강산도」는 진경의 사실성이 부족하다고 지적하고,
심사정의 그림은 정선의 그림보다 낮지만 폭넓은 시각이 부족한 것으로
평가하고 있다. 이는 강세황 본인이 유람하면서 직접 본 금강산 실제의
모습과 정선과 심사정이 기행사경으로 그린 「금강산도」가 사실과 다르
다고 인식하고 있는 것이다. 이들의 그림에 사실적인 모습이 결여되어
있다는 한계를 지적하면서 실제 경관과 부합되는 사실적인 기법을 강조
했다.

강세황이 지적한 정선의 사실성 결여와 심사정의 폭넓은 시각의 부족
은 김홍도에 의해서 보완 발전되었다. 김홍도는 강세황이 지적한 당시
산수화의 단점을 보완하여 스승인 강세황의 원근법과 명암법 등의 서양
화법을 도입하고, 사실성을 바탕으로 보다 현장감 넘치는 기행사경도를

---

5) 『豹菴遺稿』 권4, 記 「遊金剛山記」. "而自有此山 未有畫成者也 近世鄭謙齋 沈玄齋
素以工畫名 各有所畫 鄭則以其平生所熟習之筆法 恣意揮麗 毋論石勢峯形 一例以
裂麻皴法亂寫 其於寫眞 恐不足與論也 沈則差勝於鄭 而亦無高朗之識恢廓之見 余
雖欲寫 筆生手澁 不能下筆". 이 글에서 사용한 『표암유고』 번역문은 김종진 외
譯, 『표암유고』(지식산업사, 2011)에서 전재하였음을 밝혀둔다.

제작하였다.6) 김홍도의 기행사경도에 나타난 사실적인 화풍은 19세기
화단에서 李寅文(1745~1821)·林得明(1767~?)·趙廷奎(1791~?)·李維新·
李在寬(1783~1837)·劉淑(1827~1873) 등의 화가들에게로 이어지면서 계
승되었다.

현장성과 사실성이 강조되는 기행사경도가 유행하게 된 배경을 정선
의 진경산수화의 영향으로 파악하려는 시각이 지배적이지만 조선시대
유람의 유행과 밀접한 관련이 있다.

조선후기 유람이 유행하면서 사대부들은 유람을 하면서 자신들의 감흥
을 읊은 산수유기와 후일의 감상을 위해 정경을 화첩으로 남겨 놓기도 했
다. 최립은 간성군수 재임시절 흡곡현령으로 와있던 韓濩(1543~ 1605)등
과 함께 금강산 유람을 하였고, 한호는 이 유람을 기념하기 위해서 화공
을 시켜 병풍을 제작하였다. 이는 최립의『簡易集』에 실려있는「關東勝
賞錄跋」에 나와 있는 다음과 같은 기사를 통해 알 수 있다.

> 우리 공은 굳이 먼 곳에서 관광하기 위해 일부러 여기를 찾아올 필요도
> 없이, 백성의 풍속을 살필 겸 자연스럽게 경내의 길을 따라 오면서, 山海와
> 각 지역의 승경을 두루 거쳐 오는 동안, 빈객이며 자제들과 함께 감상하고 시
> 를 읊는 등, 그 사이에서 싫도록 즐기지 않은 것이 하나도 없었다. 그러고는
> 또 匠人에게 명하여 이때의 광경을 그림으로 묘사하게 한 뒤, 특별히 하나의
> 병풍으로 만들어서 장차 집안에 보관해 두고는 뒷날 생각나는 대로 언제나
> 볼 수 있도록 하였으니, 이는 그야말로 옛사람이 말한바 "나의 거소에는 어느
> 때이고 간에 산이 없는 때가 없다"고 한 그 흥취가 바야흐로 끝없이 이어지게
> 끔 한 것이라고 하겠다. 그렇다면 우리 공이야말로 이미 快와 要의 두 요소를
> 모두 소유하여 누리게 되었다고 해야 하지 않겠는가.7)

---

6) 이태호,『조선후기 회화의 사실정신』, 학고재, 1996, 82~83쪽.
7)『簡易集』권3, 跋「關東勝賞錄跋」. "孰若吾方伯韓公遵觀風之路 無枉轡之勤 而歷
   領嶺海若干區之勝 賓客子弟從於賞詠 無不厭飫乎其間 旣而命工描寫 別作一屛 將
   藏弄以爲後日觀 古人所云吾居未嘗無山者 殆無窮已矣 豈不已快且要也哉".

한호는 자신이 본 금강산을 후일에 감상하기 위해서 화첩이나 병풍형태로 남겨서 소장하였다. 어렵게 시간을 내어 산수를 찾아 유람한 여정을 글로 표현하거나 그림으로 남겨두고자 했던 것이다.

조선시대 사대부들은 누구나 조선의 仙境을 유람하며 풍류를 즐기고 싶어 했다. 그러나 유람은 많은 비용도 소요되지만 시간이 여의치 않거나 나이가 들어 거동이 불편한 사람들은 가기가 매우 힘들었다. 이러한 이유로 선대 유람자들이 남겨놓은 산수유기를 읽거나 그림을 보고 간접 체험을 하는 臥遊의 풍속이 유행하였다.

당시 와유의 자료로 가장 많이 읽혔던 것은 산수유기였다. 그러나 실경을 보지 못한 사람이 읽었을 때는 상상하는 것에 그치므로 현장을 실감 있게 보여주기에는 한계가 있다. 이로 인해 좀 더 사실적인 와유체험과 현장을 손쉽게 눈으로 볼 수 있는 산수화가 와유체험에 애용되었다.8) 18세기는 유람의 붐이 조성되면서 산수유기의 작성은 물론 금강산과 관동지역에 편중되는 기행사경도 제작이 급증하기 시작했다. 정선의 진경 산수화풍의 영향도 있겠지만, 기행사경도는 산수유기가 표현하지 못하는 부분까지 畵面에 담아내어 와유체험 도구로써의 활용이 증가했기 때문이다. 강세황은 본인이 금강산을 직접 보고 작성한 「유금강산기」에서 다음과 같이 말하고 있다.

> 산을 유람하는 자들은 시를 지었는데, 혹은 어느 봉우리, 계곡, 사찰, 암자 등으로 시제를 삼아 각기 한 편씩 지어 여행 일기와 같이 만든다. 그러나 마치 旅程日錄 같아 '일만이천봉'·'玉雪錦障'이란 구절은 천편일률적이라 눈으로 볼 수 없는 지경이다. 이러한 시를 읽고 이 산을 보지 못한 사람으로 하여금 산중에 있는 듯 느끼게 할 수 있겠는가? 형용을 비슷하게 나타내는 것은 오직 遊記가 가장 낫다고 하지만 어떤 사람은 장황하게 말이 많아 두터운 두루마리만큼 작성하고, 세간의 속설이 반복되어 보이니 사람을 더욱 지겹게 한

---

8) 이종묵, 「조선시대 臥遊文化 연구」, 『진단학보』 98, 2004, 89~92쪽.

다. 오로지 회화 한 가지가 만분의 일이라도 형용을 잘 할 수 있어 후일 와유가 될 수 있건만 이 산이 생긴 이래로 제대로 그려낸 사람이 없다.[9]

강세황은 산수유기가 와유체험을 할 수 있는 좋은 자료이긴 하나, 그보다 회화가 가장 낫다고 역설하고 있다. 천편일율적으로 장황하게 반복되는 유기보다는 회화가 사물의 실제적인 모습을 만분의 일이라도 잘 표현할 수 있으므로 와유체험을 하기에 가장 적합한 것으로 보고 있는 것이다.

조선시대 유람과 와유체험의 성행은 18세기 기행사경도가 유행하게 된 하나의 배경으로 작용하였고, 기행사경도가 와유의 도구로 유행하게 되었음을 알 수 있다. 뿐만 아니라 이 시기에 유람을 하는 대부분의 사대부들은 화가를 대동하여 자신이 마음에 드는 정경을 그림으로 그리도록 하는 풍속까지 생겨났다.[10] 문인화가들이 산수 유람을 떠나 직접 기행사경도를 제작하기도 하였지만, 직업 화가들을 유람에 동참시켜 기행사경도를 주문하여 그리기도 했다.

김홍도가 관동지역의 기행사경도를 그리기 시작한 것은 1788년 정조의 명에 의해서였다. 이때 김홍도의 나이 44세 때의 일이다. 趙熙龍 (1789~1866)의 『壺山外史』에 의하면 정조는 이때 각 고을에 명을 내려 기행사경을 떠나는 김홍도 일행을 經筵에서 모시는 대신처럼 대접하라고 각별한 지시까지 하였다.[11] 정조는 당대 최고의 화원이었던 김홍도의 그림을 통해 자신이 직접 가보지 못한 금강산을 비롯한 관동지역의 경승을 보고자 한 것이었다. 즉, 김홍도의 기행사경도를 통해 조선 최고

---

9) 『豹菴遺稿』 권4, 記 「遊金剛山記」. "余謂遊山者 輒有詩 或一峰一壑 一寺一菴 拈以爲題 各有一篇 有若行程日錄 萬二千峰玉雪錦障之句 萬口雷同 不堪寓目 試讀此等詩 其能使未見此山者 如身在此山中杏乎 若論髣髴形容 其惟遊記最勝 然或者鋪張太過 積成卷軸 俚談俗說 層見疊出 尤令人厭看 只有繪畫一事 差可形容萬一 爲後日臥遊 而自有此山 未有畫成者也".
10) 고연희, 『조선시대 산수화-아름다운 필묵의 정신사-』, 돌베개, 2007, 173쪽.
11) 『壺山外史』, 「김홍도전」.

의 유람지인 관동지역을 와유로 즐기고자 했던 것이다.

정조의 명에 의해 김홍도가 관동지역으로 기행사경을 떠난 것은 강세황의 『표암유고』의 「送金察訪弘道金察訪應煥序」와 「유금강산기」를 통해 자세히 알 수 있는데 내용은 다음과 같다.

우리나라의 영동은 大海에 닿아 산들이 무리지어 있고, 특히 절경이 기이하니 맑고 그윽하며 깊고 오묘함은 다다르는 곳이 모두 그러하지만 그중 9군은 팔경으로 더욱 이름났다. 무신년(1788) 가을, 찰방 김홍도와 찰방 김응환이 그림으로써 한 시대에 이름을 떨치더니 임금의 특명을 받들어 영동을 두루 다니며 산천을 그렸다. 무릇 중요한 관문과 평탄하고 험한 곳을 막론하고 전부 그려냈다. 다만 경치의 특이함만을 그린 것이 아니므로 매우 대단한 일이었다. 이때 마침 내 아들이 수령으로 있는 회양 관아에 가 있었는데 두 김군이 9군으로부터 와서 장차 다시 금강산으로 들어가려고 하므로 나도 함께 가게 되었으나 혼자 노쇠한 까닭으로 끝까지 찾아다니며 유람하지 못하고 회양 관아로 돌아왔다.12)

무신년(1788) 가을, 아들이 회양 수령으로 와있어 나도 관아에 따라가 있었다. 이 산은 회양의 땅이고 관아에서 백삼십리 떨어져 있었다. 그때에 마침 김찰방 응환과 김찰방 홍도가 영동 9군의 명승을 두루 여행하며 매번 지나는 곳마다 그 뛰어난 경치를 그리더니 장차 이 산에 들어가고자 했다. …중략… 9월 13일 관아를 출발해 두 김군과, 셋째 아들 儐, 서자 信, 친구 任希養·黃奎彦과 新倉을 향해 출발했다. …중략… 16일 밤 두 김군이 백탑동을 갔다 온 후 여러 사람과 함께 표훈사에서 잤다. 17일 우리들은 관아로 바로 돌아오고 두 김군은 유점사로 향했다. 약속하기를 여러 명승을 두루 다닌 후에 마땅히 회양관아로 돌아오기로 하였다'.13)

---

12) 『豹菴遺稿』 권4, 序 「送金察訪弘道金察訪應煥序」. "我國之嶺東 濱於大海 羣山叢萃 特絶詭異 淸幽深奧 到處皆然 其中九郡 尤以八景稱 戊申秋 金察訪弘道 金察訪應煥 以工於繪事 擅一代之名 特奉上命 歷遍嶺東 圖繪山川 凡於關隘夷險 莫不摸寫 不但爲景物之殊 甚盛事也 余於是時 適到兒子淮陽府衙 金君兩人 自九郡來 將又入金剛 余遂與偕行 獨以老衰不能窮搜遍覽而先歸淮衙".

13) 『豹菴遺稿』 권4, 記 「遊金剛山記」. "至戊申秋 兒子拜淮陽倅 余乃追到府衙 而山爲淮之地 距府治爲一百三十里 時適有金察訪應煥 金察訪弘道自嶺東九郡 遊歷名勝

정조는 도화서 화원이었던 金應煥(1742~1789)을 김홍도와 함께 보냈다. 이 두 사람이 관동지역으로 기행사경을 한 것은 烏竹軒 방명록인 『尋軒錄』과 海雲亭 방명록인 『海雲亭歷訪錄』을 통해서도 알 수 있다. 두 방명록 모두에 두 사람의 이름이 나란히 기록되어 있다.

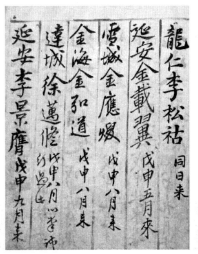 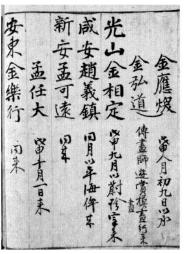

<사진 1> 『심헌록』에 기록된 김홍도·김응환   <사진 2> 『해운정역방록』에 기록된
김홍도·김응환

두 사람은 1788년 기행사경을 위해 영동을 유람하던 중 강릉의 오죽헌과 해운정도 방문했다. 오죽헌은 8월, 해운정은 8월 9일에 방문한 것으로 날짜가 구체적으로 기록되어 있다.

두 사람은 먼저 영동의 경승지와 관동팔경을 두루 사생하고 금강산에 갔다. 이때 김홍도의 스승인 강세황은 아들이 수령으로 있는 회양에 와 있었다. 김홍도는 강세황 등과 함께 금강산을 유람하며 그림을 그렸는

每於所過 圖寫其勝槩 將入是山 …中略… 乃於九月十三日離衙 與兩金及季兒儐 庶
子信 任友希養 黃君奎彦 發向新倉 …中略… 夜分兩金自百塔來 與諸人同宿表訓
十七日吾輩直還衙中 兩金轉向楡店 約以遊歷諸勝 當還向淮衙云”.

데, 강세황은 노환으로 김홍도 일행과 끝까지 여정을 같이 하지 못하고
금강산으로 출발한지 4일 만에 헤어졌다. 여기서 강세황은 두 사람이 돌
아갈 때 회양관아에 들러 가기를 원하고 있는데, 이들이 사경한 그림을
보기 위해서였다. 이는 앞서 살펴본 「송김찰방홍도김찰방응환서」를 통
해 알 수 있다.

> 김군 등은 10여일이 지난 뒤에 돌아왔는데, 그 행장을 살펴보니 전·후 합
> 하여 100여 폭에 달하였다. 두 김군은 각기 장점을 살려 혹은 우아하며 웅건
> 하고, 울창하면서도 빼어난 풍치에 이르기도 하고, 혹은 곱고 수려하고 섬세
> 하여 교묘한 모양을 다하였으니, 우리나라에서 전에 없던 神筆이다. 혹자는
> 이르기를 산천에 신령이 있다면 반드시 그들이 세밀한 것까지 그리지 않음이
> 없고, 모두 드러내서 숨을 데가 없어진 것을 싫어했을 정도라 했는데, 이는
> 결코 그렇지 않다. 무릇 사람들이 초상화를 그려 그 정신을 전하고자 할 때는
> 예를 갖추어 좋은 화가를 맞아 만약 그 모사를 능히 끝까지 하여 머리털 한
> 가닥이라도 똑같이 묘사할 때 비로소 기뻐하고 즐거워 할 것이다. 나는 이에
> 산천의 신령이 그 모습대로 옮겨 그린 것을 반드시 좋아하고, 오히려 정신을
> 전한 것이 매우 닮아 있음을 좋아할 것이라 생각한다.14)

위의 사료들을 종합해 보면 김홍도 일행은 회양 관아를 출발한 4일만
에 금강산 표훈사에서 강세황과 헤어지고, 서로 헤어진지 10일 만에 관아
로 돌아 왔으므로 약 14일간 금강산을 그린 것이다. 강세황은 이들이 그린
100여 폭의 그림을 보면서 묘사의 세밀함과 사실성을 극찬하고 있다.

김홍도가 그린 관동지역의 御覽用 기행사경도는 화재로 소실되어 현재
전하고 있지 않다.15) 徐有榘(1764~1845)가 『林園經濟志』에서 자신이 김홍

---

14) 『豹菴遺稿』 권4, 序 「送金察訪弘道金察訪應煥序」. "金君輩追還於十餘日之後 搜其
橐 合前後爲百餘幅 兩君各擅其長 或遒雅雄健 極薈蔚森秀之致 或妍媚穠麗 盡纖細
巧妙之態 均爲吾東前所未有之神筆也 或者謂山川有靈 必嫌其摸寫之曲盡搜剔 殆無
隱遁 此有大不然者 凡人之欲傳神寫照者 禮邀良工 若能極其傳摹 無一髮不似 則方
得快意喜樂 吾於是獨以爲山川之靈 必不嫌其摸寫之盡態 而樂其傳神之酷肖也".

15) 文一平(1888~1939)에 의하면 김홍도가 정조에게 어람용으로 바쳤던 두루마리 본

도의 기행사경도를 실제로 보았다는 내용을 통해 정조에게 바친 어람용 그림은 수십 丈 길이의 두루마리로 만들어진 眞彩本 대작이었음을 알 수 있다.

> 김홍도는 호가 단원으로 그림을 잘 그렸는데 …중략… 일찍이 어명을 받들어 비단 화폭을 가지고 금강산에 들어가 연 50여일을 머물면서 일만이천봉과 구룡연 등 여러 승경을 모두 가려 뽑아 잘 살펴보고 그것을 형상으로 그려 수십 丈 길이의 橫卷으로 만들었다. 채색이 품격 있고 운치 있으며 붓놀림이 세밀하니 화원체의 金碧山水라 하여 소홀히 볼 수 없다.'16)

김홍도의 어람용 기행사경도는 서유구가 말한 두루마리 본 이외에 『海山帖』이라고 불리는 화첩이 따로 있었다. 순조가 정조의 사위이자 자신의 매제인 洪顯周(1793~1865)에게 『해산첩』을 주었다. 홍현주의 작은형인 洪吉周(1786~1841)의 「題檀園海山帖後」와 큰형인 洪奭周(1774~1842)의 「書永明弟藏海山畵卷」의 기록을 통해 알 수 있다.

> 금강산은 천하 장관이다. 우리 선왕께서 김홍도에게 명하여 무릇 70장의 화첩 5권을 궁에 소장하였다. 홍도는 호가 단원이니 근세 화사 중 걸출했던 인물이다. 지금 왕께서 기사년(1809)에 이 화첩을 영명도위에게 하사할 것을 명하였으니 영명위는 나의 동생이다.17)

> 내 동생 世叔(홍현주의 字)은 일찍이 부마가 되어 학문에 뜻을 두었어도 조정에 나아갈 수 없었다. 그 대신 서화를 매우 좋아하여 소장하고 있는 두루마리가 수백 권을 헤아린다. …중략… 하루는 김홍도가 그린 『해산도』를 얻어 내게 보이는데 김군은 얼마 전에 유명했던 화사였다. 또한 이 화첩은 우리

그림이 궁중에서 화재로 소실되었다고 한다(홍선표, 『조선시대 회화사론』, 문예출판사, 1999, 476쪽).

16) 『林園經濟志』, 「怡雲志」 권6, 藝翫鑒賞下 名畫 附 東國畵帖.

17) 『表聾乙幟』 권5, 雜文記五 題跋 「題檀園海山帖後」. "海嶽 天下之壯觀也 我先王命 金弘道畵之 凡七十葉爲五卷 藏秘府 弘道號檀園 近世畵師之傑也 今上己巳 命以是 帖 賜永明都尉 尉余弟也".

선왕께서 명하여 그리게 한 것이니, 이런 고로 화첩 끝에 題를 달고 이참에 이 방면으로 나아가 힘쓸 것을 말한다.[18]

『해산첩』은 70폭 5권으로 구성된 것을 알 수 있고, 순조가 이 화첩을 홍현주에게 하사한 것이 1809년(순조9)이었음을 알 수 있다. 이 『해산첩』으로 보이는 그림이 1995년에 공개되었다.[19] 이 그림은 세간에 공개된 후 『금강사군첩』 또는 『금강산화첩』으로 불리고 있는데, 여기서는 『금강산화첩』으로 쓰고자 한다. 『금강산화첩』은 5권 60폭으로 구성되어 전하고 있다. 멸실된 것으로 추정되는 10폭은 홍석주가 『해산첩』에 붙인 시에서 확인되는 청허루·천연정·영랑호·정양사 4점과 『해산첩』을 임모했다고 생각되는 이풍익의 『東遊帖』의 신계사·옥류동·유점사·만폭동·단발령 5개 작품, 미술사가인 이동주 선생이 확인한 비선대이다.[20] 그러나 『금강산화첩』이 홍현주가 순조로부터 하사 받았던 『해산첩』인지의 여부에 대해서는 아직 확실하게 밝혀진 바는 없다.[21] 다만, 『금강산화첩』에 수록되어 있는 그림들은 경관이 섬세한 필치로 묘사되고, 실물감을 자아내고 있어 강세황이 회양 관사에서 김홍도와 김응환이 그린 금강산 초본을 보고 신필이라고 극찬했던 평과 부합되는 점 등을 미루어 미술사가들은 김홍도의 원작 구도를 완벽히 보존하고 있는 작품이라는 데에는 異見이 없다.[22] 또한 화폭마다 찍힌 가짜 인장과 화제의 글씨도 김홍도의 필

18) 『淵泉集』 권20, 題跋[上] 「書永明弟藏海山畵卷」. "吾弟世叔 早以儀賓選 志學而未就 顧酷嗜書畵 所蓄以累百卷計 …中略… 一日得金君弘道所畵海山帖以示余 金君固近古之名畵師也 而玆帖又我先朝所命畵者 於是始爲之題其卷端 而仍道其進於是者以勸焉".
19) 「단원 김홍도 탄신 250주년 기념 특별전」, 국립중앙박물관, 1995.
20) 오주석, 『단원 김홍도』, 솔출판사, 2006, 주)218번 참조.
21) 오주석(위의 책, 2006, 231~235쪽)과 유홍준(『화인열전』 2, 역사비평사, 2001, 239쪽)은 현전하는 『금강산화첩』이 김홍도가 어람용 그림제작을 위해 그린 초벌그림이라 보았다.
22) 김응환도 어람용 그림을 왕에게 바쳤을 것이나 현재 그 여부는 확인된 바 없고,

체가 아니므로 작품에 문제가 제기되었지만 이점이 오히려 진작일 가능성이 있다고 보는 연구자도 있다. 어람용 작품에는 화원의 인장을 찍지 않는 것이 상례이고 지명을 적을 때도 작품 밖에 부전지를 쓰므로 이러한 현상은 도첩이 분리 매매되면서 덧붙여진 것이기 때문이라는 것이다.23)

그러나 강세황과 서유구의 기술에서는 약간의 상이점이 있다. 강세황의 「유금강산기」 내용으로 볼 때는 김홍도 일행이 회양관아에 도착해 금강산을 그린 기간은 14일에 불과하나, 서유구의 『임원경제지』에서는 약 50여 일간 금강산을 그린 것으로 나타난다. 이 점에 대해서는 아직까지 언급된 바가 없다. 강세황의 기록에 나타난 14일은 김홍도 일행이 금강산만을 그린 일수이다. 서유구가 본 김홍도의 수십 丈 어람용 그림은 금강산뿐만 아니라 영동지방 기행사경도가 포함되어 있었을 것이므로, 여기서의 50일은 영동지방과 금강산 모두를 그리기 위해 머물렀던 기간으로 보아야 할 것이다. 『금강산화첩』에 수록되어 있는 60폭의 그림과 멸실된 것으로 추정되는 10폭의 그림을 통해 김홍도 일행의 관동지역 기행사경 여정을 추측하여 보면 <표 1>과 같다.

<표 1> 김홍도 일행의 기행사경 여정

경유지	그 림
도성 출발 ⇒	
원주	淸虛樓
평창	淸心臺·月精寺·史庫·上院·中臺
강릉	大關嶺·丘山書院·天然亭·鏡浦臺·湖海亭
동해	凌波臺·武陵溪
삼척	竹西樓

김용환이 김홍도와 여행하면서 그린 기행사경도로 추정되는 화첩이 개인소장으로 따로 전해오고 있어 『금강산화첩』이 김홍도의 그림이라는데 더욱 신빙성이 있다 (유홍준, 앞의 책, 2001, 241쪽).

23) 오주석, 앞의 책, 2001, 224쪽 도판 해설.

경유지	그림
울진	望洋亭·聖留窟
평해	月松亭
	울진 ⇒ 삼척 ⇒ 동해 ⇒ 강릉
양양	洛山寺·觀音窟
속초	土王瀑·臥仙臺·繼祖窟·飛仙臺
고성	淸澗亭·永郞湖·懸鍾巖·帶湖亭·海山亭·海金剛前面·海金剛後面·三日浦
통천	甕遷·門巖·叢石亭·喚仙亭
흡곡	侍中臺
안변	駕鶴亭
회양	斷髮嶺·麥坂·翠屏巖
(內·外) 금강산	長安寺·明鏡臺·門塔·證明塔·靈源巖·鳴淵·三佛巖·白華庵浮屠·表訓寺· 正陽寺·圓通庵·須彌塔·萬瀑洞·黑龍潭望普德庵·噴雪潭·眞珠潭·摩訶衍· 妙吉祥·隱仙臺望十二瀑·曉雲洞·船潭·楡岾寺·馳瀑·神溪寺·玉流洞·飛鳳 瀑·九龍淵·五松臺·萬物草
회양	―
김화	披襟亭
	⇒ 도성 도착

※ 경유지는 현재의 행정지명임

　이를 종합해 보면 김홍도 일행이 어명을 받고 영동지방과 금강산을 기행사경한 날짜를 추측해 볼 수 있다. 앞서 『해운정역방록』의 기록과 같이 강릉의 해운정을 방문한 날짜가 음력 8월 9일이다. 강세황의 기록에도 김홍도 일행은 강릉·삼척 등 영동지방의 경승을 먼저 그린 후에 금강산으로 갔다고 하였다.

　금강산을 그린 후 회양관아에 도착했을 때가 음력 9월 27일 이다. 그리고 『금강산화첩』에 피금정 그림이 있는데, 피금정은 금강산 유람객들이 회양에서 도성으로 오고가는 길목인 金城24)에 있으므로 돌아가는 길에 그린 것으로 보인다. 또한 김홍도는 관동지역의 기행사경을 마치고

---

24) 현재 북강원도 金化郡.

도성에 돌아와 있다가 1788년 11월 충주 충렬사에 봉안할 임경업장군의 초상화를 그리라는 어명을 받고, 같은 해 11월 20일부터 작업에 들어간 다는 기록이 있는 것으로 보아[25] 강세황과 헤어지고 곧 바로 도성으로 출발한 것으로 보인다. 금강산에서 도성으로 돌아오면서 피금정을 그린 것을 김홍도 일행의 마지막 여정으로 잡고, 강세황이 금강산 그림을 일 람하는 날로부터 50일을 소급 계산해 보면 관동지역 기행사경의 기간은 대략 1788년 음력 7월~ 9월까지로 볼 수 있다.

3. 「낙산사도」의 사실성과 사료적 효용성

2005년 4월 5일 양양 산불로 소실된 낙산사의 원통보전 및 주변 회랑 복원사업 등이 2009년 10월에 완료되었다. 앞서 살펴본 김홍도의 기행 사경첩인 『금강산화첩』에 수록된 「낙산사도」를 근간으로 복원되어 그 림의 사실성이 부각되었다. 복원을 위한 발굴조사 결과 가람배치 구조가 김홍도의 「낙산사도」와 가장 가까운 것으로 나타났다.

낙산사는 의상대사에 의해 671년(문무왕11) 창건된 이래 2005년 양양 산불까지 10번의 화재를 겪었던 것으로 보인다. 최근 양양 산불 직전에 사찰 전체가 소실된 것은 6·25전쟁시기이다. 6·25전쟁 이전인 1930년에 는 사찰 일부가 소실되었다는 기록이 있고, 1777년(정조 1)에 대화재로 원통보전을 제외한 전 堂宇가 소실되었다. 1777년 소실된 낙산사는 운 학스님에 의해 중창되었으며, 1777년~1895년 사이에는 화재의 기록은 나타나지 않는다.[26]

---

25) 오주석, 앞의 책, 2006, 235~234쪽.
26) 『乾鳳寺及乾鳳寺末寺史蹟』, 「洛山寺史蹟」, 1928(한국학문헌연구소 편, 『乾鳳寺本 末事蹟』 영인본, 아세아문화사, 1977, 117~120쪽) ; 국립문화재연구소, 『낙산사발

<표 2> 낙산사 화재 기록

시 기	화재기록 내용
786년(원성왕2)	화재로 인하여 사찰 대부분 소실
10C중엽	들불로 관음보살상, 정취보살상 봉안 불전을 제외한 사찰 대부분 소실
1489년(성종20)	산불로 관음전 소실
1631년(인조 9)	화재로 사찰 소실
1643년(인조 21)	화재로 사찰 소실
1777년(정조 1)	원통보전을 제외한 전 堂宇 소실('원통보전'이란 명칭이 처음 나타남)
1895년(고종 32)	승당이 불에 타자, 선학스님이 중건함
1930년	화재로 사찰 일부 소실
1950년	한국전쟁으로 사찰 전체 소실
2005년	양양 산불로 사찰 전체 소실

양양 산불로 낙산사가 소실된 이후 복원을 위한 발굴조사는 2005~ 2006년 사이 2차례에 걸쳐 국립문화재연구소에서 실시하였다. 1차 발굴 조사는 금당지(원통보전)를 조사하였고, 2차는 양양 산불 이전에 사용하던 근행당·취숙헌·무설전·범종각 등이 있던 금당지와 사천왕문 사이의 사역 구간을 조사하였다. 2005년 산불이전에 존치되어 있던 건물들은 6·25전쟁 으로 사찰이 전소된 이후 중창된 것들이다.

금당지에는 본 건물지 1기, 칠층석탑 좌·우에 각각 1기의 건물지가 확인되었다. 출토유물인 명문기와 및 막새 등의 편년을 통해 밝혀진 금 당지의 변화 시기는 <표 3>과 같이 크게 5시기로 구분되었다.[27]

기타 사역구간에서는 조선후기 낙산사 가람배치를 밝힐 수 있는 8기 의 건물지가 확인되었다. 8기의 건물지는 6·25전쟁으로 소실된 이후 복

___

굴조사보고서』 본문, 2008, 31쪽 ; 사찰문화연구원, 『낙산사』, 1998, 39~44쪽. 이후 낙산사 발굴성과와 유물분석 등은 동 발굴보고서를 참고하였다.

27) 국립문화재연구소, 위의 보고서, 310쪽 .

원되어 양양 산불로 소실되기 이전까지 사용되던 건물 바로 밑에서 확인
된 최초의 건물지이다.

<표 3> 금당지 변화시기

변화기	시 기	고고자료
V	10C중엽~1404년	연화문 수막새, 당초문 암막새, 귀목문 암·수 막새
IV	1467년~1489년	成化三年(1467)銘 기와
III	1631년~1778년	崇禎(1628~1644)年銘 기와
II	1854년~1953년	―
I	1953년~2005년	―

현전하는 「낙산사도」를 정리하면 <표 4>와 같은데, 이 구간에서 발견된
적심석 등의 위치를 통해 지상부의 가람배치 형태를 가늠해 볼 때 김홍도
의 「낙산사도」에 그려진 가람배치가 가장 유사한 것으로 밝혀진 것이다.

<표 4> 현전하는 「낙산사도」[28]

작 자	제작년도	화 첩 명	크 기	소 장 처
未 詳	1747년경	『關東十境帖』[29]	견본채색, 31×22cm	서울대 규장각
鄭 敾	1753년경	『海嶽八景』[30]	지본채색, 56×43cm	간송미술문화재단
	1676~1759	『金剛山八景』	?	다보성고미술전시관
		扁面에 그림	지본수묵, 22×63cm	국립중앙박물관
許 佖	1709~1761	『關東八景圖屛』	지본담채, 85×42.3cm	선문대학교박물관
金允謙	1711~1775	―	苧本담채, 30×38cm	개인

28) 본 도표에 수록한 「낙산사도」의 목록은 필자가 낙산사 복원과 관련된 자료, 기타
   미술사 관련 논문자료에서 확인되는 것들을 참고하여 작성하였다. 이 그림들 외에
   현전하는 「낙산사도」가 더 있을 것으로 사료되지만 소장처 파악의 한계성으로 인
   해 누락된 것들이 있을 수도 있음을 밝혀 둔다. 그림의 年記가 확인되는 것들만
   제작시기를 기록하고 나머지는 제작년도에 작자의 생몰연대를 기입하였다. 민화
   성격의 그림은 제외하였다.
29) 이 도첩을 그린 사람은 알지 못하나, 도첩의 제작은 1745년 강원도 관찰사로 부임

작 자	제작년도	화 첩 명	크 기	소 장 처
朴師海	1711~1778	『關東圖屛』	지본담채, 55×30cm	개인
金有聲	1764	『山水花鳥屛』	견본담채, 168×70cm	日本 靑見寺
金弘道	1788	『金剛山畵帖』	견본담채, 30×43cm	개인(임모)
		『海東名山圖帖』	지본담채, 30×21cm	국립중앙박물관 (임모)
居然堂	18C(?)	『關東八景圖屛』	지본담채, 85×42cm	선문대박물관
金夏鍾	1816	『海山圖帖』	견본담채, 30×43cm	국립중앙박물관
未 詳	19C	『關東名勝帖』	지본담채, 33×44cm	국립춘천박물관 (임모)
未 詳	?	―	지본담채, 50×29cm	경기대박물관
未 詳	?	―	지본담채, 31×56cm	낙산사

<사진 3> 발굴이 완료된 낙산사 모습(2006년)

1777년~1950년 사이에는 화재로 인해 낙산사가 全燒된 기록이 없고, 1950년대 이후의 건물들은 기존 건물지의 적심석 등을 활용하여 중창하였기 때문에 발굴조사로 결과 확인된 건물지의 상한을 정조대까지 소급해 볼 수 있다. 낙산사 화재의 기록과 발굴조사로 확인된 유구의 형태를 종합해 보면 1788년 김홍도가 사경한 「낙산사도」는 1777년 사찰이 전소된 이후 운학스님에 의해 중창된 이래 약 10년이 지난 이후의 모습이다.

한 金尙星(1703~1755)이 1746년 고을을 순찰할 때 화원에게 그림을 그리게 한 후 知人들에게 회람시키고 시를 짓게 하여 2년 뒤인 1748년에 완성한 것으로 추정된다(김상성 등 著·서울대규장각 역, 『관동십경』, 효형출판사, 1999, 해제).
30) 이 화첩은 정선이 금강산 팔경과 소상 팔경을 그리고, 李匡師(1705~1777)가 畵題를 쓴 두 권짜리 16폭 화첩이다. 2009년 7월에 공개되었다.

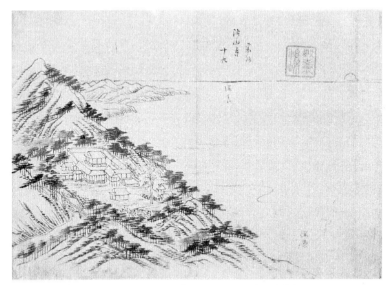

<그림 1> 傳 金弘道, 『海東名山圖帖』 중 「낙산사」,
1788, 지본담채, 30×21cm, 국립중앙박물관

<사진 4> 복원이 완료된 낙산사(2009)

앞의 <그림 1>과 <사진 4>는 김홍도의 「낙산사도」와[31] 2009년 복원
이 완료된 낙산사의 모습이다. 발굴된 유구를 토대로 복원한 부분은 원
통보전을 포함한 회랑과 빈일루이다. 「낙산사도」와 현재 복원된 사진을
대조해 보면 모양과 배치가 일치한다는 것을 쉽게 알아 볼 수 있다.

현전하는 김홍도 이전의 「낙산사도」는 <표 4>와 같이 8폭이 전하다.
가장 이른 시기에 그려진 『관동십경첩』은 낙산사의 모습을 사경한 것이
라 보기 어려울 정도로 주변 자연풍광이 사실과 맞지 않다. 떠오르는 해
의 모습도 다른 그림들과 다르게 정 반대쪽에 그려 넣고, 풍수지리적인
명당 조건에 맞게 산을 인위적으로 그려놓은 듯한 느낌이 강하다. 허필·
김윤겸·박사해의 그림은 낙산사 해안절경을 중심으로 그렸기 때문에 경
내가 잘 드러나 있지 않다.

정선이 그린 「낙산사도」는 모두 현장에서 직접 그린 그림이 아니다.
정선은 1711·1712·1747년 3회에 걸쳐 관동지역을 사생하였다. 1711년
의 『신묘년풍악도첩』 1747년의 『해악전신첩』만 남아있는데,[32] 이들 화
첩에는 「낙산사도」가 실려 있지 않다. 현전하는 정선의 「낙산사도」는
모두 자신이 여행하였던 낙산사를 회고하며 그린 그림이다.[33] 정선의 그
림은 1777년 화재 이전의 낙산사 가람배치를 확인할 수 있는 자료이긴
하나 낙산사 산세의 모습이 실제와 많이 괴리되어 있다. 낙산사의 주봉인
낙가산과 해안의 암석절벽을 실물보다 강조하여 크게 그렸고, 소나무 숲

---

31) 『금강산화첩』에 수록된 「낙산사도」는 개인소장으로 저작권문제가 있어, 본 글에
서는 이 『금강산화첩』을 가장 섬세하게 임모한 것으로 알려져 있는 국립중앙박물
관 소장 『해동명산도첩』의 「낙산사도」를 수록하였다.
32) 정선이 1712년 기행사경한 30점의 그림이 실린 『금강산시화합벽첩』이 제작되었다
는 기록이 문집들에 의해 확인되나 현재에는 전하지 않는다(박은순, 「정선」, 『한국
의 미술가』, 사회평론, 2006, 143~145쪽).
33) 정선의 「낙산사도」는 <표-4>에 제시한 것 이외에도 『낙산사 화재 4주년 회고와
전망』(소장문화재 포럼, 2009, 73쪽)에 정선의 것으로 추정되는 그림 1점이 더 실
려 있으나, 출처가 불분명하여 본 글에서는 포함시키지 않았다.

을 빽빽하게 둘러쳐 놓았다.

김유성의 「낙산사도」는 1764
년 조선통신사를 수행하여 일
본 세이켄지[靑見寺]를 방문했
을 때 주지의 요청으로 그려준
그림이다. 낙가산을 그림 중앙
에 위치시켜 크게 강조하고, 다
른 그림들과 다르게 금당을 2
층으로 묘사하였다. 금당 정면
에서 바라보는 바다 쪽의 산을
생략시켜 바다가 바로 보이는
구도를 취하고 있어 실제 모습
과는 많이 다르다.

<그림 2> 金有聲, 『山水花鳥屛』 중 「낙산사」,
1764, 견본담채, 168×70cm, 日本 靑見寺

이러한 현상들은 작가가 그
림을 그릴 때 사실묘사에 중점을 두기보다는 자신의 주관과 화풍을 나타
내려 했기 때문이다. 반면에 김홍도의 「낙산사도」는 사찰 건물의 모습뿐
만 아니라 주변 산세도 지금의 모습과 가장 흡사하다. 정선이 강한 필선
과 진한 먹을 사용한데 비해 김홍도는 부드럽고 섬세한 필치와 연한 채
색을 사용하였다. 수평선과 바다의 잔잔한 모습에서 새벽 바다의 사실적
인 일출을 느끼게 해 준다.

조선시대 도화서 화원들은 직업 화가로써 의궤·어진 등의 궁중 기록
화 등을 담당하였고, 화원들이 그린 어람용 그림은 화가의 주관보다 사
실에 가깝도록 그리는 조형성을 가지고 있다는 특징이 있다.[34] 『금강산
화첩』의 「낙산사도」가 사실적인 것은 어람용으로 그린 것이기 때문에
자신의 화풍과 개성을 표현하기 보다는 있는 그대로를 묘사하고자 했던

---

34) 오주석, 앞의 책, 2006, 224쪽 도판 해설.

것이다. 정조가 김홍도에게 그림을 그려오도록 한 것은 그림을 통해 실
경을 체험해 보고 싶어 했기 때문이다. 김홍도는 왕이 자신에게 그림을
그려오도록 한 목적을 분명히 의식하고, 사진에 가까울 만큼 치밀하고
정성을 다한 필치로 그림을 그리되 주관적인 표현을 절제하였다고 보아
야 할 것이다.

　이는『금강산화첩』이나 이를 가장 섬세하게 임모한『해동명산도첩』
의 「총석정도」와 김홍도가 금강산을 여행한 7년 뒤인 1759년에 鹽商이
자 譯官으로 자신을 후원하여 준 한양의 최고 갑부 金漢泰에게 개인적으
로 그려준『을묘년화첩』의 「총석정도」를 서로 대조해 보면 알 수 있다.

　『을묘년화첩』의 「총석정도」는 본인이 금강산을 사경한 것을 회고하
여 그린 것인데,『해동명산도첩』의 것과는 전혀 다른 구도를 보여주고
있어 사생 당시의 인상을 변모시킨 것을 알 수 있다.

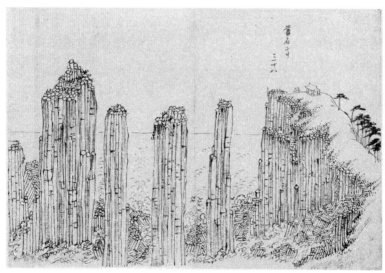

<그림 3> 傳 金弘道,『海東名山圖帖』중 「총석정」,
1788, 지본담채, 30×21cm, 국립중앙박물관

총석정에는 四仙峯이라 불리는 4개의 돌기둥이 있다. 『해동명산도첩』
의 것은 사선봉을 4개로 충실히 표현하였는데 반해, 『을묘년화첩』은 사
선봉을 6개로 그리고, 총석정의 건물배치도 달리했다. 섬세한 표현 보다
는 굵고 강한 필치와 수묵의 농담구사를 통해 자신의 주관적인 감흥과
개성을 뚜렷하게 담으려 하였다. 1796년 단양지방을 기행사경한 『병진
년화첩』에 실려 있는 그림들도 실경을 그대로 묘사하기 보다는 현장에
서 느낀 감흥을 담아 자신의 주관적인 화풍으로 나타냈다.[35]

    김홍도는 만년부터 거칠고 강한 필선과 생략적 표현의 산수화를 그리
게 된다. 오히려 「총석정도」는 김홍도가 만년에 그린 『을묘년화첩』의
것보다 정선이 1711년 36세에 그린 『신묘년풍악도첩』의 「총석정도」가
보다 현장감이 넘친다.

<그림 4> 정선, 『신묘년풍악도첩』 중 「총석정도」, 1711, 견본담채,
36×37.6cm, 국립중앙박물관

---

35) 이태호, 앞의 책, 1996, 88~89쪽.

일찍이 고려말 安軸은 총석정의 시에 次韻하면서 자신이 본 총석정과 주변경관을 다음과 같이 기록해 놓았다.

> 해안에서 십여척 거리에 돌기둥 4개가 서로 떨어져서 물 가운데 서 있는 바 사선봉이라 한다. 전부 가닥돌로 몸체를 이루어 수십 가닥을 합쳐서 한 봉우리가 되었으며 봉우리 꼭대기에는 키가 작은 소나무 한 그루가 서있는데 뿌리와 둥치가 늙고 쭈그러져 나이를 알 수 없다.[36]

이 기록을 보면 당시 사선봉 꼭대기에 오래된 소나무 한 그루가 서 있는 것을 알 수 있다. 총석정을 구경하는 사람들의 눈에는 기암괴석의 돌기둥과 그 꼭대기에서 늙어버린 소나무가 상당히 인상적으로 보였던 것이다. 정선의 「총석정도」는 4개의 돌기둥과 소나무를 그려 넣고, 소나무가 있는 돌기둥을 그림 가운데 배치하는 구도를 취하고 있다. 오히려 김홍도는 총석정을 대면하고 그린 『금강산화첩』에는 소나무를 그려 넣지 않고, 총석정을 회고하며 그린 『을묘년화첩』에는 소나무를 그려 넣었다. 무슨 연유에서인지 현장에서는 소나무를 그려 넣지 않았지만 회고를 통해 다시 그림을 그릴 때 소나무를 그려 넣은 것을 보면 김홍도도 이 소나무에 대한 인상이 깊었던 것으로 생각된다.

이렇듯 『금강산화첩』의 기행사경도가 유독 섬세하고 현장감이 강하게 나타나는 것은 김홍도의 사실적 화풍의 영향도 있었겠지만 작가의 주관이 절제됨으로 인한 것이다. 역설적으로 같은 작가가 동일한 장소를 그린 기행사경도 하더라도 『금강산화첩』의 그림이 사실성에 가장 가까운 것은 작가의 의도보다 어명에 의한 타의성이 강하게 작용한 것이다.

이 밖에도 김홍도의 「낙산사도」가 그려진 시기가 1788년이라는 것은 앞서 살펴본 『표암유고』·『심헌록』·『해운정역방록』 기록 외에도 1777년

---

36) 『謹齊集』 권1, 詩 「次叢石亭詩韻」. "又去岸十餘尺 有四石柱 離立水中 稱爲四仙峯 皆以條石爲體 合數十條爲一峯 峯上有矮松一株 根幹老蠖 不知年紀".

낙산사 화재 기록과 그림 자체에 나타난 홍예문의 모습이 이를 더욱 뒷받침 해 준다. 김홍도의 「낙산사도」에 나타난 홍예문의 모습은 그림이 그려진 시기뿐만 아니라 홍예문 문루의 건립유무도 파악해 볼 수 있다.[37]

홍예문은 1467년 세조가 직접 낙산사에 행차하였을 때 왕명에 의해 당시 강원도 내 소속 26개 고을에서 석재를 하나씩 각출하여 만들었다고 한다. 2005년 양양산불로 소실되기 전까지 홍예문 위에는 1963년에 세워진 문루가 남아있었다. 그런데 1963년 이전 문루의 건립 시기는 세조가 홍예문을 만들었을 때인지 그 이후인지 밝혀진 바가 없고, 또한 언제 문루가 소실되어 1963년에 다시 복원되었는지도 밝혀진 바가 없다. 『조선고적도보』에도 문루가 보이지 않아 1950년 6·25전쟁으로 사찰이 전소되기 전까지도 문루가 없었던 것으로 확인된다.

현전하는 「낙산사도」에서 유일하게 홍예문 문루가 그려져 있는 것은 김유성의 그림 1폭 뿐이다. 정선·허필·김윤겸·김사해의 「낙산사도」는 홍예문 자체가 나타나 있지 않아 문루의 존재를 알 수 없고, 김홍도의 「낙산사도」에는 홍예문은 있으나 문루가 없는 것을 볼 수 있다. 김유성의 「낙산사도」가 그려진 1764년부터 김홍도의 「낙산사도」가 그려진 1788년 사이에 이 문루가 없어 진 것을 알 수 있다. 이는 앞서 살펴본 1777년 낙산사의 화재와 관련이 있는 것이다. 1777년 낙산사 화재 기록은 1928년 만해 한용운이 쓴 『乾鳳寺及乾鳳寺末寺史蹟』의 「낙산사사적」에 나타나는데, 화재로 인해 원통보전을 제외한 전 당우가 소실되었다고 전한다.[38] 이때 홍예문의 문루가 소실된 것으로 보인다. 그림 상 문루의 존재는 1777년 낙산사 화재의 기록과 김홍도가 화재 이후의 낙산사 모습을 그렸다는 것을 뒷받침해 주는 근거가 된다.

---

37) 이외에도 정선·김홍도·김하종의 「낙산사도」에는 경내의 석탑이 그려져 있지 않은 것이 특이한 점이다. 이 점에 대해서는 아직 명확한 자료가 파악되지 않아 다음의 과제로 넘기고자 한다.

38) 주 26)의 『乾鳳寺及乾鳳寺末寺事蹟』 참조.

<그림 5> 傳 金弘道, 『海東名山圖帖』 중 「관음굴」,
1788, 지본담채, 30×21cm, 국립중앙박물관

　　1777년 당시 낙산사 화재의 원인을 정확히는 알 수 없으나 홍예문의
문루는 산불로 인해 소실되었을 가능성이 크다. <표 2>에서 보듯이 낙산
사 화재 원인이 나타나는 것은 10세기 중엽 들불, 1489년(성종 20) 산불
의 기록이다. 영동지방은 봄의 고온 건조한 기후와 국지풍으로 인한 영
향으로 대형 산불이 자주 발생하는 지역이다. 영동지방의 대형 산불과
관련된 과거 기록은 『조선왕조실록』에 지속적으로 나타나고, 현재까지
도 그 현상이 이어지고 있다. 홍예문과 원통보전은 약 50m이상 이격되
어 있어 원통보전 부근의 건물에서 난 화재가 홍예문까지 번지기는 어려
웠을 것으로 보인다. 건물에서 난 화재가 산불로 번졌거나, 산불이 근원
이 되어 원통보전을 제외한 건물과 산 사이를 통과하도록 만든 홍예문의
문루가 소실되었을 가능성이 크다.39) 米點皴을 사용해 숲의 모습을 풍

---

39) 낙산사는 축조시기가 명확하지 않은 五峯山古城(낙산산성이라고도 함)이 경내를 둘

부하고 강하게 그린 정선의 「낙산사도」에 비해 김홍도의 「낙산사도」와
「관음굴도」에 나타난 숲은 나무를 많이 채우지 않고, 여백을 많이 두었
음을 볼 수 있다. 그림에 나타난 이러한 현상은 1777년 산불로 인한 낙
산사의 숲 모습이 반영된 것이라 생각된다.

<그림 6> 金夏鐘, 『海山圖帖』 중 「낙산사」, 1816, 견본담채, 30×43cm, 국립중앙박물관

　또한 앞서 언급했듯이 홍예문의 건립은 기록으로 전하는 것이 있으나
문루는 어느 시점에 건립되었는지 문헌기록으로는 알 수 없다. 문루의
존재가 확인되는 김유성의 「낙산사도」 이전에 그려진 『관동십경첩』의
「낙산사도」에는 문루가 없는 것이 확인된다. 『관동십경첩』은 1745년 강

───────────────

　　러싸고 있다. 오봉산고성은 土石混築의 包谷式 산성으로 봉우리와 봉우리를 연결하
　　여 축조되었다(강원문화재연구소, 『문화유적분포지도−양양군−』, 2003, 163쪽). 홍
　　예문은 이 성곽을 통과하여 낙산사 경내를 진입할 수 있도록 만들어 놓은 문이다.

원도 관찰사로 부임한 김상성이 1746년 고을을 순찰하면서 화원에게 그림을 그리게 한 후 知人들에게 회람시키고 시를 짓게 하여 2년 뒤인 1748년에 완성한 것이다. 지금까지 파악할 수 있는 문헌자료와 현선하는 「낙산사도」를 통해서 확인되는 홍예문 문루 건립의 상한시점은 『관동십경첩』이 만들어지는 1746년부터 김유성의 「낙산사도」가 그려지는 1764년 사이가 된다. 김홍도 이후에 그려진 「낙산사도」에는 모두 홍예문은 있으나 문루의 모습은 보이지 않는다.

이 같은 내용들을 통해 확인 할 수 있는 홍예문 문루의 시기별 존재양상을 도식화 시켜보면 <표 5>와 같다.

<표 5> 홍예문 문루의 시기별 존재양상

시 기	존재양상	관련자료
1746~1764	건립 혹은 복원	『관동십경첩』의 「낙산사도」, 김유성의 「낙산사도」
1777년	화재로 소실	『긴봉사급건봉사말사사적』
-	미 복원 상태	김홍도·거연당·김하종 등의 「낙산사도」, 『조선고적도보』
1963	복원	—
2005	산불로 소실	—
2007	복원	—

4. 맺음말

지금까지 김홍도가 관동지역 기행사경도를 작성하게 된 배경과 과정, 김홍도의 「낙산사도」에 의한 낙산사 복원 사례를 통해 기행사경도가 가지는 사실성을 살펴보고, 그림이 담고 있는 내용정보를 분석하여 그림의 사료적 가치와 효용성을 살펴보았다.

김홍도는 정조시대 최고의 화가로 모든 그림의 분야에 능했다. 특히 조선후기 유행했던 진경산수를 보완하여 자신만의 독창적인 화법으로 발전시켰고, 사실에 입각한 산수화풍은 화단에 큰 영향을 끼쳤다. 조선후기에는 진경산수의 영향과 유람 및 와유체험의 유행으로 많은 기행사경도가 제작되었고, 정조도 조선 최고의 유람지인 관동지역의 산수를 그림으로 보고자 김홍도 일행에게 그려오도록 하였다.

김홍도는 김응환과 함께 약 50여 일간 관동지역을 기행사경 하고 수십 장 길이의 어람용 그림을 정조에게 바쳤다. 김홍도의 어람용 그림은 전하지 않지만 이 그림을 그리기 위한 초벌그림으로 보이는 60폭의 그림이 담긴 『금강산화첩』이 전한다. 이 『금강산화첩』에 실려 있는 「낙산사도」와 발굴조사 된 유구를 방탕으로 2005년 산불로 소실된 낙산사가 복원되었다.

복원을 위한 발굴결과 가람배치 양식이 김홍도의 「낙산사도」와 가장 가까운 것으로 나타났다. 다른 기행사경도들은 작가의 주관과 화풍이 반영되어 사실성이 많이 떨어지는데 반해 김홍도의 「낙산사도」는 필치가 섬세하고 사물 묘사에 현장성이 가장 많이 드러나 있음이 확인되었다. 이는 김홍도의 「낙산사도」는 어명에 의해 그려진 그림이기 때문에 작가의 주관이 많이 절제되었기 때문이다.

김홍도의 『금강산화첩』이 그려진 시기는 『표암유고』·『심헌록』·『해운정역방록』 등의 사료에 근거해 1788년으로 확증된다. 문헌기록에 더하여 그림 자체에 나타난 홍예문의 모습과 1777년 낙산사 화재기록이 이 사실을 뒷받침 해준다. 또한 1764년 김유성이 그린 「낙산사도」에는 홍예문은 문루가 있으나 김홍도의 그림에는 문루가 없다. 이는 1777년 낙산사의 화재로 인해 문루가 소실되었기 때문이다. 즉 문루의 존재는 1777년 낙산사 화재 기록을 뒷받침 해주며, 김홍도의 「낙산사도」는 이

화재 이후에 그려진 것을 보여준다.

　이 밖에도 김홍도를 전·후한 시기에 그려진 「낙산사도」의 홍예문 모습을 통해 문루의 시기별 존재양상을 파악해 볼 수 있다. 현존하는 자료와 그림을 통해서 확인되는 문루의 건립(혹은 복원)시기를 1746년~1764년으로 추정해 볼 수 있고, 2005년 산불로 소실되기 이전의 문루는 1777년 화재로 소실된 이후 1963년에 복원된 것임을 알 수 있다.

참고문헌

1. 사료

『嘉梧藁略』,『稼亭集』,『家州集』,『簡易集』,『感樹齋集』,『葛川集』,『江左集』,『江漢集』,『乾鳳寺及乾鳳寺末寺史蹟』,『黔磵集』,『經國大典』,『敬庵集』,『谿谷集』,『高麗史』,『高麗史節要』,『高峯集』,『高宗辛丑進宴儀軌』,『古歡堂收艸詩稿』,『谷口園記』,『谷雲集』,『果齋集』,『關東誌』,『觀我齋稿』,『冠巖全書』,『廣瀬集』,『舊唐書』,『久堂集』,『九思堂集』,『苟全集』,『國朝寶鑑』,『癸園史話』,『謹齊集』,「金剛山記」(趙成夏),『琴易堂集』,『肯堂藁』,『企齋集』,『氣測體義』,『記言』,『樂全堂集』,『洛下生集』,『南溪集』,『南塘集』,『魯西遺稿續』,『論語』,『農廬集』,『農巖集』,『聾巖集』,『茶山詩文集』,『鐔洲集』,『大東地志』,『大山集』,『大典會通』,『德溪集』,『陶菴集』,『桐溪集』,『東國李相國集』,『東文選』,『東史綱目』,『動安居士集』,『童土集』,『萬家譜』,『梅山集』,『梅月堂詩集』,『晩求集』,『勉菴集』,『俛仰集』,『明庵集』,『明齋遺稿』,『木齋集』,『牧隱詩藁』,『夢梧集』,『無名子集』,『渼湖集』,『柏谷先祖詩集』,『白湖全書』,『樊巖集』,『泛虛亭集』,『補閑集』,『奉使日本時聞見錄』,『鳳巖集』,『本事詩』,『本庵續集』,『鳳巖集』,『四佳集』,『史記』,『士農窩集』,『私淑齋集』,『槎川詩抄』,『三國史記』,『三國遺事』,『三峯集』,『三淵集』,『雪橋集』,『象村集』,『西溪集』,『石北集』,『石洲集』,『雪峯遺稿』,『惺所覆瓿藁』,『省菴遺稿』,『性潭集』,『省齋集』,『星湖全集』,『宋子大全』,『修堂遺集』,『守夢集』,『承政院日記』,『詩經』,『新唐書』,『愼獨齋全書』,『新增東國輿地勝覽』,『心田稿』,『尋軒錄』,『陽谷集』,『陽村集』,『於于集』,『與猶堂全書』,『硏經齋全集』,『燃藜室記述』,『淵齋集』,『淵泉集』,『列子』,『吾家山誌』,『五友堂集』,『梧陰遺稿』,『玉潭遺稿』,『玉所集』,『阮堂全集』,『容齋集』,『牛川集』,『雲石遺稿』,『園幸乙卯整理儀軌』,『月澗集』,『月谷集』,『月沙集』,『月下集』,『栗谷全書』,『凝川日錄』,『宜齋集』,『頤齋遺藁』,『臨齋集』,『日省錄』,『林園經濟志』,『林下筆記』,『立齋遺稿』,『丈巖集』,『再思堂逸集』,『樗村遺稿』,『典庵集』,『佔畢齋集』,『正菴集』,『霽湖集』,『朝鮮王朝實錄』,『拙藁千百』,『竹塢集』,『中庸』,『芝山集』,『芝村集』,『進菴集』,

『眞珠誌』,『蒼霞集』,『川沙集』,『淸溪集』,『靑城雜記』,『靑城集』,『淸陰集』,
『靑莊館全書』,『靑泉集』,『秋江集』,『春亭集』,『澤堂集』,『退溪集』,『苔泉集』,
『澤堂續集』,『破閑集』,『八谷集』,『八友軒集』,『平壤志』,『平原合集』,『表礱
乙幟』,『豹菴遺稿』,『豊墅集』,『霞溪集』,『河陰集』,『鶴峯逸稿』,『鶴洲全集』,
『寒岡集』,『寒水齋集』,『閒情錄』,『海雲亭歷訪錄』,『海左集』,『虛白堂詩集』,
『玄谷集』,『玄洲集』,『壺山外史』,『弘齋全書』,『華山集』,『華陽誌』,『後溪集』

2. 단행본

강릉시,『강릉 오죽헌』, 1998.

강명관,『조선시대 문학예술의 생성공간』, 소명출판, 1999.

강원도·강릉시·관동대학교영동문화연구소,『신사임당 가족의 시서화』, 2006.

고연희,『조선시대 산수화－아름다운 필묵의 정신사－』, 돌베개, 2007.

국립문화재연구소,『낙산사발굴조사보고서』, 2008.

국립춘천박물관,『우리의 땅, 우리의 진경 展』, 2002.

권혁진·홍하일·최원석·허남욱 편역,『조선 선비, 설악에 들다』, 인제문화원향
         토사연구소, 2015.

김문기·강정서,『경북의 구곡문화』, 경상북도·경북대학교 퇴계연구소, 2008.

김용곤 外 譯,『조선시대 선비들의 금강산 답사기』, 혜안, 1998.

김정경 편저·배재홍 옮김,『삼척향토지』, 삼척시립박물관, 2016.

김학범,『보고 생각하고 느끼는 우리 명승기행』, 김영사, 2013.

낙산사,『낙산사 화재 4주년 회고와 전망』, 2009.

동해시,『국가지정문화재 명승 제37호 동해 무릉계곡 금석문 3D스캔 기록화사
         업 조사보고서』, 2018.

문화재청,『강릉 오죽헌 실측조사 보고서』, 2000.

박은순,『금강산도 연구』, 일지사, 1997.

박은순 외,『한국의 미술가』, 사회평론, 2006.

박종채(박희병),『나의 아버지 박지원』, 돌베개, 1998.

배재홍,『문헌·금석문 자료로 본 두타산 무릉계』, 동해문화원, 2005.

삼화동파수회,『파수안향토지』, 2015.

사찰문화연구원,『낙산사』, 1998.

서울대규장각 역,『관동십경』, 효형출판사, 1999.

심경호, 『산문기행-조선의 선비, 산길을 가다』, 이가서, 2007.

실시학사고전문학연구회, 『조희룡전집』 5, 한길아트, 1999.

아세아문화사 영인, 『한국사지총서-「유점사본말사지」』, 1977.

안장리, 『한국의 팔경문학』, 집문당, 2002.

오주석, 『단원 김홍도』, 솔출판사, 2006.

오죽헌/시립박물관·강릉원주대학교박물관, 『2018 평창 동계올림픽 개최 기념
　　　　특별전-대관령 높은 고갯길 하늘과 맞닿아』, 2017.

울산대곡박물관, 『자연에서 찾은 이상향 구곡문화-특별전 도록』, 2010.

윤사순, 『新 實學思想論』, 예문서원, 1996.

율곡학회, 『율곡학연구총서』, 2007.

율곡학회, 『영동지방 율곡자료 집성-번역편-』, 2009.

이동주, 『우리나라의 옛 그림』, 학고재, 1995.

이상균, 『조선시대 유람문화사 연구』, 경인문화사, 2014.

이태호, 『조선후기 회화의 사실정신』, 학고재, 1996.

이혜순 외, 『조선중기의 유산기 문학』, 집문당, 1997.

인제군, 『설악산 자연지명 조사연구 학술용역 보고서』, 2014.

林利隆, 『明人的舟遊生活-南方文人水上生活文化的展開』, 明史硏究小組, 2005.

임호민 편, 『강릉시금석문자료집』, 강릉시·관동대학교영동문화연구소, 2003.

전병철, 『청량산산지』, 도서출판이회, 2008.

정민 외, 『한국 도교사상의 이해』, 아세아문화사, 1990.

정항교 역, 『完譯增修臨瀛誌』, 강릉문화원, 1997.

차주환, 『한국도교사상연구』, 서울대학교출판부, 1997.

최강현, 『한국기행문학연구』, 일지사, 1982.

최완수, 『겸재 정선』 2, 현암사, 2009.

최호·임호민 역, 『國譯東湖勝覽』, 강릉문화원, 2001.

허흥식, 『韓國金石全文-中世 下』, 아세아문화사, 1984.

홍선표, 『조선시대 회화사론』, 문예출판사, 1999.

3. 논문

강경희, 「조선시대 東坡 赤壁賦의 수용-赤壁船遊와 赤壁賦 倣作을 중심으로」,
　　　　『중국어문학논집』 61, 2010.

고연희, 「김창흡·이병연의 산수시와 정선의 산수화 비교 고찰」, 『한국한문학연구』 20, 1997.

권동희, 「동해 무릉계곡의 지형관광자원 분석과 평가」, 『한국지형학회지』 20-3, 2013.

권석환, 「중국 전통 游記의 핵심 시기 문제－晩明시기 유람문화와 유기를 중심으로」, 『한국한문학연구』 49, 2012.

기근도, 「우리나라 동천구곡의 지형경관」, 『한국지형학회지』 19-3, 2012.

김덕현, 「전통명승 동천구곡의 연구의의와 유형」, 『경남문화연구』 29, 2008.

김덕현, 「조선시대 구곡문화의 전승과 이상정의 고산구곡 경영」, 『문화역사지리』 23-3, 2011.

김문기·안태현, 「문경지방의 구곡원림과 구곡시가 연구」, 『퇴계학과 한국문화』 35, 2004.

김문기, 「퇴계구곡과 퇴계구곡시 연구」, 『퇴계학과 한국문화』 42, 2008.

김문기, 「고산칠곡 원림과 고산칠곡시 연구」, 『퇴계학과 한국문화』 47, 2010.

김문기, 「금천구곡 원림과 금천구곡시 연구」, 『퇴계학과 유교문화』 55, 2014.

김은자 외, 「樂舞를 통해 본 한·중·일의 문화 비교」, 『한국음악사학보』 42, 2009.

김은정, 「東陽尉 申翊聖의 駙馬로서의 삶과 문화활동」, 『열상고전연구』 26, 2007.

김인규, 「澹寧 洪義浩 「丹邱雜詠」 硏究」, 성균관대학교 석사학위논문, 2007.

김준석, 「兩亂期의 國家再造 문제」, 『한국사연구』 101, 1998.

김창현, 「고려시대 금강산과 그 불교신앙」, 『지역과 역사』 31, 2012.

金 鐸, 「금강산의 유래와 종교적 의미」, 『동양고전연구』 1, 1993.

김풍기, 「동아시아 전통사회에서 명승의 구성과 탄생 : 설악산을 중심으로」, 『동아시아 고대학』 31, 2013.

김학수, 「船遊를 통해 본 洛江 연안지역 선비들의 집단의식:17세기 寒旅學人을 중심으로」, 『영남학』 18, 2010.

김학수, 「船遊를 통해 본 洛江 연안지역 선비들의 학문과 교유:17세기 寒旅學人을 중심으로」, 『유학과 현대』 13, 2012.

김현영, 「한국사에서의 '지방사'－조선시대 읍지편찬에 나타난 지역인식을 중심으로」, 『안동학연구』 3, 2004.

김현정, 「19세기 조선 기행사경도 연구」, 홍익대학교 석사학위논문, 2005.

문광철, 「조선 초기 병가의 시행과 성격」, 『역사와 담론』 47, 2007.

민경준, 「명대 후기 유람의 대중화와 여행정보」, 『동북아관광연구』 8-2, 2012.

박은정, 「금강산의 의미변화와 유자의 시선」, 『동방한문학』 67, 2016.

배인교, 「조선후기 지방 관속 음악인 연구」, 한국학중앙연구원 박사학위논문, 2007.

濱田耕策, 「新羅の祀典と名山大川の祭祀」, 『呴末集』 4, 1984.

서인원, 「『동국여지승람』 편찬경위와 정치적 상황」, 『실학사상연구』 10·11, 1999.

손찬식, 「청학동 시에 표상된 신선사상」, 『인문학연구』 통권68, 2012.

신동섭, 「조선후기 명승에 대한 사실적 인식의 발전:장동김문을 중심으로」, 한국교원대학교석사학위논문, 2014.

신 준, 「경관유산 명승에 부여된 인문적 가치에 관한 연구」, 한국교원대학교 석사학위논문, 2017.

양보경, 「조선시대 읍지의 체제와 특징」, 『인문과학논집』 4, 1997.

양승이, 「금강산 관련 문학작품에 나타난 유가적 사유 연구」, 고려대학교 박사학위논문, 2012.

오주석, 「김홍도의 생년과 생애에 관한 소고」, 『공간』, 1995.

龍野沙代, 「金剛山 傳說의 文獻傳承 硏究－宗敎的 表象性을 中心으로－」, 서울대학교 박사학위논문, 2013.

이경수, 「삼연 김창흡의 설악산 은둔과 한시표현」, 『강원문화연구』 26, 2007.

이군선, 「관암 홍경모의 시문과 그 성격」, 성균관대학교 박사학위논문, 2003.

이보라, 「조선시대 관동팔경도의 연구」, 홍익대학교 석사학위논문, 2005.

이상균, 「조선시대 關東遊覽의 유행배경」, 『인문과학연구』 31, 2011.

이상균, 「조선시대 사대부의 유람 양상」, 『정신문화연구』 34권4호, 2011.

이상균, 「조선전기 외국 사신들의 금강산 유람과 그에 따른 폐해 고찰」, 『사학연구』 101, 2011.

이상균, 「조선시대 사대부 유람의 관행 연구」, 『역사민속학』 38, 2012.

이상균, 「조선시대 유람을 통한 사대부의 교유양상」, 『사학연구』 106, 2012.

이상균, 「조선시대 유람의 유행에 따른 문화촉진 양상」, 『대동문화연구』 30, 2012.

이상균, 「조선시대 유람문화연구」, 강원대학교 박사학위논문, 2013.

이상균, 「조선시대 관인들의 탈속인식과 지리산 유람벽」, 『남명학연구』 46, 2015.

이상균, 「조선시대 선유문화의 양상과 그 폐단」, 『국학연구』 27, 2015.

이상균, 「강릉 오죽헌의 조선시대 사회사적 의미」, 『문화재』 48-2호, 2015.

이상배, 「조선전기 외국사신 접대와 明使의 遊觀 연구」, 『국사관논총』 104, 2004.

이상주, 「조헌의 율원구곡과 율원구곡시」, 『중원문화논총』 10, 2006.

이상주, 「화양구곡·선유구곡의 완성 과정과 화양구곡도」, 『한문학보』 18, 2008.

이승수, 「홍경모의 시문개사설, 구 계보와 의의」, 『동아시아문화연구』 54, 한양대 동아시아문화연구소, 2013.

이승철, 「동해 무릉계곡의 관광자원 가치추정에 관한 연구」, 강릉대학교 경영·정책과학대학원 석사학위논문, 1999.

이영배, 「명승 향유 전통과 현재 활용 상태:영남지방을 중심으로」, 한국교원대학교 석사학위논문, 2013.

이종묵, 「遊山의 풍속과 遊記類의 전통」, 『고전문학연구』 12, 1997.

이종묵, 「退溪學派와 淸凉山」, 『정신문화연구』 24-4, 2001.

이종묵, 「조선시대 臥遊 문화 연구」, 『진단학보』 98, 2004.

이종호, 「구곡 연구의 성과와 전망」, 『한국사상과 문화』 50, 2009.

이종호, 「17~18세기 기유문예의 두 양상－농연그룹의 문예활동을 중심으로」, 『한문학논집』 30, 2010.

이종호, 「한국 구곡문화 연구의 현황과 과제－구곡경영과 구곡시의 전개를 중심으로」, 『안동학연구』 10, 2011.

이진희, 「명승 대상지 평가인자 적용에 관한 연구 : 동해 무릉계곡, 함양 화림계곡을 중심으로」, 상명대학교대학원 석사학위논문, 2006.

이태진, 「15세기 후반의 鉅族과 名族의식－『동국여지승람』 인물조 분석을 통하여」, 『한국사론』 3, 1976.

장지정·한동수, 「박정희 대통령 재임시기의 문화정책과 문화재 정비에 관한 연구」, 『대한건축학회 학술발표대회 논문집』 33-1, 2013.

장진성, 「조선후기 사인풍속화와 여가문화」, 『미술사논단』 통권24, 2007.

정의성, 「신증동국여지승람의 항목체제와 ‘제영’에 대한 고찰」, 『한국문헌정보학회지』 31권 4호, 1997.

조경아, 「조선후기 의궤를 통해 본 呈才 연구」, 한국학중앙연구원 박사학위논문, 2009.

조규백, 「조선조 한문학에 나타난 蘇東坡 前後 赤壁賦의 受容과 '赤壁船遊'의 再演」, 『중국학연구』 67, 2014.

조규희, 「조선유학의 '道統'의식과 구곡도」, 『역사와 경계』 61, 2006.

조영남, 「관동 해안지방 명승 향유 방식의 변화」, 한국교원대학교 석사학위논문, 2016.

정 민, 「16·7세기 조선 문인지식인층의 江南熱과 西湖圖」, 『고전문학연구』 22, 2002.

지용환, 「조선시대 서호도 연구」, 고려대학교 박사학위논문, 2008.

최석기, 「하범운의 삼산구곡시 창작배경과 덕산구곡시의 의미」, 『남명학연구』 42, 2014.

최원석, 「한국의 명산문화와 조선시대 유학 지식인의 전개」, 『남명학연구』 26, 2008.

최원석, 「한국 이상향의 성격과 공간적 특징」, 『대한지리학회지』 44-6, 2009.

최원석, 「한국의 산 연구전통에 대한 유형별 고찰」, 『역사민속학』 36, 2011.

최원석, 「산지의 개념과 지리산의 산지」, 『문화역사지리』 23권2호, 2011.

최원석, 「조선시대 설악산 지명의 역사지리적 분석」, 『대한지리학회지』 51-1, 2016.

판수제, 「송순의 도가적 한시 연구」, 『아세아문화연구』 34, 2014.

한양명, 「안동지역 양반 뱃놀이의 사례와 그 성격」, 『실천민속학연구』 12, 2008.

허남욱, 「조선시대 설악산 유산기의 개괄적 검토」, 『한문고전연구』 30, 2015.

허흥식, 「指空의 遊歷과 定着」, 『伽山學報』 창간호, 1991.

찾아보기

가...

이상균

관동대학교 사학과 졸업
강원대학교 대학원 사학과 문학석사·박사
前 강원도청 학예연구사
前 강원도사편찬위원회 상임위원
現 강릉원주대학교 사학과 조교수

저서 『조선시대 유람문화사 연구』(단독), 『지리산 유람록의 이해』, 『전근대 서울에
     온 외국인』, 『한양 사람들의 여가생활』(이상 공저) 外
논문 「조선시대 海溢의 발생과 대응」, 「동해 武陵溪 명승 탄생의 文化史的 배경」, 「강
     릉 『海雲亭歷訪錄』의 내력과 地域史的 가치」, 「조선시대 遊覽傳統에서의 人物
     名所 烏竹軒의 탄생」, 「金剛山名의 역사적 淵源과 의미」, 「조선왕실의 洛山寺
     중창과 후원」, 「明使 정동의 조선사행과 별진헌 문제」 外

조선시대 遊覽의 재발견

초판 1쇄 인쇄   2020년 2월 20일
초판 1쇄 발행   2020년 2월 27일

지 은 이   이상균
발 행 인   한정희
발 행 처   경인문화사
편   집   김지선 유지혜 박지현 한주연
마 케 팅   전병관 유인순 하재일
출판번호   406-1973-000003호
주   소   파주시 회동길 445-1 경인빌딩 B동 4층
전   화   031-955-9300 팩 스 031-955-9310
홈 페 이 지   www.kyunginp.co.kr
이 메 일   kyungin@kyunginp.co.kr
ⓒ 이상균, 2020
ISBN   978-89-499-4863-8 93910
값   22,000원